U0000642

眼淚

情緒、空間與性別，
近代法國的感性與濫情

的歷史

安・文森布佛
Anne Vincent-Buffault
——著
許淳涵
——譯

Histoire des larmes, XVIIIe-XIXe siècles

全書左方註釋均為譯者註，內文註釋編號則為原書註，統一置於書末。

推薦序

眼淚的情感技術

藝評人　郭亮廷

我不同意作者的一項預設：今天的人哭得比過去少。只消看看那麼多的影集、選秀節目、流行歌曲，都在為當代觀眾製造一種哭泣的小確幸，就知道今天和過去一樣，眼淚依然運轉著作者所謂「身體的符號經濟」（l'économie des signes corporels）。記得有一回，一個演員朋友跟我訴苦說，臺灣導演老愛要求演員對著鏡頭爆哭，即使忍住眼淚的表演可能更動人。他的無奈，正好註解了今日大眾媒體的感傷主義。

然而，閱讀這本書是很有收穫的，而且作者雖然沒說，卻提供了解釋我們何以濫情的歷史線索。在我讀來，最有啟發的是關於啟蒙時代的篇章。

法文裡，「啟蒙」（les Lumières）的意思是「光芒」，眾所皆知，讓蒙昧的心智得到啟迪的那道光，就是理性。有意思的是，作者安—文森布佛（Anne Vincent-Buffault）抱持著她身為史家的敏感，從大量的書信、日記、司法檔案，而不只是從當時的理論著作或哲學小說，指出像伏爾泰（Voltaire）、盧梭（Rousseau）、狄德羅（Diderot）都極為看重眼淚的價值。作者抓住了一個今天看來不太容易理解的時刻：在文人藝術家聚集的沙龍裡，大家為了一部新發表的劇作哭成一團，但這並不表示大家認為它好。「朋友之間的眼淚絲毫不影響美學判斷」，她寫道。我很難想像，今天有哪位評論人會寫下「這齣戲讓我哭了，但它很爛」這樣的句子，那等於承認他的不專業。我們應該要是非常專業化的，從美學判斷到眼淚都是。

這可能是直到現在，啟蒙運動仍然繼續啟蒙我們的地方，那就是十八世紀人對於實踐過程的重視。在實踐帶來具體的感受之前，沒有那麼多的「應該」，因為一切知識都是在身體的實踐過程當中，慢慢辨識出來的。作者舉文學家馬里沃（Marivaux）為例，他在描寫女主角落淚的場景時，奇怪地並不在意這些眼淚是否出自真心，她是真哭還是假哭完全不重要。那是一種不做心理刻畫的眼淚，或可稱之為「眼淚的零度」。那什麼是重要的？是「思維、舉止與態度的高度流動性」，是她的哭泣不但不令人厭煩，還得以流暢地表達出精神的複雜面貌。換句話說，哭泣並不是失態、失控，而是一種在實踐過程當中學習的情感技術。

反過來說，唯有熟練於這項情感技術者，才能識破箇中的陷阱，例如盧梭。我過去只知道盧梭反對劇場，頌揚節慶，因為劇場令觀眾處於被動狀態，節慶卻是集體參與的，節慶比劇場更符合民主。問題是，像盧梭那麼看重眼淚的啟蒙人物，為什麼會反劇場？畢竟劇場就是一個容許一起哭笑的，眼淚的公共空間。盧梭的觀察是，觀眾在哭泣的同時，很容易自我感覺良好，因為他們透過眼淚確認了自己是道德的。然而，道德本身就不是一個現成的、可以被確定的狀態，而是一個永遠未完成的實踐過程，我們不可能永遠是一個好人，而是在實踐的過程當中慢慢學習如何做一個好人。所以作者說，戲劇喚起的只是一種「被動的慈悲」，「無法促進德育的實踐」。人只有採取道德行動的時候才是道德的。

眼淚的歷史在法國大革命時期發展到了高峰，之後便急轉直下，由於大街上群眾相擁而泣的場景過度氾濫，十九世紀轉而推崇一種內向的暗自哭泣，甚至將哭泣視為一種精神疾病。可以說，眼淚在現代社會裡，同時經歷了「私有化」和「病理化」的雙重轉向，而推動這兩個轉向的，是現代人對於「真實」的執念：醫學要揭露眼淚背後的真實原因，私下哭泣也比在公眾面前落淚，感覺更真誠，更不帶有表演性質。作者走筆至此，已經點出了眼淚的今昔之別，今天的眼淚不是為了表達情感，甚至不是為了彰顯道德，而是為了掌握真實。

這可能是為什麼，我的演員朋友被一再要求對著鏡頭爆哭的原因，在這個一切都可以被虛擬的網路時代，螢光幕前的淚水，保障了某種最低限度的真實。今天對於眼淚的真，比起善和美，要求得更多。這是否代表眼淚的倫理和美學，正走向衰落？期待有心人能延續作者對於眼淚的考掘工作。

目錄

第一部

眼淚的滋味，感性的交匯　023

第二部

從莊重矜持到淚眼乾涸

第三部

啜泣的危機，情感的風險 279

序

眼睛是靈魂之窗，眼淚則是心靈的信使，流淚時總讓人昏眩目茫。他人的眼淚和自己流下的一樣，都會讓情理脫序；想要止住眼淚，和硬要擠出淚來同樣難受。情緒氾濫亦與猝然驚愕一樣，讓情緒控管或強顏表態都變得無比困難。

眼淚一掙脫掌控，便會進入一個交流圈，形成某種有待解讀的意思。而這個意思又會隨著男女角色、社會風俗、機構組織及典禮儀式而演變，同時也反向去形塑上述的各種角色類別。在荷馬史詩中，我們能見到各路英雄豪傑在哭泣時展現陽剛的精力，但古典時期的希臘男性卻不被允許以淚示人。[1]當觀眾聆賞希臘悲劇中獻給酒神戴奧尼索斯（Dionysus）的合唱演出時，在臨場的感動中，他們追求集體的眼淚。[2]在中世紀基督教的歷史，眼淚被視為一種恩賜，它代表恩典和慈悲為懷的心胸，與哀傷或懺悔的眼淚各異其趣。它開啟另一個空間，展現人的主觀性，卻並非時時都被教廷當局所容忍。[3]

流淚的行為有時出現在大庭廣眾，有時遁入隱私，有時集體，有時個人。在十六世紀，眼淚彰顯了情感的澎湃。哭泣讓靈魂變得恢宏，讓心靈得以彼此溝通，也是人們分享情感、達成人性共識的標記。眼淚透過擴散和交流消弭隔閡，拉近身體之間的距離。調閱司法檔案的卷宗時，我們除了能在資料上讀到孩子坐牢時母親探監的紀錄，也能讀到各式各樣關於眼淚的記載，像是受到親情、或諸如愛情與友情等親密關係的感動。[4]由於檔案中鮮少記錄窮苦人家的憂難喜樂，我們很難追溯眼淚的蹤跡，但巴黎的人民仍將眼淚廣泛運用於日常傳情之中。

十八世紀的眼淚融入了去宗教化的激情，並且注入啟蒙時期的思潮，變成社交溝通的重要管道。人們互相交流、分享與匯合眼淚，弘揚逐漸抬頭的民主和平等價值。感性是社群性的自然表現，也透過眼淚的感染，表現人性中悲天憫人和與人為善的能力。有人遭逢不幸，我們會唏噓感嘆；為了成就大我的公益，我們會萌生感動。同情的天性是圍堵過分自私與專制武斷最好的防線[5]——人在面對另一個人時不會是豺狼，因為他會見哭興悲。這些情感的流露印證了「天賦的情感」（sentiments naturels），天賦的情感具有普世性，和十八世紀思想關心的議題息息相關。

有位專攻十八世紀法國文學的學者，[6]他努力研究的成果顯示，啟蒙運動的核心關懷凝聚在言情或感性的文字之間，其中社會同情、群體認同和輿論的地位無比重要。當一段敘事因為進入感人的場景而暫停時，此舉傳達了一種特殊的人類經驗，也就是悲憫等情緒能透過眼淚傳遞，並帶來共鳴。小說在曲折的情節中穿插動人的畫面，凸顯情感的力量和觀察者的反應，也因此包括了讀者的反應（文本對讀者產生的催淚效應）。在格勒茲（Jean-Baptiste Greuze）的畫作中，我們能找到對應範例。他在處理感動與悲愴的主題時，視覺的感性如何呼應我們用所處年代的語彙與譬喻，去思索身體（corps）、情感（affects）與情緒（émotions）的方式，是一個重要的歷史課題。[7]哭泣有很多形式，它反映了個體所屬的時代和社會群體，依照每個人的感性和覺察的特質有所變化，注重官能，並和身體的各種狀態相遇。在其他社會中，音樂、歌唱和舞蹈的表現，則讓人獲得甘苦交集的眼淚體驗。[8]

在十八世紀哭泣的人們，曾出現千古一絕的風姿。讀劇和看戲的人若想獲得感動，便可接受眼淚的邀請，前來同哭一場。這樣的場合比比皆是，人們可以把握良機哭出有故事性的眼淚，不怕被他人觀看。劇作家若想知道作品風評如何，可將眼淚視為成功的標記。男人和女人一樣，都會不假思索地握著濕潤的手絹，如同豎起感性的大旗。但我們也不能妄想，認為女人梨花帶淚就帶有別樣風情，那麼她們便有假哭和佯裝嬌弱的嫌疑，沒事找事哭。

此外，十八世紀的眼淚也涉及對孤獨的探索。哭泣的愉悅成為一種自我享受，也是內在感性蘊含的一部分。眼淚固然具有表演功能，但我們不能忽視，它也標誌著親密性。哭泣有著柔和的憂鬱，讓孤獨別具魅力。獨愴然而涕下，亦能帶來樂趣。這份樂趣讓人在孑然一身之際，感受自己的存在，留下自我的見證。

在法國大革命時期，我們能從眼淚中讀出政治意涵。在革命活動發生的街頭，人們相擁而泣，活在關注當下和面向未來的思維中，在集體的共感中陶醉忘我。人們在建立社會的同時，也濺出淚水。

無庸置疑地，眼淚的歷史不是以斷裂或連結的形式推進，而是像河流一樣，悠悠流動。十九世紀初的法國社會興起一套收斂情緒、拘謹處世的典範。這套典範規範了哭泣的行為，並針對行為舉止該如何解讀、男女角色該如何重新分配，設下另一套原則。在十九世紀前半葉的小說和日記中，感性的男人在出入公眾場合時，有淚不能輕彈；但換作是女人，如果她在某個瞬間被感動了，就算她性格堅強，但沒有落淚就沒有女人味。不過，人們還是偏好低調垂淚勝過哭天搶地，喜歡一片真心勝過逢場作戲。女性的命運就此缺不了眼淚的潤澤，而男性的情感調性則崇尚坦蕩，但又不能輕易袒露，要穩重節制。

眼淚顯然沒有失去重要性，但它變得神聖、私密、個人化而且女性化。眼淚表達的痛苦多於喜悅。

十九世紀下半葉，對感性的揮灑展開了反動。言情小說，包括煽情戲劇（mélodrame）被視為二流文類，只有販夫走卒和女人會看。社會階級較高的群體在表現情感時，會採取有別於平民的方式。他們在教養兒女時，便會要求他們收斂情緒。

因此，巴黎的上流社會在埋葬死者時禁止女性進入墓園，首先是顧忌她們哭得太淒慘，同時又擔心她們表現得不夠沉痛；再者是男性在參加喪禮時，才可以哭得無後顧之憂，這是他們能這麼做的少數場合之一。

不過，就算情感的表達受到重重規範和限制，流眼淚並沒有完全遭到攔阻。眼淚的危機染上了更令人擔憂的色彩。啜泣既不能緩解情緒，也無法分享感受，眼淚在此時標誌了個人存在的崩解和理智的潰散——只有像夏爾科[*]一樣的醫生能在面對歇斯底里發作的時候，從中解析出症狀。以場域而論，眼淚在十九世紀失去了在公眾場合拋頭露面的資格，遁入房間隱匿避世，變成女人、小孩和布衣百姓才會做的事。身體符號的經濟體系就此遭到修改；流淚本是高尚的情懷，彰顯感性，然而一旦流得過分或流為俗套，就變得不合時宜。眼淚之所以不合時宜，是因為它展現的情緒落入窠臼，過度自我暴露，或讓他人陷入尷尬。容忍眼淚的場合少之又少，而且在那些場合中，語言或行動已無力回天，因為人們往往在那些場合窮途末路，或經歷生死別離。

一八六四年，歷史學家米舍雷（Michelet）在《法國史》（*Histoire de France*）的〈序言〉中提到，眼淚對他而言是一項贈禮，一種真摯且滋潤的液體，讓他在書寫歷史的同時，使逝去的

---

* 尚．馬丁．夏爾科（Jean-Martin Charcot, 1825-1893），法國醫生，神經學研究先驅，也以歇斯底里的病理研究著名，曾長期在巴黎硝石庫慈善醫院（Hôpital Salpêtrière）行醫和教學。

人事物復甦，再活一次。也許，歷史研究若要做得鉅細靡遺，就必須讓位給情感，接納眼淚的優雅和它所分享的東西，別將痛苦拒於千里之外。「感性是思考當下的方式，也是歷史的一股力量；見識其大者，還寥寥無幾。」[9]這樣的見解，為的是要捕捉那些飄忽且稍縱即逝的痕跡，理解那些個體有過或共享過的快樂與憂傷；它雖然發生在過往，但形塑了我們的時代。

二〇〇一年六月，巴黎

引言

在沉默和言語之間，流淌著眼淚。從眼眶微濕到潸然淚下，從淚眼汪汪到泣不成聲，眼淚是情緒的體現。眼淚有時低調，有時高調，有時私密不外露，有時卻當眾傾瀉。同時，眼淚也是感性心靈的證據，有時受到社會的推崇，有時被視為女人的脆弱。眼淚代表一段歷史，隨目光流瀉而出。劇作家拉辛（Racine）喜歡在劇作中以情動人，羅蘭・巴特（Roland Barthes）在探討大眾對拉辛劇作的感想時，曾經這樣問：「在哪些社會、哪些時代，我們曾哭過？從什麼時候開始，男人（而不是女人）停止了哭泣？為何在某個特定時刻，感性會淪為濫情？」

「眼淚」這個問題，是如此的不可思議。我自己遭遇這個問題的時機，是在讀十八世紀小說的時候。在那些小說中，男性角色不乏哭戲。人物細膩的來往，將宣洩情感的場景鋪排開來，激情的擾動和心醉神馳的甜蜜互爭風采。這些情感的發生地不只是小說而已——誇張的言辭、神似格勒茲*畫中人物的面影姿態，也出現於書信和劇場評論。小說連結生活，就像戀人用

* 尚・巴蒂斯特・格勒茲（Jean-Baptiste Greuze, 1725-1805），法國畫家，擅長歷史畫、肖像與風俗畫。

眼淚沾濕情書，友人相擁而泣，也像觀眾在劇場互吐衷情。不過，到了十九世紀，情況就不可同日而語了。身體的符號有了一套新的經濟體系，漸漸改變人們互相傳情的方式。追溯眼淚的歷史，能讓我們釐清這個轉變的來龍去脈。

從家喻戶曉的文學大作，到名不見經傳的冷僻文書，我找尋著通往眼淚的路徑，通往這個液態的研究對象。它留下的軌跡飄忽難辨。爬梳文學作品固然重要，但除此之外，書信、回憶錄和日記等文獻不單單反映現實，還建構出化用語言的場域，也關乎「眼淚」一詞本身的化用。十八、十九世紀劇場的觀眾行為也提供了蛛絲馬跡，誠如羅蘭・巴特觀察過的一樣。我決定不要以經典著作為尊，轉而聚焦各種瀕臨極限與擦邊踩線的情緒狀態，觀察什麼可以忍受、什麼合宜得體，而什麼又是懨懨病態。我研究了醫學和科學文獻、待人處世之道的論集和教育手冊，與其他資料互相輔助，彼此參照。小說和個人抒懷所提供的文字情境五花八門，有時會出現一些互相牴觸的說詞，但還是有其重要性。最後，法國大革命的歷史簡直就是當眾灑淚的絕佳時機，舉凡報章雜誌、檔案史料或回憶錄，都可見一斑。

在詮釋各路資料時，有些陷阱必須避開，尤其要避免將屬於我們時代的心理學原則，應用在過去的眼淚上，否則可能陷入死胡同。眼淚的經驗時而普羅大眾，時而私密深刻，能對我們所處的現世提出問題。但我們同時也要避開用現在的思維去溯及既往，繼而形成錯覺——這樣的思維習慣，是心態史（histoire des mentalités）領域的過街老鼠。關於這一點，人類學家「拉遠的視野」*提供了值得借鏡的研究成果。一九二二年，馬賽爾・牟斯（Marcel Mauss）針對謎樣的眼淚提出了一份慧眼獨具的報告，其研究主題是「澳洲民族口傳的喪葬儀式」。他表示，集體哭泣的目的雖然一方面是為了滿足規範，但也是發自內心的表現，賦予眼淚符號的價值。透過這些儀式，眼淚成為一種語言，闡發一套象徵系統。幾個月後在同一份期刊上，葛蘭言（Marcel Granet）承繼這項分析加以發展，去觀察中國文明中表現痛苦的語言。這些研究使我開始注意，「真心」和「自發性」等概念在面對眼淚的表演性質時，出現了什麼樣的變化和轉移。當然，當代這樣看待眼淚的方式源自十九世紀，但它在其他社會未必占據中心地位。眼淚構成一個溝通網絡，上述概念透過人們的流淚行為，進入眼淚的網絡。讓人瞠目結舌的是，在十八世紀關於哭泣的修辭中，眼淚的交換行為反覆出現。人們交流、分享和匯合彼此的眼淚，甚至讓這些過程別有一番情調。

「十七世紀時，男人能在大庭廣眾之下哭泣；但在今天，這麼做變得比較困難，而且比較罕見。只有女人保有這項權利——但還能保留多久？」德國社會學家諾爾貝・伊里亞斯（Norbet Elias）曾這樣寫道。展示眼淚，是十八世紀劇場觀眾的行為特徵，這樣劇作家才能在觀眾席見

* 此處作者化用法國人類學家李維・史陀一九八三年的書名 *"Le regard éloigné"*，中文書有譯作《遙遠的目光》也有《廣闊的視野》者。

到大家對作品的肯定。到了十九世紀，眼淚發展成特定的親密經驗，而且男性和女性的角色被重新劃分，和眼淚的公眾面向形成對比。在十八世紀時，人們確實能見到男女哭泣，同時也推崇內心深受感動的愉悅。然而，出於仰慕之情、心軟落淚或喜極而泣，並不會讓當時的男人退避三舍，他們反而喜歡讓眾人周知，而且此舉完全不帶有陰柔氣質。因此，十八世紀是眼淚歷史上奇特的一刻，它匯集了宣洩情感的公眾面及私人面。

到了十九世紀，中產階級將得體的舉止儀態奉為圭臬，不再展示眼淚，進而質疑以淚示人的行為。眼淚是個人情感表現中重要的一環，但和十八世紀截然不同的是，流淚僅限於親密關係，屬於個人隱私。對此，浪漫主義帶來了反動，情狀怒氣沖沖、嗚咽不止，和收斂節制的典範體系完全不同，讓眼淚變成難得的體驗。即便如此，眼淚仍會遭到否定。對男人而言，想哭的衝動無法表達，雖仍期待著可以宣洩，但要用諷刺的手法遮掩。女人的感性在此獲得重視，因為哭泣被視為稍縱即逝的信號，難以詮釋。信號有可能受到操作，瞬間顯現女人心如海底針的叵測，一再受到世俗的推崇。

進入十九世紀下半葉，罕見的男兒淚成了男性情感的重要指標；但換作女人，情況卻大相逕庭。在主流認知中，女性被過度情緒化所支配，於是女性情感完全不受到讚賞，反而被貶低。作家嘲弄女人感情用事，連最廉價的陳腔濫調也能讓她們深受感動。同時，他們輕視或貶抑女人見機就哭的戰術。種種態度顯示，這個時期發生了一個緩慢的觀念轉變，也就是從感性

（sensibilité）走向濫情（sensiblerie）。以濫情之名，中產階級的觀眾揚棄了煽情戲劇；要是還有誰前往當時被暱稱為「犯罪大道」*的劇院區看戲落淚，在行家眼中，他簡直就是粗野的原始人。眼淚價值的一落千丈，既具有社會涵義，也有性別觀念的啟示。反觀一發不可收拾的椎心飲泣，它令人憂慮，有時甚至是病理學上的症狀。

不過，能立言論斷的人，不只有文人和學究而已。在同一個時代，儀態舉止的典範非常多樣，眼淚的歷史由圖像和各種夢想的憧憬構成。眼淚透露出的資訊，關於哭泣者的部分和現場的旁人一樣多。十九世紀的小說家參與了「年輕姑娘」這個人物的發明。「年輕姑娘」善感愛哭，淚水真摯。當時的年輕女子在寫日記時，受這個想像人物的影響不淺。若她們在哭泣時被他人察覺，會害怕讓人覺得自己正在上演「年輕姑娘」的哭戲，所以她們偏好暗自飲泣。

關於眼淚的場景多不勝數，各路目光互相交匯，各派論述互相牴觸，我試著做的，是替眼淚的渠道騰出更大的空間。為的是探究那些流淌在暗房中的眼淚；因為在見光前，它們會被悄悄擦乾。

* 犯罪大道（Boulevard du Crime）是巴黎右岸街道「Boulevard du Temple」的暱稱，因為在十九世紀時，這條路上的數間劇院經常搬演煽情戲劇，包含犯罪劇情。

第一部

眼淚的滋味，感性的交匯

Goût des larmes, échange sensible

第一章　邊讀邊哭

滿紙辛酸淚的小說

找尋眼淚的過程中，我們會接觸到一些書。在十八世紀時，閱讀常使人落淚。人們喜歡哭泣，不管是閨房中的女子，還是辦公室中的男子，連在一起閱讀的時候也會落淚。

早在十七世紀，拉法葉夫人（Madame de Lafayette）的《克萊芙王妃》（*La Princesse de Clèves*）便讓讀者熱淚盈眶。[1]塞維涅侯爵夫人（marquise de Sévigné）喜歡跟她的筆友說，她如何因為讀了高內耶（Corneille）的劇作《普薛莉》（*Pulchérie*）而哭了出來。[2]如果這些信件所言不假，眼淚的滋味首先觸及女性讀者，已經發展有好一段時間了。法倫索瓦・芬內隆（François Fénelon）寫的《忒勒馬科斯歷險記》（*Les Aventures de Télémaque*）被視為感人之作，因為故事中男女要角流下的淚水特別豐沛。在閱讀的行為史上因而浮現了一個新的人物，也就是感性的讀者。感性的讀者用情感做為閱讀文本的媒介，並想將這個重要的時刻告訴朋友、通信的筆友，甚至是原書作者。

十八世紀初，普列沃斯神父（Abbé Prévost）的小說是催淚佳作。一七二八年，艾依榭小姐（Mlle Aïssé）跟一個筆友說：「有本新書叫《一個避世好人的回憶錄》（*Mémoires d'un homme de qualité retiré du monde*），不是什麼名著，但整本書一百九十頁都是讓人邊哭邊讀下去的。」[3]艾依榭小姐哭是哭了，但她的情緒反應並不妨礙她對普列沃斯神父作品的嚴厲評斷。她哭得像個鑑賞家，批判的距離限制了情感的參與。不過，普列沃斯神父在一七二八到一七四〇年之間出版的小說仍膾炙人口。他的作品以悲劇的面相、道德哲學和激情的分析刷新了小說文類的法則，也讓這些觀念在作品中發展。小說人物因為情感熾烈而躍然紙上。普列沃斯神父一手證明，理性的十八世紀初和感性的十八世紀末，兩者並非涇渭分明；這樣的分野，顯得感性靈魂的時代好像只是尾隨在啟蒙之後的影子。[4]雖然在普列沃斯之後，就沒有人在這個文類獨占鰲頭，但隨著這股文學運動增強，感性的浪潮觸及了主要和次要的作家，不分地位，以小說創作為最。在十八世紀文壇，哭泣似乎蔚為風尚。文人有可能是這項流行的推手，但流行是有可能脫離創始者掌控的，不管推手是否覺得有責任維持流行。我們常會認為引領風潮的必然是知名作家，但其實他們的作品並沒有被廣為閱讀。格拉菲尼夫人（Mme de Graffigny）和李科波尼夫人（Mme Riccoboni）寫的愛情小說，或是巴庫拉・達爾諾（Baculard d'Arnaud）情感氾濫的作品，雖然其中包含的哲學內容少之又少，但卻能催出許多人的眼淚。基於對圖書館目錄的系統性研究，我們可以發現，情感氾濫的作品在圖書館架上的借閱人氣大勝盧梭（Rousseau）、狄德羅（Diderot）和伏爾泰（Voltaire）。

如果讀者因為小說而沾染流淚的習氣，可以想像，讀者最終會在小說中找到眼淚。而有些作家極力想寫出催淚之作的原因，便不言而喻了。

書籍的序言常常遞出流淚的邀請。不過，文人為了催淚，未必會故計重施。在《無常的煩惱》（*Les Malheurs de l'inconstance*）中，作者克勞德・約瑟夫・多拉（Claude Joseph Dorat）清楚解釋了感性路線的選擇。哭泣的樂趣能讓人能在不受到理性的干預下，用愉快的方式獲得道德教育。這體現了啟蒙時代特有的樂觀態度，喜歡將有用的效益和歡欣鼓舞的感受合而為一。

> 首先，我想真誠待人，只呈現可能發生的事情，讓讀者天天面對眼前的現實時，獲得一隅之見，讓其中的教誨既有用又富含感性的魅力。透過眼淚傳授的課程，並不會使人內疚，它出現後，能悄悄潛入思想的層次；這時，思想受到靈魂的愚弄，不應該就此反制它帶來的樂趣。[5]

對有意聽信的人來說，這樣的道德與感性布道具有十足的感染力。然而，多拉並不覺得他用的方法是最容易的。他不使用恐懼或「淚水的慰藉」（他批判黑色犯罪小說），而是結合感性、品味和道理，觸動心靈。在這裡，催淚手法的用途在於描摹美學和倫理問題。這個方法具備複雜度和敏銳的心思，預示了更為珍貴的眼淚，因為這樣的眼淚並無法緩解內心煎熬，而是用愉快的方式讓道德準則刻骨銘心，而且不涉及哲學思辨。他也告訴讀者，這項工作花了他許多年的時間。

和多拉不同的是，巴庫拉．達爾諾在描寫恐怖或黑色題材時樂在其中。對於為何要描寫一對有罪的戀人在公園幽會，他有另一套解釋：「接下來會發生什麼狀況，欲蓋彌彰是沒有用的。心胸狹窄又頑固的讀者看了會生氣，但感性的人會落淚，並且說：『也許，我也會做出一樣的事。』」[6]讀者必須在各種角色之中挑選一個。冰冷的理性在此遭摒棄，跟溫柔的沉緬相比相形見絀，因為後者被全力肯定，召喚到的認同多於同情。兩位作者都用了纖細的譬喻來營造催淚場景。在這裡，我們能見到當時公眾感性的一面，傾向將各種情況講得繪聲繪影，也沿用劇場的語彙，因為劇場會將催淚場景搬演上台。不過對巴庫拉而言，具有道德寓意的催淚手法不敵感性的潮流；這個潮流更喜歡為了愛情而哭，也就不管道德路線的鬆懈了。巴庫拉還是達成了他的目標，因為根據弗烈宏（Fréron）的說法，巴庫拉的小說對讀者造成的催淚效應「勢如洪流」。[7]不過，評論家格林姆（Friedrich Melchior, Baron von Grimm）覺得，巴庫拉的小說只算得上是適合「女裁縫和服飾商人」的好書。[8]巴庫拉不是哲學思潮的一分子，在意道德寓意的程度，也不如採取手段感動讀者的過程，他在此無限上綱，對過度或浮誇之虞不屑一顧。

另一方面，閱讀帶來的效應並沒有被忽視。所有的證據顯示，人們之所以追求這些效應，為的是獲得或多或少更細緻的情感。在這裡，作家的任務是訂定情感的劑量——沒錯，作品要催淚，但方法五花八門，而且意涵都不一樣。很快地，人們便習慣用讀者群流淚的多寡，來衡量一部作品是否成功。盧梭的《新愛洛伊斯》（*La Nouvelle Héloïse*）出版時，出版社告訴他頭幾卷的迴響不錯，由於書是分卷出版，於是便分卷評點讀者看到哭泣的程度。[9]讀者為《新愛洛伊斯》寫了眾多分享文字，但有些扭曲焦點——畢竟大家在讀盧梭時，目的並不是要哭泣。盧梭在回應時，則是舉了一則匿名讀者來函為例，說它出現了一個沒有前例的認同過程，值得注意。

小說中的小說，或讀者的角色

閱讀行為在十八世紀的小說中占有一席之地。閱讀所帶來的淚水，有時在敘事裡具有核心作用。李科波尼夫人便運用小倆口一起閱讀的場景，呈現兩顆心的交會：

> 每時每刻，我們的祕密都像是要從心中溜出去，眼神則早已洩漏感情。某天，我們讀到

一則扣人心弦的故事，那是關於一對遭到殘忍分離的戀人。書從我們的手中滑落，淚水交匯，我們有些害怕地望著彼此。他圈擁著我，像是提供支柱一般，我依偎了過去。後來我們打破了沉默，一起嘆道：『啊，他們真是不幸！』傾吐了柔情之後，隨之而來的是滿滿的信任。」[10]

這個段落使用「套層密藏」的閱讀技法，也宣示了兩個主角即將遭逢的波折。* 因為共讀感人的小說，兩個聲音彼此應和，兩雙眼睛一起落淚，這樣的情景顯示，跟愛人一起看書非常享受。眼淚准許兩個感性的角色互吐衷情，也是心心相印的證明，不訴諸流俗的套路，帶給讀者（或敘事對象）的感染力毫不遜色——這樣說是要將讀者從虛構的讀者中區分開來。為小說而流下的眼淚帶有尊嚴，可彌補語言的不足，依循感性細膩的運作模式，傳達它能自由表達的內容。人們不會害怕被觸動，因為哭泣源自悲天憫人的情懷，被視為一項美德。

在十八世紀，李科波尼夫人使用的書信體小說技法非常流行。這個技法強化了小說模擬現

---

* 「套層密藏」（mise en abîme）的字面意思是「放入深淵」，原本指的是在一枚家族盾徽中嵌入比較小的盾徽。在文學藝術中，「套層密藏」指的是在一個藝術作品中嵌入另一個作品的表現技法，兩者媒介可能相同，也可能不一樣，例如畫中畫、劇中劇、小說中的小說或畫作。透過套層密藏的嵌入，鑲嵌物和作品本身會形成互相呼應、暗示或對照的效果。

實的幻覺。在書中，戀人往往在寫信或讀信時濡濕信紙，讓字跡模糊不清，久而久之便成了文學中的家常便飯。這樣的行為模式影響了現實世界的魚雁傳情，書信小說和情書開始出現模仿和濡染的情形。不管是手寫或印刷的紙頁，好像都布滿淚痕。李科波尼夫人鍾情於一位名叫李斯頓（Sir Liston）的蘇格蘭青年，她的信件常常沾滿淚水，跟她小說中的女主角一樣。[11]私人書簡也不外於這股風潮。露西・杜普雷希（Lucile Duplessis）曾在她的紅色札記中寫下給未來丈夫卡彌爾・德穆蘭（Camille Desmoulins）的一段話，透露出落淚的跡象，被安德烈・蒙古龍（André Monglond）發現了：「我有一天會成為你的妻子嗎？有一天我們會結合嗎？唉！也許，在我吐露這些願望的同時，你早就把我忘了……一發覺這個殘忍的想法，我的眼淚便濡濕了信紙。」[12]

閱讀和自白

十八世紀進入一個屬於個人與私密閱讀體驗的時代。它營造了受到重視的時間與空間——人們「衣衫不整地」（déshabillé）在家閱讀，巧妙搭配具有一定居家舒適度的家具。[13]人們時常談論獨自看書帶來的影響，鉅細靡遺地探究一本書如何使人看了流淚、嘆息或啜泣。當時的書信內容展現了文學如何開啟情感分享的交流。在闡述讀後感時（無論是個別闡述或一起討論），或談論作品的道德寓意和美學價值時，眼淚的重要性不容小覷。為了要了解眼淚的滋味，讀者群的行為不可或缺。就算是私下獲得小說蘊含的知識，這些體驗也會引發許多討論，仔細探討情緒的感染力。如果一個小說場景特別催淚，就會被深度分析。

當然，這樣的行為起初僅限於參加沙龍的特定族群，而沙龍透過批判的討論，確立了活動的調性。文人會在沙龍測試文本的催淚效力。對那些作品來說，讓靈秀的雙眼哭泣已經是種褒揚。作家馬蒙泰爾（Jean-François Marmontel）在參加喬芙蘭夫人的晚宴時，會朗讀自己寫的故事。*「我喜歡見到世上美麗的眼睛為我寫的場景而淚眼婆娑，在那些場景中，我寫出人性與愛情的悲嘆。」[14]在這裡，感性和誘惑互相混合。因此，當朋友在西雷城堡（Château de Cirey）齊聚一堂時，伏爾泰會把劇作《梅羅佩》（*Mérope*）朗讀給他們聽。讀劇活動一辦就是好幾個晚上，格拉菲尼夫人參與其中，常常落淚，但她並未因深受感動而減少批判的興致。於是，在一七三八年十二月十日寫給德佛（Devaux）的信中，她說：「（伏爾泰）讀了《梅羅佩》的兩幕，我在聽第一幕的時候哭了出來，詩句優美、情感豐沛，可惜狗尾續貂，接在後面的就有落差，他常常在這裡失誤。」[15]朋友之間的眼淚絲毫不會影響美學判斷。在他人面前展現閱讀帶給

---

* 喬芙蘭夫人（Mme Geoffrin, 1699-1777），法國重要的沙龍女主人，聚會常客有百科全書派的知識分子（Encyclopédistes）。

自己的情緒，完全不代表一個人有所疏失或理智斷線。對格拉菲尼夫人而言，思想和情感相處融洽。

沙龍的作風融合了情感與分析，讚揚與挖苦都受到歡迎。感性是一種社會實踐，有獨樹一幟的規則。在沙龍安排傷心故事（本身就是一個文類）的朗讀，或朗讀的活動本身，都能引發集體哭泣。在這些場合，柔情發展到極致。不過，說故事是門藝術，需要掌握敘事走向，排除個人情緒和這些情緒荒謬的表徵，像是聲音被吃掉或表情扭曲。關鍵是要懂得如何輕鬆敘述一件傷心的事，或感人（但非個人經驗）的性格側寫。這樣一來，每個人就可以在跟其他人共享經驗的時候，展現自己感性的一面。

在這一點上，沙龍做為一個半公開的集會，雖然與朋友共度的鄉村小聚一樣，都是非家庭式的親密群聚，但還是有所區隔。在沙龍裡，人們鮮少為了感動而講述自己的人生故事。待在西雷城堡的時候，格拉菲尼夫人有一次應邀分享自己的難過往事，在答應時，她不免有些為難。可是人們同時不斷閱讀悲劇和感人的故事，繼續邊讀邊哭。一七三八年十二月二十二日，格拉菲尼夫人在信上跟她的朋友說：

> 所以就算我一直推推托托，問題還是接踵而至，最後還是要講講我的生活——他們對此一無所知。啊！心腸太好了他們，那個漂亮的太太（夏特雷夫人）為了止住眼淚，只能

笑。可是伏爾泰——他真是個性情中人——他泣不成聲，並不恥於袒露自己感性的一面。至於我呢，我跟漂亮太太依樣畫葫蘆，但其實我想就此打住，可是沒有辦法，大家一直叫我講下去。朵爾桑夫人跟伏爾泰一樣在哭，到最後他們都深受觸動。我努力矜持，卻前功盡棄，也跟著哭了。

格拉菲尼夫人不怕因一本書或一場戲而哭，卻擔心在三個人面前因自己的人生故事而落淚。公眾情感的滋味不在於展示個人的痛苦或私下的煎熬。呈現感性的地方，最好是公眾場合；如果是私人場域，哭點也最好是大道理和大原則。這樣的區別讓某些人反感，因為他們想要更強烈、更具個人意義的情緒。

閱讀的功效

閱讀被視為活潑有趣的道德教育，劇作家路易・賽巴斯丁・梅歇爾（Louis-Sébastien Mercier）對此持相同意見：

讀到一本好書能帶來的情調和樂趣真多！你一定會有印象自己多多少少哭了，或得到一個有安慰和指引效果的點子，若不是因為書本，是不會得到的。[16]

不管是道德感化，或純粹陶醉在淚水之中，讀者參與的程度各有深淺。就參與度高且感性的文學而言，理查森（Richardson）和盧梭是兩個指標作者。他們的作品造成的影響受到廣泛評論，而且超越了時人接受的傳情方式。他們的小說觸發的情感極為催淚，促成讀者的精神革命，也是他們個人時時思索的課題。狄德羅曾這樣描述過一個正在讀理查森的朋友：讀者愉悅的煩憂往往為數可觀。

> 這個人抓起筆記本，縮進角落去閱讀。我看著他，起先，我見到淚珠滑落他的臉龐。他停了下來，開始啜泣。而後突然起身，漫無目的地走動，好像歷盡滄桑，長吁短嘆。接著，他對哈洛維家族發出最惡毒的譴責。

竟然有如此生動的行動劇！到了這個情感水位，讀者渾然忘我，身體受痛苦與憤怒支配，小說和現實之間的分界就此消失。讓狄德羅訝異的部分是，當閱讀使他流淚，舉凡石頭、牆壁或地板等物件並不會與他同悲；但在小說趨近現實時，整個世界就好像應該要承受衝擊讀者的情感牽扯，讓讀者進入一種「無辜」的狀態。[17] 讀者的心靈一旦受到長期的感觸擾動，就會變得良善正直。讀者也會因為完成了一件美德之舉，而感到愉快。在狄德羅眼中，如果讀了理查森的小說《克勞麗莎．哈洛維》（*Clarissa Harlowe*）卻對它無動於衷，實為不幸。他寧可見到自己的女兒死去，也不希望她遭受這樣的不幸。狄德羅本身也是營造劇場效果的能手，我們應該從這個事例中讀出一種劇場效果嗎？當然要：故事的女主角德性淳美，卻遭受災厄，如果他女兒沒有因此哭泣，那麼她可能不真誠，而且沒有慈悲心，無法行善，所以沒有活下去的理由。閱讀和人生從此再也沒有分別。

盧梭《新愛洛伊斯》的出版，無疑是閱讀與讀者歷史的一面里程碑；同時，這也是眼淚歷史的關鍵時刻。時人的信件中充滿了閱讀催淚的紀錄，而且不僅限善於分析篇章的文人圈，也有一般讀者，甚至包括外縣市的民眾，他們留下的資料彌足珍貴。雖然書信體並非新興文類，邊讀邊哭也屢見不鮮，這部小說仍讓許多人潸然淚下。《新愛洛伊斯》的讀者深度認同書中角色甚至作者本人，他們覺得必須寫信給盧梭，傳達心中的感受和熱情。一本小說能引發如此強烈的迴響，實在驚人。不過，盧梭本人確實促進了認同角色的閱讀傾向，因為在《新愛洛伊斯》的序言中，他說自己只是兩位知名戀人信件的編輯，不是作者。有些人信以為真，認為故事是真的。而且，盧梭宣稱書不是寫給風流名士的，而是寫給受孤立的個體：這些個體會反思閱讀的體驗，進而被滲透。[18]這個表述被接納了，也因此替作者與大眾促成了新的關係。年輕律師盧瓦梭．德莫雷翁（Loiseau de Mauléon）在寫給盧梭的信裡面說：「我喜歡將因你筆下人物所引發的眼淚，與長據我心之物觸發的眼淚，融合在一起。」他的理由是，他的感受、想法、原則和處境十分接近《新愛洛伊斯》的描述，所以他直接用淚水和書中的人物交流。「事實上」，他繼續寫道，「我不知道你能不能找到比我更值得擔任你的讀者的人。」[19]從現實到虛構，從真實感受到言情小說，從作者到讀者，距離近在咫尺，所有的分界都撲朔迷離，因淚水而模糊。依據這樣的相似度，德莫雷翁請盧梭將他視為理想讀者。

亞歷山大・德雷德（Alexandre de Leyde）因為小說而心蕩神馳，他採取了很特殊的方式聯絡作者：

> 你的靈魂具有穿透和附著的能力。在閱讀你的作品時，我們能感受到它經過我們的內心，我們因為景仰、悔過、慾望而流淚，並且為了善良而激動起來，有時也會行善，至少相信一些自己未曾實踐的事情，是可能而且真切的。[20]

這種道德改革是透過淚水進行的，表示盧梭的精神已進入讀者的心靈。依據羅蘭・巴特愉悅的稱呼，淚水是抒發熱忱的液體，讓靈魂交會，並勸人為善，啟發德性。

皮耶・蓋羅（Pierre Gallot）是盧昂（Rouen）的居民，他也覺得有必要向盧梭表示謝意。他甚至成了盧梭精神上的兒子，身體力行作者闡述的想法：

盧梭，我珍貴的朋友，我親愛的父親〔……〕你懂得形容我的處境，那些因為拜讀你的大作而湧現的感受。我想，你如果見到我手持一本《愛彌兒》（*Émile, ou De l'éducation*）或《新愛洛伊斯》，應該會很高興。我是那麼用心地讀，幾乎忘了要呼吸，好像孑然一身，什麼都看不見、聽不到，感動到泫然欲泣又喜不自勝，因為我找到了自然中吸引人的簡練，嚐到無上喜悅的滋味。這樣輕柔寧悅的感受，不像狂歡的眾聲喧譁帶來空虛。[21]

構成那份寧悅感受的是書本，還有書中闡述的想法，尤其是對自然的讚揚，讓讀者想要像個完美的門徒一樣，努力靠近心有戚戚焉的境界。這樣的「盧梭效應」很大一部分仰賴一般讀者的行為傾向，藉由某種淚水的催化，將書中的文字奉為人生圭臬。

但是，閱讀《新愛洛伊斯》並不總是愉快的，這本書催出的淚水也帶有痛苦。在一封形式是長篇論文的信中，卡哈涅（Cahagne）說：「我們必須感到窒息，必須丟下書本，必須哭泣，必須寫信告訴你：我們難以呼吸，熱淚盈眶。」[22] 閱讀引發強烈感觸，強烈到讓人中止閱讀，卻跑去寫信。卡哈涅讀到第三部分時停了下來，卻又在《新愛洛伊斯》終章時感動落淚。此時，他得到強烈的難過感觸：

我確實是個情感豐富又愛分享的人，而且我也滿愛哭的。可是，我們無法喜歡一件過度痛苦的事，因為它壓迫、使人窒息、撕心裂肺，而這些恰恰就是茱莉的死帶來的餘波。[23]

卡哈涅受到壓迫、窒息、撕心裂肺，不再從流淚得到樂趣。他站在一個道德的出發點思索聖普勒（Saint-Preux）的自殺動機，自問茱莉的死是否對讀者有害。*有些人卻對《新愛洛伊斯》帶來的淒楚悲情習以為常。有位名叫弗蘭索瓦（Francois）的人由於怕見到茱莉死掉，甚至延遲閱讀進度：

> 我有三天不敢繼續讀德沃瑪先生（M. de Wolmar）寫給聖普勒的信。雖然我有預感那封信會有不少有趣的細節，但我無法承受茱莉的死，或她即將死去這件事。即使我得克服這份不情願，但我從來沒有這麼忘情地哭過。這本書讀下來，我有很強烈的感覺，好像在讀的時候，連看待死亡也會是愉快的。[24]

如果讀者情願付出代價，也就是完全接受女主角的命運轉折，接受她的死，痛苦就會被轉換成樂趣。

感性的心靈接受情緒的感染，但因為倫理、美學或生活方式流下的眼淚，會讓某些人做出價值判斷。這就是為什麼革命家米拉波（Mirabeau）基於理查森和盧梭作品催淚屬性的不同，偏好理查森勝過盧梭：

> 身為一個年過半百的人，我的案頭現在擺著《新愛洛伊斯》。但當我過度疲乏的靈魂因你的思緒而遲滯、變得麻木時，我拾起理查森——他是對我最有用的人。我不會離開理查森的文字，直到我淚珠斷串。我想教給你的，就是這個溫柔落淚的習慣。在那之中，有真正的善良，但還是要請你見諒，因為你只認得煎熬的淚水……[25]

在這裡，找尋哭泣的愉悅，要透過閱讀內容的選擇。

到了下一個階段，也就是盧梭過世之後，他的讀者為了延續閱讀盧梭的樂趣，前去造訪他在埃默農維爾（Ermenonville）的墳墓。這個受人歡迎的散步之旅，會以旅客的集體哭泣作結；外加的情趣，就是在團體中展現感性。因此，米拉波（上述同名者之子）向拉法治（Lafage）如

---

* 茱莉（Julie）和聖普勒（Saint-Preux）是《新愛洛伊斯》中的男女主角，兩人相戀，但因門當戶不對和封建制度的阻撓，釀成悲劇。

此寫道：

你想模仿盧梭？噢，如果你做到了，那你真有兩下子！尚．雅克（盧梭的名字）超凡脫俗，而且德高望重。來吧，如果可以，去他的墳前哭一哭，也許我可以帶你去。歸來的時候，你會變成一個更好的人。[26]

做為普羅旺斯未來的法官，米拉波也是個感性的人。他會邀人到盧梭的墳前哭泣，彷彿這個行為本身就能啟發善行。羅伯特．達爾通（Robert Darnton）曾仔細分析過一位名叫洪森（Ranson）的「一般」讀者，洪森也希望去埃默農維爾哭墳，還在自己書房門口貼了一張盧梭墳墓的版畫。[27]洪森是位來自拉羅謝爾（La Rochelle）、信奉新教的年輕商人。他不僅想拜讀盧梭全集，還想更了解作者生平，實踐盧梭的教育理念。透過他的信件，我們知道盧梭啟發他思考的問題融入了他的家庭生活，讓他成為「盧梭主義的日常實踐者」，讓每一天的日常都浸濡在閱讀盧梭的深意。

這些不為人知的讀者留下的文獻，就像狄德羅對理查森的禮讚，像是鼓勵我們區分對眼淚品味的層次。邊讀邊哭的樂趣在十七世紀就已經很流行，現在進一步得到強調，更增添深厚的存在價值。感性閱讀的形式改變了：從閨房裡心領神會的垂淚，轉向讀者的狂喜，包含道德感化和靈魂的交融。關於哭泣，除了描述可觀的身體反應，也加入讀者對文本的認同，這是前所未有的現象，也許再也不會出現，因為這份認同牽涉了讀者的生活方式和思維。

第二章　眼淚的交流及交流規則

在閱讀這些催淚小說或論及眼淚的信件時，人們會發現自己表達情緒的措辭與方式令人驚訝。這些淚水看來毫無節制，但其實，它描述的某些活動並非恣意妄為。在哭泣時，我們建立關係，並期待回應。就這些文獻所使用的言語來看，它們彰顯了，眼淚是想被看見與交流的。於家庭內流動的眼淚，自有一套方式去分配權利和義務。愛情也是個情韻迴腸的落淚場合，但如果戀情步向悲劇，在這個層面上，愛情引發的淚水未必具有共享性。我們同情陌生人的遭遇，一起哭泣，經歷人性柔軟的一面，感受悲天憫人的胸懷。眼淚形塑出來的連結一經探索，漸漸地，我們能看見一個獨一無二的想像空間成形。

交流的語彙，或眼淚的語言

從諸多十八世紀小說留下的文字紀錄來看，初次閱讀，就能發現與眼淚有關的表達十分頻繁地出現。多數用語今日看來很奇怪，未必會催人落淚，甚至令人莞爾。這些眼淚的修辭具有可讀性，也就是說，在十八世紀時，是能夠以它現有的樣貌被讀者所接受。這些用語可能跟當時人們的想像力十分契合，因為他們在寫信時也會使用同樣的說法。今日看來，這些修辭法顯得過時，但卻指出一件事：傳達情感約定俗成的方式，不但屬於十八世紀文學的一部分，還包含在更廣泛的書寫行為中，像是信件、回憶錄和劇場心得。

有些反覆出現的用語透露出一種品味，這些語彙以戲劇化的手法描摹淚水。首先是關於閱讀的過度宣洩。為了讓情緒有洩洪的管道，人們會使用誇飾法——於是眼淚會流成江河，也會澆灌或濡濕東西。在那個時代，小說呈現身體的方式非常含蓄，發達的淚腺挾帶了所有約定俗成的記號，讓故事中的多情人物有血有肉，並賦予情感於身體，以彌補其含蓄的表達方式，為了捕捉最為強烈的情緒，所以得借助它的外在表現。儘管如此，文字描寫的對象並不是身體的物質性，而是身體受到熱情鼓舞、馳騁蕩漾的狀態。人們並不害怕破壞形容的相似度。於是，面容成了一幅風景，會下淚雨，涕泗滂沱。在這裡，自然的意象特別活躍，好像只要徵召自然的意象，就能讓情緒的感染力栩栩如生。眼淚的分泌因為這些譬喻而昇華。透過這些意象，淚水的氾濫呼應了身體的訊號，隨著周遭環境的變動而變動。同時，我們也會好奇，這些意象的使用究竟是否和身體的表現有關？就像歷史學家羅勃・穆尚布萊（Robert Muchembled）在探討十六至十七世紀阿圖瓦（Artois）農民時所說的一樣，他們認為身體髮膚是宇宙的迷你縮影，和外在世界保有微妙的連結。「舉例來說，一個人流出來的眼淚和雨水霧氣有某種對稱關係。」[1] 於是，眼淚的歷史也牽涉身體的界線，以及身體頗高的可穿透性。本來，身體從屬於外在世界，被氣流、水流穿透，接著轉而受到個體所宰制，和外在事物分道揚鑣，確實是「身體文化的顯著改變」。[2] 而這些譬喻產生的時代，發生在人與環境間出現藩籬之前。

我們可以更簡單地說，在敘事生產意義的經濟體系內，這些措辭讓故事主角的狀態更易於被檢視。放大動作好讓動作更清楚，這項技法在劇場眾所周知。在讀者面前，誇大情感也能讓感性時刻更為透明，含蓄收斂是無法將意思傳達到位的。所以，誇飾法能促成感性符號的接收，而且感性符號亦被視為天賦美德，因為它來自身體。

更重要的是，眼淚是流動的，沒有量化的衡量標準，只能在豐富的想像中構思，不過眼淚還是能進行交流。儘管它來自泣不成聲的發洩，但眼淚這個符號體系，讓它的各種修辭形式在彼此之間產生模式的區隔。當交流不是雙向進行時，劇情兀自發展，故事的非人性面便嶄露頭角。然而，就在淚水交融與拒絕分享的情況之間，存在著各種定義交流關係的可能性。

在情緒高點時，人們眼睛一起泛紅，淚水交融，或哭成一片。這些片語構成了奠基在液體元素上的理想交會，克服了身體與身體之間無法扭轉的區別。情緒訊號的必要分享，以及在某種關係中的淚水交融，亦是密友之間親密、毫無保留的生活藝術。

面對一個人的眼淚，重要的是參與和同情。見到他人落淚時，很少人能不觸目慟心，並且當著哭泣者的面克制自己的淚水。見哭興悲的傾向，造成了一個有趣的感染現象，在親密關係中屢見不鮮，人們往往被淚水收服，情不自禁。這也是為什麼鐵石心腸的人也會有眼淚潰堤的時候。遇到明顯的痛苦，我們回應的方式往往是落淚。小說中總是如此——人們彼此安慰，收到對方的淚水，擦乾他人的眼淚，讓對方在自己懷裡哭一場。在小說中，同情與慰藉是項要務。這類的語句與情景頻繁出現，證明當有人哭泣時，他們期望得到這樣的回應，做為當下適當的行為舉止。如果有人哭了，好像不能袖手旁觀，不能不上前關切並瞭解他為什麼哭。

要描述眼淚的流動與交換，也可以透過經濟活動的譬喻，像是：我們釋出眼淚，我們欠某人哭一場，為某人事物哭了自己的那一份，或含淚買帳。最糟的，莫過於害某人哭了。如果人們在十八世紀的小說中泣天抹淚，[3]這並非一無所獲或徒勞無功。敬意、愛意或純粹人性的歸屬感，會促使人們去釐清哭泣背後的事由。如果我們把某人弄哭了，我們會背負眼淚的債務。針對這個液體的流動，小說發展出一套奇妙的出納管理辦法。

融合、共享、交流——眼淚流動的經濟。上述的文學表達方式反覆出現，讓我們見到一套感性交流的符號體系。在表現眼淚時，它要求表現出近似劇場的可讀性，雖然這樣的表現會引發不同程度的反應，但整體而言，反應還是非常生動傳神。所以，淚水的修辭證明了，眼淚的溝通傳情具有一套邏輯。如果詳細調查小說人物之間的關係，就能更明白這個邏輯。在文本的層次上，若要釐清特定人物之間的關係，可透過眼淚有跡可循的流動模式加以分辨。不過這樣的邏輯看起來很封閉，而且無法印證現實世界的流淚模式。但如果小說讓人抓出人物之間形成的連結，進而在數本書之間辨認出典型的狀況，然後再將信件與回憶錄的書寫納入考量——因為信件與回憶錄的作者寫的是自己的事——我們就會發現，人們在寫信與回憶錄時會化用那些文學意象。小說與信件、回憶錄的相似之處讓人頗為困擾，因為這些修辭衍生自文人創作，但會擴散到讀者圈。眼淚修辭的使用，強化了這種想像中感性流動的理論。

無獨有偶，虛構與非虛構文類共享的文字體驗，都發生在譬喻的場域，讓讀者就著文字與時代意象，泣涕數行。

有限的交流：私人空間與親密關係

透過爬梳小說和信件札記，我認為可以展開一場私領域眼淚的閱讀。各種文學類別的變遷——尤其是悲情或言情小說，始自十七世紀，主要發展於十八世紀——讓這樣的閱讀變得可行。這個小說文類的知名作者有拉法葉夫人、理查森以及盧梭，並引起不少風格追隨者。根據文學學者巴赫金*的分析，這些作者將「動人的情節寫入親密關係」，[4] 並將私人文類帶入小說敘事，像是信件、個人札記和日常對話等。此類小說同時也希望抬升日常傳情用語的地位，這些用語描摹的柔情印證了大眾的文學品味，喜歡具有感化力的私生活場景。在研究這些十八世紀小說時，有三種親密關係引起我的注意：愛情、友情和（想當然爾的）親情。碰到眼淚時，這三種關係各有自己的表現形式。在追求濃烈的情感交流之際，眼淚的展現無比重要。雖然眼淚並不侷限於這些人際關係，但它在這些關係中有著特殊的樣貌。這些匯集靈魂的小小社群一心尋求和彼此融合，於是讓淚水交融，讓身體與身體彼此靠近。菲利普・阿利埃斯（Philippe Ariès）的研究分析聚焦十八世紀私領域的建構，研究顯示，私領域自我表述的方式，就是小說的哭泣情節。隨著親密性和文學史的重要性逐漸浮現，兩者之間也保有一定的關聯。因此，在小說和信件中，標示私人空間的物質或硬體符號少之又少。關於室內空間的文字描述，並沒有像十九世紀那麼重要，空間和人際關係屬性的關聯並不明顯。見到一位男子在路上和朋友相擁而泣，該作何感想？這樣的舉動顯示，在大庭廣眾下落淚是被接受的；但它涵蓋的情緒，和一群在劇場中共同哭泣的陌生人迥然不同。在杜克羅（Duclos）的一本小說中，有位男子在尚未起床的時候接見兩位不幸的訪客，她們是男子素昧平生的母女，向他訴說了苦衷，接著不幸的故事引人惻隱。[5]這算是親密場景，但人物起先互不相識，素昧平生。然而，這樣的情景在社會上不會那麼簡單，因為親密的連結正在以新的形式發展成形，並公諸於世。小說人物在臥房中

* 米凱耶・巴赫金（Mikhail Bakhtin, 1895-1975），俄羅斯哲學家與文學批評，對法國作家拉伯雷（Rabelais）以及嘉年華傳統有專書研究，其他的重要貢獻包括小說做為社會對話（The Dialogic Imagination）的理論。

上演悲戚的場景，但場景啟發的尷尬和惻隱之心也有可能發生在大街上，就像街頭戲碼也有可能闖入家裡。

家中的哭泣

瀏覽文學作品和回憶錄，我們能發現這些文字形塑出中產家庭的理想模型，發洩情緒更是一種重要的表達方式。在《法國觀眾報》（*Le Spectateur français*）中，劇作家馬里沃（Marivaux）講述一則具有教化意味的故事。故事中有位爸爸造訪他的兩個孩子，那兩個孩子非常擔憂雙親的經濟困境。爸爸對他的孩子說：

> 來吧，跟著我。接著他握住孩子的手，繼續說道。我們一起去找媽媽，把我所知道的你們告訴她，不讓她眼淚白流。你們的媽媽，我懂！她會有多高興！這會讓她釋懷！（接著，到了媽媽面前）……你的女兒剛剛含淚向你兒子說，他們蒙受我們那麼多寵愛，想辦法替我們分憂解勞，是應該的〔…〕媽媽此時也哭了，不過是喜極而泣。[6]

兒女的眼淚補償了母親困頓的眼淚，還帶來喜極而泣的眼淚。這代表眼淚的交流有正向效果，是家庭感情強度的證據。

小說能表現親情的迸放，小說中的人們常常因為親情而哭，而且向彼此尋求慰藉。於是，家庭變成一個具有許多感受面的情緒環境，但並非毫無差別，譬如手足之情、孺慕之情、父愛與母愛，都讓眼淚的交流添上不同的層次。尊敬、責任感及光耀門楣的使命感，以不同的濃淡調性與親情交織在一起，使淚水別具意義。

也因為如此，父親的角色因為眼淚的交流有了另一種性格。小說中的孩子通常與家庭關係良好，見到自己的爸爸遭遇不幸、坐牢、生病或身敗名裂，都會落淚同哀。所以，賽德利夫人（Lady Sidley）曾這樣描述她的父親：「我初次哭泣，是為了一個鋃鐺入獄的老人，他值得一座王位。」[7]她爸爸受到不實指控而入獄，她為此展現出的孝心非常感人，讓人看了熱淚盈眶。不過，如果一個父親見到兒女不順從自己的意思，或心術不正，這時見到兒女落淚是不會心軟的。一位父親如果被兒女忤逆，見到他們令人不齒的行為，會疾言厲色，捨棄同情，進而疏遠他們。這代表有些價值凌駕在父親的慈愛之上。例如在普列沃斯的《騎士德格魯》（*Le Chevalier des Grieux*）中，騎士德格魯抱住父親的雙膝，絕望叫道：「啊！如果您還有點心腸……別對我的淚水不為所動。」[8]在普列沃斯的小說中，就算父愛有時仰賴行為或動作的傳達，它仍然和權威以及兒女的唯命是從緊緊相連。這就是為何父親的哭戲比母親罕見很多，且一旦出現，必會引發波瀾。

在盧梭的《新愛洛伊斯》裡，父親的哭泣來勢洶洶，凡是貼心的女兒都無法抵擋。當女主角茱莉因為對聖普勒的愛，拒絕爸爸提出的婚約（嫁給他的朋友沃爾瑪先生）時，茱莉的爸爸淚崩下跪。這位「嚴父中的嚴父」沒有施展權威，反而淚眼汪汪，求女兒看在他雙鬢花白的分上，如他所願。他將威嚴換成淚水，成功軟化茱莉。茱莉的狀態，就像以下的表白：

我任由自己倒進他的懷中，彷彿被吸盡了力氣，抽噎許久之後，才啞著嗓子小聲說：「噢，爸爸！如果你威嚇我，我會有所防備，但如果你哭了，我毫無招架之力。是你讓你的女兒死去的。」[9]

見到自己的爸爸落淚，茱莉才為了盡義務而犧牲自己的快樂。

從其他書信與回憶錄可以看出，哭泣的爸爸這個主題大受歡迎。在《懺悔錄》（*Les Confessions*）中，盧梭描寫了一個爸爸與兒子同悲，追思死去的配偶與母親：「當他向我說：『尚・雅克，讓我們說說你的媽媽吧。』我會回答：『好呀，但這樣的話，爸爸，我們可能說著說著就哭了出來了。』光只是講到這裡，他的雙眼已經泛紅。」[10]米拉波曾被他的爸爸監禁在巴黎東邊的文森城堡（fort de Vincennes）中，在那段期間他時不時透過回憶錄吐露忿怨，不斷反抗，並從入獄起嘗試誘惑一名和他通信的女子。他向她說：「到後來，這個爸爸慢慢露出遲來的寬宥，如果我能讓他掉下一滴眼淚，就能彌補因他的專制造成的失去和痛苦。」[11]在這裡，逆子與嚴父為敵的立場，體現在米拉波知名的封蠟通信（lettres de cachet）中，但他同時期望爸爸露出感性的一面，為他落淚。當溫情的淚水取代專制的權威，就能重返平衡，重建家庭和諧。

在《我爸爸的人生》（*La Vie de mon père*）中，小說家雷蒂夫（Edmé Rétif de la Bretonne）對他的孩子講述一段回憶時，說著說著禁不住感動落淚。在回憶裡，雷蒂夫的爸爸皮耶因為過度責打他，因而眼眶泛淚。初次見到爸爸這樣，雷蒂夫覺得「世界好像天翻地覆」。他連忙跪了下來，心想：「噢，爸爸呀！我居然讓您哭了。您是愛我的，我太高興了。」源自父愛的少許淚水還在發展的初期，象徵價值恰恰就在於它的稀少。[12]父親的眼淚證明了，有一種新的情感交流，撥動兒女的心弦。用情感的柔性訴求取代父親的權威、暴力和專橫，讓兒女聽從父命有了天經地義的基礎。

在十八世紀的小說中，母親則時常扮演感人肺腑、寬慰解語的角色。她如果寬縱兒女犯下的錯誤，這個態度的表現方式，時常是母親見到兒女陷於困境、因而無法克制的淚水。起先，母親的態度常常具有教化寓意，最後，她往往會因為女兒含淚坦白自己因戀愛所苦，而無法把持原本的立場。雖然母親到頭來可能仍然反對這段有罪戀情，只不過她的軟化看起來卻像是同意。而女兒是不能在媽媽面前流下不純潔的淚水的，因為她十分珍惜媽媽的同情，不會允許自己隨便動用。縱然對媽媽的敬愛會限制女兒的哭訴，但她可沒有為自己的真心少流眼淚，這些都可從母愛的視角看得一清二楚。[13]如果不名譽的事件鬧得太大，演變成家庭成員一起流淚的結果，母親會為了好好哭一場而選擇獨處，因為不名譽的事件不但會讓當事人痛苦不已，甚至可能造成當事人死亡。[14]流淌在家庭內部的眼淚，在義務、道德和情感之間取得細膩的平衡。在母女之間，眼淚往往著重心意的表述，同時透過眼淚調整心情。母女關係中的敬愛成為情感的中介，帶來轉折，讓舉手投足間的小動作發生轉變。收斂含蓄顯得像是人物（在當時被稱為天性）的第二天性，讓眼淚成為收放自如的表述形式。在小說中，人們不會害怕去表現一個兒子如何為母親哭泣，因為這往往代表人物重拾美德。在卡佐特（Cazotte）的作品中，以第一人稱敘事的主人翁跟惡名昭彰的「愛情惡魔」歷經波折後，跪在媽媽跟前叫道：「啊！我叫了出來，熱淚盈眶，聲音因哭泣而嘶啞，媽媽！我的媽媽呀！我想說話但無法開口，我奔向她的雙手，向手心注滿淚水，滿懷感動地挨蹭廝磨。」[15]對母親湧現強烈情感的橋段，也能在回憶錄中看見。當媽媽為兒女流出許多眼淚，兒女的回報也不容小覷。他們會爭相安慰媽媽的愁苦，有時候只要一提起媽媽的名字，就會讓他們涕泗縱橫。這同時也是展現自己性情良善的方式，在那個時代，沒有人會對此不以為然。做為一位多愁善感的作家，馬蒙泰爾推崇感人的母親一角不遺餘力，凡是遇到可以分享的對象，他絕不隱藏。有一次，他遇到一位慷慨的校長替他上家教課，他便對校長分享了母親的感人事蹟。「有時候，我對他提起母親的名字。當我說起幾封充滿母愛的信，裡頭提到她如何感謝這位校長，校長好像收到了銘感五內的訊息，眼淚汩汩流出。」[16]後來，馬蒙泰爾因為首部悲劇一炮而紅，他帶著喜悅的淚水，恨不得能和媽媽分享這個時刻，他知道如果媽媽還在世，一定也會喜出望外。那時，他在哈隆夫人（Mme Harenc）身上找到了替代的母性角色：「唉呀，夫人！」我這樣向她說，且淚如雨下，「要是她還健在——妳讓我想起我溫柔的媽媽。」[17]人們只和特定對象分享母愛。這種動人的情感模式發生在親密的關係中，不侷限於親屬之間。提起媽媽，這就是一個感人的主題，也表示人性的純良。

這些家庭中的感性發揮，看起來具有教化意味。這些理想化的連結，受到眼淚的潤澤和道德的規範，喪失了原有的趣味。不過，隨著親情的揮灑而開展的感性品味，對當時人們的行為模式，相對增加了多樣性。在淚水中，這種中產階級的自然主義透過小說、個人書信或札記，找到了可以任意表述的方式。它透過流淚來運作，因為眼淚的價值在於它是自然的表現形式，就像當時的人為了表達舐犢之情，會說「讓爸爸媽媽牽腸掛肚」。但要注意的是，這樣的「自然」並不是無差別的。兒女受到感動時，必然要向父母表示孺慕之情。雙向的情感表達有時候存在，但並非時時都能如此。父親有時候趨向嚴肅，而母親有時會掩飾她覺得不光彩的淚水。如果母親的淚水引發情緒，父親的淚水則會消弭意志，撼動世界原有的秩序。於是，淚水交流的形式提供了迷你的人類學樣本，讓人探究十八世紀神話中的家庭。訴諸淚水這個「自然」的表現形式，其實受到多重的媒介干預，似乎跨越了家庭領域的機構想像。淚水讓情感占有一席之地，卻又規範著情感的流動。如果心靈活動要依循一套規則，那制定規則的，其實是義務和美德典範。我們並未見到情感不受限的完全揮灑，而是一場預先受到規範的親情交流。

感人至交

在小說中，友情是座無條件的避風港，讓敏感的心靈能好好哭一場。朋友總是知心善解，原諒所有錯誤的舉動，至少從來不會將激動落淚的朋友拒於千里之外。因此，希爾賽侯爵夫人（Marquise de Syrcé）在歷經不倫愛戀的滄桑後，透過寫信給密友療癒心情：「白天，我強顏歡笑，隱忍淚水；晚上，我以淚洗面。你是我唯一的朋友，我只向你袒露內心。」[18]在這段文字中，密語的傾聽者有助於敘事的推進，維持溫柔，不能拒絕朋友的眼淚。在普列沃斯的《騎士德格魯》中，提貝吉（Tiberge）對朋友德格魯講義氣，見到德格魯在愛情裡陷得太深，雖然多說無益，但仍為沒有未來的對話落淚。身為明智的朋友，提貝吉見到德格魯走向美德的道路，為此雙眼泛紅。[19]而且，就算德格魯重蹈覆轍，為同樣的錯誤而受苦，就算他已受過勸誡，但他獲得的眼淚並沒有因此變少。就這樣，傑哈克騎士（Chevalier de Gérac）雖然不認同朋友的行徑，還是向他保證自己絕對不會疾言厲色，也還是會為朋友的軟弱而哭泣。[20]傑哈克騎士不寬恕錯誤本身，但寬恕犯錯的人，而且他不想對事發的始末毫不知情，在努力讓朋友免於陷入痛苦命運的同時，他也不斷安慰朋友，不會拒絕當痛苦戀人的哭訴對象。結果，婉拒不應得的安慰的人，是有錯在身的戀人自己，而不是朋友。因此在多拉《無常的煩惱》中，主人翁走向悲慘結局，他最後獨自哭泣，拒絕溫柔的安慰，為他自己造成的淚水贖罪。[21]

一般來說，人們並不會在朋友面前強顏歡笑。在《新愛洛伊斯》中，茱莉責怪表親克萊兒，因為克萊兒失去了丈夫，卻獨自承受，一聲不吭。

在最好的日子裡，妳曾與妳的茱莉一起哭過。現在，和妳一起哭泣的甜蜜被奪走了，她再也無法用更為珍貴的眼淚，洗刷在妳胸臆中哭訴的羞恥。因為這樣，我要怪妳。如果妳在哭泣中感到愉快，為什麼不想與我分享？難道妳不知道，心有靈犀的交會能烙印悲傷，而悲傷又是如此溫柔感人，是喜悅無法取代的？友誼之所以存在，不就是為了要讓愁苦的人減輕傷痛嗎？[22]

透過分享情緒，心靈的交流能帶來一份特殊的情韻，超越純粹的喜悅。不但如此，它還能淨化德性不足的淚水，讓受苦的人得到慰藉和希望。因此，對多愁善感的心靈而言，友情具有避風港的價值。從某個特定的觀點來看，淚水在友情中的交流模式頗為罕見，沒有東西能改變它的走勢。此外，友情的溫柔慰藉無需透過語言，只需要淚水的共享，好過千言萬語。透過流淚這條途徑，人們在追求純粹的友誼時，找到了以行動實踐的實在譬喻。也多虧淚水的交融，讓心靈的契合有了明確的意象。朋友能安慰、分享和接受眼淚，但不會帶來不愉快的眼淚。在提供同情之際，朋友的形象和善親密，但不具血緣關係的牽連。

在書信中，我們也能找到令人動容的友情。感動的能力是衡量友誼的標準。在得知朋友聖文森（Saint Vincens）病倒之後，沃文納格（Vauvenargues）就算知道聖文森一定會好起來，他還是在信中寫下這些字句：「我還是很擔心，心神不寧。這些憂慮讓我落淚。」[23]換作盧梭與狄德羅通信的例子，若不是有小說作品做為參照，我們很難辨認兩人在通信爭執時，如何以驚人的方式把眼淚視為一種籌碼。這時，夢寐以求的純粹友情被拋在了腦後。如果盧梭在一七五七年三月十六日的信中所言屬實，那封信講得很清楚，情緒的發洩不需要兩位朋友實體共處：

每次寫信給你，我從未不帶感情，我的淚水甚至沾濕了上一封信。但結果，我收到了你乾燥的信。現在，我的眼眶是乾的，心是封閉的。

一段原本被淚水濡濕的通信關係若是乾涸，就表示兩人之間出現了齟齬。心意的轉變，也造成了意想不到的風格轉變。狄德羅在三月二十二日回信：

噢，盧梭呀！你變得好壞、不公平、殘忍、粗魯，我為此痛哭。

在一番責怪之後，狄德羅的眼淚並不是要乞求原諒。盧梭在二十三日反唇相譏：

> 你麻木不仁！雨滴落在我懷中的眼淚勝過主宰世界的王位。但你拒絕了我，讓我哭了出來，還洋洋得意。好吧，如果還剩下什麼，你就留著吧。我再也不想要從你身上得到任何東西了。

到了十月二十一日，盧梭還在埋怨狄德羅「讓我的眼淚變得好廉價」。在這裡，我們有必要區分當時所使用的修辭：有種痛苦的淚水，撕心裂肺，付出代價卻得不到回饋，與心懷柔情而留下的甘甜淚水不同。在後來幾次的和解嘗試中，狄德羅在一七五七年十一月十日寫信給祝福他們的督德托夫人（Mme d'Houdetot），他這樣表述：

> 如果站在這兩位朋友的立場著想，希望他們自由自在，那就讓他們在這樣的自由中自己看著辦吧。如果他們沒哭出來，淚水也不任意交融，他們的心就還在生病。

這兩個男人駕馭語言的能力出神入化，在反目成仇時，衝突殃及先前在關係中流動的眼淚，以及因眼淚中斷而衍生出的言語暴力，甚至是在這段關係中哭出來的淚水究竟有多少、帶有什麼樣的性質。上述這些關於眼淚的修辭，在兩人的通信中被廣泛使用；當兩人交惡，則變成展現情緒時重要的符號。這樣的符號標記著當事人的困擾，和先前所見的溫柔共感天差地別，帶有冒犯的意味，表現出對方的粗鄙魯莽。狄德羅和盧梭兩人交惡之後，大家都希望他們合好，而這個眾口交贊的結局被作家馬蒙泰爾記錄了下來，消息來自狄德羅本人。狄德羅是這樣說的：

> （盧梭）舌粲蓮花，困擾的時候比他人生中其他狀態都還有感染力。見到他這個樣子，我百感交集，熱淚盈眶。他見到我哭了，態度軟化，展開雙臂接受了我。我們就這樣和好了。[24]

在馬蒙泰爾的這段轉述中，我們大可去探究哪些部分是文學成規，哪些屬於現實。重要的是，握手言和的過程包含了這些舉動和眼淚——尤其是當它們發自男性的行為者，讓時代風貌可見一斑。

戀愛與放蕩

小說描寫的戀愛與勾引伎倆，涉及了虛構淚水的流動，其中有些一致的套路值得注意。首先來看淚水交融的戀人。主角歷經的衝突與不幸，涵蓋著一場巧妙的遊戲：看的是為誰而哭，誰犯錯讓誰哭了，誰的傷心淚水受到威脅，要被遺棄在沙漠裡，種種事件都是用來鋪陳戀人走過的波折。不同的哭法，也代表戀情歷史的不同階段：起初，柔情的萌生與走漏，表現在臉上不經意滴下的眼淚，像是《新愛洛伊斯》中茱莉和聖普勒「悄然的眼淚」。[25]男兒淚則能證明一片真心。希爾賽侯爵夫人曾這樣解釋：「你看，一聲嘆息、一滴眼淚或一片盡在不言中的寂靜，比起那些紳士風範的膚淺作秀，對我們有效多了。況且，紳士風範只能吸引到不值得做女人的女人。」[26]到了互相表白時，人們會讓眼淚交融。[27]接下來，為愛情而流的眼淚則非常甜蜜，人們珍惜那些淚水，就像珍惜戀愛對象一樣。[28]當戀人被命運拆散，他們會為此飲泣吞聲，但單方的哀愁垂淚是不會被對方知道的。[29]信件，甚至肖像，都會被淚水沾濕。[30]如果一個戀愛中的女人覺得受到委屈或被拋棄，便會落下落寞的眼淚，同時她會嘗試隱忍或隱藏這些眼淚，不想被安慰，這代表她走投無路。[31]流淚的邏輯是戀愛的溫度計，也是交易淚水的邏輯。在理想中，靈魂的契合投射在淚水的融合之中，人們引頸企盼這個狀態，但又會受到命運阻撓。當戀人流淚的迴路出現一種短路的現象，那就進入了悲劇情節的範疇。在悲劇中，人們分享在現實中不可能落下的眼淚，哭泣也不會得到回應。有時候，小說呈現出來的真實會被折衷求和的言論抹煞，將溫柔淚水帶來的愉悅、舒適和德性連結在一起。不過，小說其實將很大的揮灑空間留給了德性的失敗組，這些人深陷激情與義務的兩難，痛苦抽噎，強忍淚水，不讓受到譴責的戀情曝光。其他揮灑空間也包括別離之苦，分隔兩地的戀人無法讓淚水匯流在一起。此外，情緒也不是時時都能宣洩出來的，更糟的是，它有時候會招致悲劇性的誤會。米爾貝伯爵（Comte de Mirbel）移情別戀，喜歡上希爾賽侯爵夫人，不再鍾情於賽德利夫人。他由於「失去一段珍視的情感」，向賽德利夫人下跪，落下變心的殘忍眼淚。可是，賽德利夫人不但不覺得詫異，反而在這段表述裡看到濃情蜜意的證明。[32]沒有什麼比這樣眼淚的錯誤溝通還嚴重的了。雖然小說會用各種強調的手法和眼淚來頌揚美德，但鮮少依循幸福美滿的童話式路線。像是年輕女子被關在幽深的修道院兩淚漣漣；悲情愛人含淚看著意中人死去；遭到背叛的女子淚流滿面，在沙漠中結束生命；賢慧的妻子則因為丈夫不忠，在床畔受盡煎熬。由此可見，小說家並不會讓快樂結局氾濫。在這個世界上，堅不可摧的善心並不一定會得到善報——成見、邪念和背叛讓生活變得艱難。然而，讓眼淚的溝通變得困難重重的，是接踵而至的事端和義務的驅使：相愛的人總有一天會淚流滿面。

在感性的小說中不乏放蕩的角色，他們時常和戀愛中的人形成對比。他們像吸血鬼一樣，享用受害者的淚水。這種男性的寄生蟲行為顯得非常危險，因為誘惑者為了達成目的，也會採取淚水攻勢。贍養費獵人善於誘惑女性，他會在受害者跟前假哭，等她們配合要求之後，再拋棄她們。受害者最後只能在一無所有的荒涼中放聲哭泣，但這也就不重要了。贍養費獵人「如果一般來說愛好虛榮大於懦弱，那他們就像征服者一樣，敢於流淚，就像在征服的奮鬥中敢於流血。」[33]使人哭泣的人狠心，也嗜血；在抨擊狠心行為的修辭中，血跟淚這兩種根本的體液經常合而為一。在傳達情感的網絡中，放蕩者讓傳情的交流短路，讓眼淚像隨口說說的話一樣，只是空頭支票；他滿不在乎，就算讓對方泣不成聲，也不覺得有必要讓對方停下來。他也是催淚能手，只要獵物一軟化，他只消收割成果。相形之下，君子風範顯得野蠻粗笨。為了一己之利，誘惑者操作並濫用行為舉止的成規。他的出神入化在於不帶感覺地表現感性的特徵，就像從前廷臣宮人有策略地應對進退，為的不是獲取君王的慷慨，而是想搏得賢德女子的青睞。維爾薩克（Versac）是個花花公子，若他所言可信，要採取放蕩者的話術並不容易。在他的《歧路心靈》（*Égarements du cœur et de l'esprit*）中，故事的主人翁要「熱情但不帶感情，哭泣但不為所動，露出醋意但其實沒吃醋。這就是你要扮演的所有角色，這就是你要成為的人。」為了成功扮演這樣的角色，一個人必須夠靈活，「時時見人說人話，見鬼說鬼話，絕不拖泥帶水。」[34]

這些，就是成為完美廷臣所要具備的全部特質。身為老練的花花公子，維爾薩克用貴族的談吐舉止擄獲女子芳心。我們之後能見到，這些女子和那些在劇場嘲笑啼哭婦女的人並無二致。當宮廷對城市的風尚不再具有絕對影響力，貴族和中產階級在劇場同哭，高雅的宮廷儀態被花花公子和放蕩雅痞所消遣，轉而成為色誘和取笑多愁善感的手段。花花公子將聰明的頭腦用在眼淚的儀式上，他遵行眼淚網絡的行為舉止，但不採納其中的信仰，從中無本獲利。同時，因為花花公子的直接介入，或因為他從旁提出的奸惡詭計，這個角色時常讓其他人物陷入絕境，甚至死去。不過，有時候眼淚就是擠不出來，讓花花公子無法施展伎倆。在小說《危險關係》（*Les Liaisons dangereuses*）中，凡爾蒙子爵（vicomte de Valmont）在意圖誘惑純真善良的杜爾維夫人（Mme de Tourvel）時，就發生了這樣的情況。在寫給一起籌劃誘惑的共犯的信裡，他說：「到了這步田地，我承認自己很需要眼淚的支援。但可能因為狀態不好，或因為得時時提高警覺，我就是哭不出來。」[35]有時候，放蕩公子必須秉持的自我控制，變成他計畫行為的絆腳石，因為眼淚發自內心，收放自如並不是一種隨時都能做得到的高超技巧。我們無法時時假裝感性，當我們達成策略性的自我控制，自然就會反撲。針對這點，《危險關係》的作者德拉克洛（de Laclos）讓劃分道德與敗德、放蕩遊戲與真心相許之間的界線搖擺不定。

在人們寫過的情書中，男人留下的情書在今日特別值得注意，因為它出乎意料。一七二九年，杜彭德偉勒（Du Pont de Veyle）在寫給艾依榭小姐的信上說：「我離開了小姐，傷心欲絕。妳寄來的信將我的心擰了一把，讓我又為此落淚。」[36]承認自己因為愛人寄來的信哭了，是件好事，並不會受到排斥。狄德羅曾經寫信給一個名叫安東尼・香琵翁（Antoinette Champion）的女子——她並非名門閨秀，而是個女裁縫——狄德羅在信中提到自己的眼淚做為愛意的證明。

我明白你非常珍惜我，而我的感激之情、我的正直〔……〕我即將失去你時留下的淚水、我的誓言，以及你的愛和你的身心靈——所有的一切，都代表著我對你的回報。37

吵架的時候，狄德羅對安東尼．香琵翁的稱呼，從親暱的「你」（tu）回到比較疏遠的「您」（vous）。* 狄德羅責怪她不讓自己自由哭泣——一個他公開表示支持的行為：

我要藉由寫信給你的機會表示，我無法不在與你說話的時候哭泣，這都是因為你將我拖進去的狀態造成的。我也發現了，我的淚水使你厭煩。但在這裡，我流淚不會招惹到誰，如果要好好哭一場，我不需要躲在門後哭。38

* 法文的第二人稱單數有敬稱「您」（vous）與「你」（tu）。對師長、上司與陌生人，要以「您」（vouvoyer）相稱，和家人朋友或同輩，則以「你」（tutoyer）相稱。下列的引文中狄德羅確實以 vous 稱呼安東尼，但基於中文「您」的意思與作用，和法文的第二人稱敬稱不盡相同，並不在本文中照翻，而用註釋表示，兩個稱謂的切換能反應關係冷暖。

安東尼．香琵翁是個要狄德羅關在門後哭的羅剎，相較於此，羅蘭夫人（Mme Roland）則要丈夫在自己的懷中哭。她說：「放心來吧，我的朋友，來到我身邊。讓我拾起你的嘆息和眼淚，讓我分擔你的憂傷。」[39]即使這些筆下所提到的眼淚只算是一種文字遊戲，但它依舊證明了男性眼淚的價值，在需要一表心意或用共享淚水以示夫妻同心時，它們不失為一種證明。在觀察私人信件中小名和親暱語調的使用時，菲利普．阿利埃斯注意到類似現象，淚水無疑也用在標記情感的冷暖遠近。感性心靈形成了新式的伴侶關係，它們喜歡為了愛情而哭泣，也喜歡向彼此談論那些哭泣。

司法檔案偶爾能提供一些資料，讓我們一窺愛情的眼淚，在巴黎的市井街頭有什麼樣貌。這些檔案的戲劇能量豐沛，它記錄女子懷孕後遭到情人拋棄。這些告上法庭的女子為了控訴自己被無情背叛，只好回溯遭色誘的來龍去脈。她們的淚水純樸婉約，是被背叛的證據。眼淚傳達了男方用情的真摯，而那些利用眼淚、始亂終棄的人，最後會被視為可惡的色誘者。雅爾烈特．法爾吉（Arlette Farge）曾經這樣引述：

> 弗蘭索瓦．安．樂克雷克（Françoise Anne Leclerc）控訴一名叫艾提彥．德維亞（Étienne Devillard），在巴黎就業的日內瓦公民。事由是他為了觸動她的心，佯裝滿腔熱情，色誘技巧爐火純青——彬彬有禮、一片赤誠、懇求、淚水和承諾樣樣來。[40]

另一則案例，則是男僕為了廚房女傭上演的戲碼：

> 為了把握跟她說話的時機，他見縫插針。在不知不覺中，他讓她以為他有意娶她，為了說服她，他使出渾身解術，哭著叫她親愛的老婆，說她很漂亮，像出水芙蓉。

除了情話綿綿和山盟海誓，淚水提供了這些年輕女子依從的佐證。但她們的情郎並沒有信守承諾，他們流淚，是狡猾出老千。

這些情義交流的原則囊括親子關係、戀人與浪蕩子、莫逆之交或情誼的疏遠，透過一起哭泣的各種形式，表現出不同樣態的私人關係。不管是彼此交融或遮遮掩掩，兩兩互換或強加索求，眼淚點出心靈的權利與義務，做為人際關係的策略。言情小說、書信和回憶錄時時勾勒出新的《柔情地圖》*，不管其中牽涉的是悲劇、激情或親情，都和情感的傳達息息相關。為了描述人在親密關係中互相吸引的自然情愫以及遭遇到的困境，眼淚提供了適當的語彙組合。它是情感的溫度計，讓人判讀人與人的連結以及情感的性質。

---

* 《柔情地圖》（*Carte du Tendre*）出現於史庫德利的瑪德蓮（Madeleine de Scudéry）十七世紀創作的小說《克萊莉》（*Clélie*）中，這是一張虛構的地圖，描繪人們在戀情中要穿越的各種道路和地區。

普遍的交流

情感的分享不侷限於熟面孔之間。為陌生人的不幸而哭泣，亦被視為自然而然，是仁愛慈善的表現。而且，同情具有傳染效應，在大大小小的集會場合，眼淚有傳播力。如果世上有人性的美德，眼淚在人間傳播時，就像一種普世語言。眼淚會越流越廣，普及大眾，建立起重視情感的關係。

在法庭上，律師的才華似乎攸關感動聽眾的能力。當形成集體的時候，人們接受感動的洗禮，而且喜歡表現情緒。在一群陌生人之中，情緒會擴散，帶來具有感染力的催淚效果。小說家艾德梅．雷蒂夫有位表親是律師，年輕的時候甚至說動了法官，讓法官哭了出來。他曾經為一個遭到兒女拋棄的母親辯護說：「她要的只是麵包而已。如果他們給的麵包太硬，她會用淚水泡濕。」艾德梅．雷蒂夫在這段辯詞的評論中，解釋了這個誇張譬喻有何效果：「這些言詞對鄉下人而言有多令人感動，是城市人無法理解的。這席話讓全庭泫然欲泣，只有她孩子的眼眶是乾的。」[41]當全場出庭的人都感動得無以名狀，只有這些可鄙的孩子不在感動者之列，因為缺乏最基本的奉養之心。在這兩個案例裡，悲憫是啟動集體情感的核心關鍵。受到不義與冷漠對待的受害者，因此被輿論的淚水包圍。淚水的流動，彷彿將這場稍縱即逝的聚會緊密地縫合在一起。

此外，眼淚與痛苦的語言應該具有某種普世意義。沒有人應該不為所動。在格拉菲尼夫人一七一四年的小說《一名祕魯女子的信件》（*Lettres d'une péruvienne*）中，不幸的女祭司季麗亞（Zilia）在太陽神殿被西班牙人俘虜，寫信給他的愛人亞薩（Aza）：

> 俘虜我的人對我的呼喊無動於衷，也沒有被我的淚水感動。他們對我說的話像是聾了一樣，聽不見我絕望的吶喊。什麼民族這麼凶殘野蠻，對痛苦的徵兆無動於衷？這樣的人是生在哪樣的荒漠？竟然對顫抖的聲音不痛不癢？[42]

人野蠻到什麼程度，顯示在對眼淚的鄙夷，因為眼淚被視為發自內心的語言。眼淚的人性訴求有著根本性的驅動力，在它設下的行為判準中，野蠻的表現有時出乎意料之外。遊記和旅外見聞作品的成功，隱含著這套哲學，經常應用在判斷差異的表現中。人們時常這樣寫：「讓別人哭泣是野蠻的行為」，但在這裡，野蠻（barbare）的不是旅行者眼中的土著（sauvage）。*

---

* 在一般的情況下，法文的 barbare 和 sauvage 都能翻譯成「野蠻」，但含義會因字根的差異而有所不同。Barbare 源自古希臘文 *βάρβαρος*（barbaros），源自古希臘人因為聽不懂異邦語言而寫下的狀聲詞，於是這裡「外國」與「番邦」的意思，建立在主體的無知和陌生上面。sauvage 源自拉丁文 silvaticus，衍生自「森林」（silva），原始或野蠻的意思建立在蠻荒密林和「文明」聚落的差異。

由此可見，惻隱之心催出了多少溫情的眼淚！劇作家路易．賽巴斯丁．梅歇爾曾說：「因為安慰了不幸的人而眼眶濕潤，沒有其他奢華的事情可與之相提並論。」[43]由於出手協助不幸的人，作品中的人物獲得施展美德的獎勵，就是得到愉悅的情緒體驗。在言情小說中，仁善義舉往往構成感人的畫面，包含惻隱之心、拔刀相助、不幸者心懷感激的淚水和雙方的愉快感受。在《多爾瓦，或十八世紀風俗史紀錄》（*Dorval ou Mémoires pour servir à l'histoire des mœurs au XVIIIe siècle*）中，描述善行的文字長達數頁。多爾瓦要是見到一名女子哭泣，就會想上前協助，他眼眶含淚，代表他的暖心和立意良善。換到另一個場景，進入那名女子的家中，女子的丈夫臥病在床，見到孩子快餓死了，他傷心流淚。那名女子剛得到多爾瓦的幫助，回來告訴丈夫好消息，臉上掛著淚兩行。多爾瓦隨後也進來了，進到這個情景心有所感，淚水奪眶而出。那位丈夫則把臉埋在雙手之中，泣不成聲。[44]這個描寫善行的場景，將悲痛欲絕的眼淚轉變成喜極而泣，在這個神奇的轉換過程中，沒有人會因為停留在某個步驟而不舒服。

連放蕩浪子行善的時候，也無法止住淚水。《危險關係》中的凡爾蒙為了吸引善良的杜爾維夫人，也要做善事。他唯一的目的，是讓杜爾維夫人知道他做了善事，但就在他做了之後，見到受惠的家庭，仍不禁有所感觸：

> 一家之主流出幾滴感激的淚水，讓那張嚴父的臉孔變得好美〔……〕讓我承認自己的軟弱

吧，我受到感動，情不自禁，但那樣的感覺是愉快的。[45]

做善事帶來的快樂讓凡爾蒙驚訝不已。情不自禁地感動和花花公子自我控制的冷漠邏輯，將他一分為二，削弱了他。一個鄙視行善的人若還存有一絲感性，就像開出一道罅隙，注入人性的溫度。這和故事中的梅黛夫人（La Merteuil）形成對比，長久以來，她讓自己冷若冰霜，喜怒不形於色，就像波特萊爾評論的一樣，她喪盡天良，好像「人性燒成焦炭」。[46]眼淚造成的「愉悅煩惱」，是慈悲天性的表徵。不過，《危險關係》的狀況模稜兩可，因為凡爾蒙在玩雙面遊戲：他一方面因行善而感到高興，另一方面他又不懷好意，因為他想營造感性善人的形象，讓好心腸的杜爾維夫人無法拒絕他。

面對傷心場景的時候，狄德羅用了頗為諷刺的方式，來呈現發自憐憫的善行，好像這源自一種人們無法控制的身體衝動。在小說《宿命論者賈克和他的主人》（*Jacques le fataliste et son maître*）中，賈克在描述他因為想營救一個貧困的家庭，忘了自己的需求，結果沒錢付醫藥費給自己的醫師，覺得自己很蠢，他這樣說：「我滿懷慈悲，熱淚盈眶」。[47]於是，善行像是一種劇場行為，讓觀眾在深受感動時，變成行為的演員。這個關於人飢己飢的理論來自沙夫茨伯里（Shaftesbury）和杜博神父（Abbé du Bos），後者將之視為社會的基礎之一。杜博神父曾這樣寫道：

> 在知道一個陌生人為何而哭之前，他的眼淚便足以感動我們。一個人的哭喊與我們形成關聯，純粹是因為人性的牽連，讓我們不假思索、近乎機械性地跳上去，拔刀相助。[48]

憐憫的原則曾經受到充分的審視。在一篇討論語言起源的文章中，盧梭堅信語言的衝擊力大於目睹他人的困境：

> 試想一個眾所皆知的痛苦場景，就算見到那個人很痛苦，要因為這樣而感動落淚，你可能會覺得很難。但如果給他一些時間，讓那個人向你娓娓道來他有何感受，很快地，你就會潸然淚下。

話語的跌宕能讓人心動，觸及內心深處。對盧梭來說，在情緒感動中，聽覺的敏感度高過視覺，它的「衝擊力道加倍」。[49]這就是悲劇場景營造效果的方式。在腐敗的社會中，與生俱來的慈悲就這樣受到劇場慣例的侵蝕。在《新愛洛伊斯》裡，茱莉便曾將乞丐比擬成演員：

> 若要以天賦來考量，在乞丐觸動我的心弦，促使我幫助他之際，我何嘗不是像付錢給一個讓我哭泣的演員，獎勵這個乞丐的雄辯之才？[50]

茱莉想證明的是，比起賑濟乞丐，付費給演員的理由沒有比較多。這裡的立論非常直白，因為不幸的人得演出自己的貧窮，具備和演員一樣的口才和舞台效果。於是，慈悲心向自尊和表面功夫低頭了，因為出於本性的呼喊還不夠；若是要動人，還要徵召藝術。除了以兩個人之間施與受為主的行善關係，我察覺到，有一種慈善團體好像在那時出現了，目的是要因應當時的社會問題。一七八二年，慕洛神父（Abbé Mulot）的日記曾經指出：

> 我見到一幅感人的場景，凡是被此情此景觸及的感性靈魂，都無法止住眼淚。營建商布羅先生雖然名不見經傳，但為人老實，他帶我去巴黎沃日拉爾路（Vaugirard）上的收容所，那裡收治感染性病的女人和小孩。*

在這裡，使人驚奇的是兩個主題如何被並置在一起，也就是使人愉悅的心靈感動以及性病的收容所，效果非常奇異。[51]但是根據托克維爾（Toqueville）的說法，被慈善工作所感動的情懷，也出現在路易十六時期幹事和上司的通信中。其中一位幹事由於「在執行勤務時，感性靈

---

* 作者可能太快將受到場景觸動的悲憫與流淚，連結到流淚的愉悅感受。就本文引用的內容來看，見到收容所帶來的情緒感觸，並不必然是愉快的。她想說的，其實是神父見到營建商替得了性病的婦幼患者辦了收容中心，覺得欣喜感動，而不是被他人的苦難觸動很愉快。

魂受到衝擊」，在信中表達微詞。而這些情緒感受其實並不討人厭，反而在行使權力的機關受到激賞。[52]牧師拉波．聖埃堤彥（Rabaut-Saint-Étienne）曾受到法國財政機關的召見，談到奈克（Necker）所寫的《呈王報告書》（*Compte rendu au Roi*）時，曾這樣表示：

這本冊子在田村鄉野廣為流傳。大家對它非常好奇，一頁接著一頁掃過，終於在最後見到記載法國財務開銷的段落。他們見到出身公民的財政部長在處理每個項目時，英明不失體恤，他落下淚來，沾濕了報告書。為了法國國民，他後天下之樂而樂，這樣的抱負，值得感激。

在這裡，情緒高點和為官仁民愛物的主題同時出現，我們可能會覺得聽起來很奇怪，但無庸置疑地，這裡要結合的是善行和公眾利益的意識形態。至於出現於法國大革命時期的文獻，可為我們帶來其他範例。這些例子更具侵略性，其中萌發的風格傾向毫不乏味，淚水豐沛。[53]這種人飢己飢、人溺己溺的精神擴及全人類，讓路易．賽巴斯丁．梅歇爾感動落淚：

所有人類經歷過的困頓，所有令人憔悴甚至將人吞噬的淒楚，在我的記憶中一一現形，成群結隊。我嘆了口氣，慈悲是一把苦樂參半的利刃，柔柔劃開我的心。熱淚從我的臉頰流下。[54]

在文人孤獨的書房裡，用文字搬演集體的痛苦，讓梅歇爾賦予自己流下熱淚的使命。那份感覺既討喜又尖銳，只能在普世價值的語境中得到闡發，讓共享的苦難變得崇高。*這樣賺人熱淚的辭藻，由於它想要擁抱全人類，所以並不驕矜無恥。

經由眼淚交流範圍的擴大，我們可以看見一種關心人性情感的哲學逐漸成形。在人性的情感中，見到他人有難而且顯現出不適的樣子，應該要心有所感。在小說中，這樣的社會態度會透過特定的場景傳達出來。十八世紀的文學作品經由這些場景，描繪出社會性（sociabilité）的觀念。社會性的範圍無遠弗屆，甚至有點模糊。社會性的詞意涉及自然、美德和快樂。也就是說，社會性屬於人的本性。還有論述直接認定「美德其實就是社會性」。再來，社會性其實就是一種關懷的態度，看重他人的快樂，和自己的快樂一樣重要、不可或缺。[55]因此，因為一個人身陷困頓而產生仁義惻隱之心，這出於天性，合乎情理。善良來自人類天賦的社會性，羅伯特·莫茲（Robert Mauzi）認為，善良就是「化為系統和行動的社會性」，對個體與群體的快樂都極

* 崇高（sublime）在這裡的意思不必然是道德至高點的高度，而是結合美學價值的劇烈與宏偉，講的是跨越個體界線的超越性。

為關鍵。[56]可能使人感到意外的部分是，當時社會頗為重視情緒波動的展現，重視到讓各種文字均充斥這樣的態度。當時的人容易因為陌生人或人道價值而落淚，雖然遭到後世的揶揄，但在當時，悲天憫人做為一種新的感覺表現，這樣的舉動是一種肯定。在哭泣之中，悲憫找到它源自天性的基石。從這樣的觀點出發，同情、樂善好施、集體情緒的感染力和人性的感動，在十八世紀都是催淚大宗，不失為探究社會性一塊重要的思想領域，在討論的時候不能和慈悲分開來談。這些心靈風貌具備一定的哲學尊嚴，顛覆了社會秩序的科層架構。在《論人類不平等的起源與基礎》（*Discours sur l'origine et les fondements de l'inégalité parmi les hommes*）中，盧梭曾這樣問：「什麼是慷慨？什麼是仁恕？什麼又是人性？如果這些不是面對弱者、有罪之人和全人類油然而生的慈悲，還能是什麼？」[57]

眼淚是參與他人坎坷經歷的方式，一旦那份痛苦得到化解，眼淚便可化為喜悅的眼淚。而關懷人性苦難、更具普遍性的情緒則代表了一種新的他我關係，受到情感認同的形塑與規範。在那時候，慈善的樂觀態度還沒受到謙虛的平衡，所以會有這麼些外向展現的形式。這是個重視悲憫的時代，同時抬頭的觀念之一，是人與生俱來的社會性，情緒的可見度在這裡占據核心地位。

第三章　情緒如何合情合理

在十八世紀，感性以及其必備的眼淚陣仗，形成了一個界線模糊的領域，難以劃清。確實，「哭泣令人愉悅」，人們也容許這份樂趣受到推崇。但這股任淚水浸潤的情緒，並非時時都那麼令人歡天喜地。譬如，德雷皮納斯小姐（Mlle de Lespinasse）就因為多愁善感，飽受痛哭之苦。有些人會在流淚的行為中探究苦樂參半的細微感受，有些人則關切情緒的極端狀態，瀕臨某些缺陷，像是耗弱、精神危機、痙攣等。多數人對流淚抱持熱烈的讚揚態度，而擔憂者雖居少數，立論上卻比較嚴謹。文人想要找出合情合理的流淚方式，精準地替每種情緒表現區分出不同的性質。於是，哭泣的藝術有了複雜的內質、利害關係和限制。當一個孩子用哭來表達意志時，我們未必要屈從。女人哭泣可能是出於心機，但也可能是飄忽莫測的精神危機，像一縷煙，轉瞬就散去。人們詳加記載受推崇的情感，文字鉅細靡遺；但與之並行的還有醫學及教育文獻，或來自更一般的場域，還有世俗的奚落，它們勾勒出可被接受的情緒疆界。

流淚的樂趣

一同哭泣的時光固然滋味無窮，但孤獨的情緒自有其尊嚴。獨自垂淚的體驗別具價值，因為人在心蕩神馳的時候會獲得快感。這種情感表現的形式，展現了一種前所未有的自我內在關係。唐森夫人（Mme du Tencin）在一七三五年說過，哭泣有著「一種甜蜜」，「當心靈受到真正的感動，凡是讓內心覺察到它蘊含的感性的事物，都能讓它喜不自勝。」這句話出自杜彤桑夫人寫的《康曼吉伯爵的回憶錄》（*Les Mémoires du comte de Comminges*），一本被改編成戲劇的小說。自得其樂的心靈及其感觸需要被見證，也需要眼淚的流淌來表現。即便是獨處，分泌淚水留下的軌跡亦帶出身體的高尚情緒*，一併產生愉悅的感受，標誌精神的存在。從這種傾瀉情感的方式，我們能見到關於不具外在表現、靜止而純粹的心靈內在；這方面的討論空間不多，而且關於心理、生理的小說也對它不屑一顧。†眼淚的主觀體驗能帶來結合身心靈的愉悅，讓人感受到內在的雀躍，進而發現自我，獲得感受自我存在的快樂。獨自哭泣，也是一種「自得其樂」。一七二八年，普列沃斯在痛苦與快樂之間做出細膩的區別：

> 如果不能將哭泣與嘆息稱為愉快的事，至少還有一件事是真的，那就是對受到深刻感動

的人而言，哭泣與嘆息具有無窮無盡的甜蜜。獻給痛苦的所有時刻是那麼寶貴，為了延長那些時光，我不眠不休。1

刻意尋求心靈的觸動，並不只是放大痛苦而已。在煎熬之中，會產生一種柔和的感受，由苦而生，以養為樂。這種柔和的感受並不是發洩的管道，而是自處的愉悅，讓人在感受那份柔和的時候泰然自若。品味眼淚的行為在十八世紀上半葉已經非常流行，即便在獨處時也是。長久以來，品味眼淚被視為浪漫主義的前哨站，更被安德烈．蒙古龍稱為「情感的自慰」，以及人們常常掛在嘴上說的「這都是盧梭的錯」。多愁善感的心靈獨自流淚時，人們想像淚水會流入私人空間「晶瑩的泉源」。文人墨客在讚揚流淚時，其實並沒有等待盧梭發表意見。至於所謂的「盧梭效應」，則證明了這個現象在無名讀者之間的流行。盧梭效應並沒有席捲所有人，例如

* 此處「情緒」的原文是humour，不是émotion，指向歐洲在科學革命與現代醫學興起之前，主導身體與心靈觀念的「體液學說」（théorie des humeurs或humorism）。「體液學說」認為人體由四種體液構成，分別是血液、黏液、黃膽汁和黑膽汁，這四種體液對應到四種基本元素——火、水、土、氣——它們造成不同的體質，也構成不同的性格。眼淚雖然不屬於體液學說中的體液，但作者有意使用這個觀念框架，來詮釋眼淚在十七、十八世紀的文化與社會意義。

† 「生理小說」（roman physiologique）指的不是一個特定的文類，而是流行於十八、十九世紀法國的小說寫作手法之一。它刻劃或諷刺特定人物或從業人員的體型、外貌和行為模式。

十八世紀的杜德芳夫人（Mme du Deffand）和德榮利夫人（Mme de Genlis）就對盧梭式的抒情視如敝屣，而且對這份反感毫不保留。

盧梭在《懺悔錄》中將心靈感觸與痛苦兩相結合。保羅・塔拉哈（Paul Trahard）曾細數這本書中出現過的各種眼淚，並在結論中表示，作者受苦的能力沒有極限。[2]無論是音樂、一首歌或是造訪喜歡的地方，都會喚醒童年的記憶，使他哭泣。這個過程，像是下潛進入一個主體的個人歷史，恰恰是自傳的核心活動，也標誌著觀想自我與情緒的另一種方式。人們有時候會批評盧梭，說他洋洋自得。就在他描述去瑞士沃韋（Vevey）的旅行時，他帶著一個特別的情緒表現自己：

> 我熾烈的心飛揚起來，迎向千百種未知的樂趣。像個孩子似的，我嘆息和哭泣。有多少次，我為了要好好的哭一場而停下腳步，在一塊大石頭上坐下。見到我的眼淚掉進水裡，我覺得自得其樂。[3]

帶著這份輕盈無邪的喜樂，盧梭玩味自己的淚水，看著從自身分泌的液體融入湖光山色。漫步的樂趣得之於心靈，寓之於淚水，更讓漫步者展現奇特的行為舉止，奇特但不忸怩作態。接觸自然，讓人返璞歸真。人在備受煎熬之下垂淚，卻又同時感受到甘美柔和的反襯，這個想法在盧梭的《新愛洛伊斯》中，透過男主角聖普勒的聲音得到發展。

> 彼時，我迴盪的心緒踏上另一條路徑，我的心靈有了份更為輕柔的感受，克服了絕望。我的眼淚潰堤了。這個狀態，和我已經脫離的狀態相比，不失幾分樂趣。[4]

這樣看來，心靈的感動可以安撫與之互相衝突的憂憤，讓情緒得以中和，這部分普列沃斯神父已經分析過了。若要領受盧梭的獨到之處，便要去看文章接下來的部分。他寫出一份狂喜，是兩種截然不同的心情互相結合後的產物：

> 我放聲大哭，哭了良久，感到撫慰。當我覺得好多了的時候，我去找茱莉，拾起她的手。她原本握著手帕，手摸起來非常濕。「啊！」我輕聲嘆道，「我們始終都是心有靈犀的！」

這比同時哭泣、交融淚水的境界更上層樓，兩個心靈分隔兩地，卻因為同時哭泣而巧遇彼此，邁向一個高峰，達到兩個主觀視角互相感應的澄明契闊。手帕做為淚水溝通的媒介，也營造出一個耐人尋味的時刻，因為獨自一人領受情感的波動，有時是一種補償，補償無法遇到知心者的寂寥。在回信給其中一個寂寞的女讀者時，盧梭的文字既描繪了單相思的不合時宜之處，也點到了這種個人情感所能帶來的安慰。另外，他也知道「感性的心靈若無法找到得以依靠的心靈，便會因為企盼得到慰藉而受苦」，但在同時，這份覺察又有它甜美的地方，它「讓人淚流滿面，帶來一種憂鬱，讓我們看清自己的樣子。」[5]要能促成這樣的自我見證，只能透過情緒的宣洩，讓它激發出來的情緒感受，成為存在的證明。

具備感性心靈的人在寫信時，會不斷地分析這些情感細膩的質地。利涅親王（Prince de Ligne）曾在信中提到他在克里米亞時，某天獨自在高聳的海角沉思，躊躇徘徊一陣之後，愴然淚下：

> 我的思緒將我捲入時局的動盪，捲入心靈的動盪。我發現，這裡沒有一樣事物能安然靜止，而且當一個帝國或強權不再壯大的時候，它就會開始衰頹，就像有一天我們不再愛得那麼渴切的時候，我們因為愛意減少而生分。我的心呀！我剛剛說了什麼？盪氣迴腸的究竟是我的心靈，還是大自然，使我不能自己？沒來由地，我的淚水奪眶而出，但淚水是如此溫柔！這種感觸是人之常情，是感性受到彰顯的時刻，無以名狀。此時，我千頭萬緒，哭泣但並不哀戚。[6]

利涅親王說出這席話的起手式，是嗟嘆時局的老生常談，以及歷史留下的滄桑；接著，他轉而注意到自身存在的滄海一粟。在我看來，融化在溫柔淚水中的主觀體驗，表現出一種親密性的觀念，而盧梭可能是這個觀念的創始者。存在的感受，伴隨著身不由己的印象。心與自然之間，界線不再分明。人們無來由地哭泣，不知道自己宣洩情感的對象是什麼，只能任由思緒彼此交會，因為感懷迴盪而有超越自己的感受。但同時，人們用抒情的話語書寫描摹這些感受，彷彿這些彌足珍貴的時刻對主體性具有根本的意義。

沒錯，人在獨遣悲懷的時候，會採用表演性十足的誇飾言語，伴隨辭溢於情的讚頌，描述淚水帶來的愉悅。但其實，這種表現方式因應的，是文學讀者群強烈的需求。劇作家巴庫拉．達爾諾在直言談論「狂喜靈魂的表述」[7]時，將這個運動推向高峰。他追隨盧梭書寫感性小說的腳步，強化了文類的特質，把情感表現得盎然滿溢。[8]十八世紀的法國作家羅埃瑟．德特列歐嘉特（Loaisel de Tréogate）讓他作品中的主人翁彌爾庫（Milcourt）見到愛人臨終、自己卻會繼續活下去時有感而發：「如果我死了，也就不會再哭了，但哭泣也是一種享受。」[9]在法國舊制度（Ancien Régime）因革命而覆滅的前幾年，整體的品味擁抱幽微與黑暗，欣賞在墳墓旁流下的眼淚，形成一股感傷的風潮。這個小說文類和埃默農維爾朝聖之旅流行的年代相同，人們前往埃默農維爾憑弔盧梭的墳墓，有感而發，落下喜悅的淚水。在大革命爆發的前幾年，矯揉流淚的風潮進入鼎盛時期，抹煞了先前發展出的各種細微差異。就像羅伯特．達爾通研究放浪文人（la bohème littéraire）所發現到的風潮一樣，他們對生活採取波西米亞式的漂泊與不羈，其中有許多諷刺小冊子的作者，闡發哲學思想的時候大幅簡化與誇飾觀念。由此我們也可以想像，上述感性的表述模式在擴散的時候，並沒有變得比較細膩。

感性的生理決定因素：昏厥的女子與機械般的人

在眼淚氾濫時，我們要見到的，不該是純粹對各種身體表現形式的迷戀。有些極端狀態確實使人擔憂，因為過度的悽愴可能導致死亡，或讓活著毫無意義。精神與肉體的失衡，從疾病到拙劣的表現，處處顯現在十八世紀的文獻。在這些文獻中，有些嚴重的狀況十足堪慮。在《危險關係》中，杜爾維夫人雖然心地善良，卻因為受到有罪戀情的煎熬，致使身體狀況大幅轉變。在小說中，凡爾蒙子爵這樣描述她：

> 想像一個女子坐著，姿勢非常僵直，面無表情，看起來既不像是在思考，也不像是在傾聽什麼，或聽見任何東西。她雙眼直視前方，眼淚簌簌流下，毫不費力〔…〕經過表面上的失神，隨後出現的是恐懼、呼吸困難、抽搐、啜泣夾雜一些哭喊，但她一句話都沒有說。[10]

從失神的愕然到抽搐，杜爾維夫人不能自己，好像身體中邪，完全失控。她先是恍惚落魄、麻木不仁，接著身體放肆造反，因為絕望陷入精神和情感的危機，既無法回神，也無法找回備受煎熬的痛苦意識。淚水汩汩流下，呼吸因抽噎而中斷，理智完全崩潰。人的神智杳無蹤跡，旁人愛莫能助，語言就此消失。這個失神落魄的狀態讓人想到聖梅達爾（Saint-Médard）的抽搐情節，似乎預示角色即將昏厥。杜爾維夫人的傷心欲絕，也宣告她即將到來的死亡。

在爬梳回憶錄和信件時，我們讀到的昏厥現象比上述的情節良性許多。馬蒙泰爾的情人時常遭受昏厥的侵襲，為此泣不成聲：

> 就在分明神采奕奕的時候，她還是會發作。一發作起來，她會不由自主地咯咯亂笑，笑完之後便四肢僵硬。她會發抖，行動癲癇，最後淚流滿面。這些事端我看在眼裡，幾乎比她還要難受。但這也讓我更心疼她，為她著迷。[11]

由笑到哭的轉變，是神經疾病*的徵兆。[12] 伏爾泰是格拉菲尼夫人在西雷城堡的座上賓，他

* 「神經疾病」（les vapeurs; the vapours）是歐洲在現代醫學體制化之前，對精神異常、情緒失控、瘋狂、歇斯底里等身心失衡表現的泛稱。以下段落出現的「神經疾病」，除非另作區別，是這個泛稱的翻譯，而非任何一種當代認知中的精神疾病。

的東道主為兩種徵兆感到困擾，他曾在信上說：「我不知道這究竟是怎麼發作的，因為我確定這不是來自神智。唉，我的朋友呀！為什麼我們生而是感性的人呢？」[13]在追查病源的時候，格拉菲尼夫人抱著情緒困擾訴苦，但將整件事放在感性的框架中，將這些困擾保留給菁英的靈魂，而菁英的靈魂自然頭腦靈光。伏爾泰瞬息萬變的情緒波動，也時時引人疑竇：這和他的才華或是人性有什麼樣的關聯？此外，伏爾泰會由笑轉哭，馬蒙泰爾見狀覺得興味盎然，曾說他好像能在「一個偉人的身上見到翻臉如翻書的孩子氣，在各種困擾他的極端情緒之間擺盪」。[14]盧梭也曾在《懺悔錄》中提到神經疾病的危機，其中有幾項見解別具洞察力：

> 精神疾病是逍遙人士——像我——的病。我時常不明就裡地流淚，赫然聽見一片葉子的顫動或鳥兒鼓翅而驚愕，在最為逍遙寧靜的生活中，卻有著如此衝突的心情起伏，這些，都代表著舒服日子的百無聊賴，也就是感性心靈的浪擲糜費。[15]

使人無端哭泣的精神疾病，將人的感官逼入高敏感地帶，讓情緒波動起起伏伏。從情緒與感官的角度來看，感性的心靈漂泊不定，隨波逐流。當人日子過得太舒服快樂，進而無聊，便會產生這樣的情緒揮霍。

狄德羅喜歡界定各種情緒狀態。他參照博爾德（Bordeu）的理論和蒙貝里耶（Montpellier）

醫學院成員的研究文獻，逐漸替自己發展出一套有機的感性觀念。這個科學的取徑建立在血液循環模式的觀念架構上。除此之外，狄德羅也想要對當時的慣例進行一番改革，反對整體國情因奢靡而陷入神經疾病的弊端。於是，他運用當時的醫學知識，構築出一套關於情緒的分析。在他看來，情緒的過度波動並不高尚。在狄德羅寫的《達隆貝的夢》（*Le Rêve de d'Alembert*）中，博爾德向茱莉・德雷皮納斯（Julie de Lespinasse）表示，把時間耗在笑和哭哭啼啼上，跟個孩子沒兩樣。這句話的意思是，多愁善感的人讓自己陷入橫隔膜收縮抽噎的宰制，周圍附屬的神經過度活動，讓人進入極差的狀態。德雷皮納斯夫人對這番描述頗有共鳴。只消一句話或一齣感人的戲，感性的心靈便會憂思難忘難以排遣，流淚、顫抖和呼吸困難，甚至讓人失能。根據當時的理解，情緒會從腸道前往頭部，從橫隔膜擴及大腦，讓大腦不再是控制中心。「啟動這衝動的源頭，不知道它會導致什麼後果。」[16]在狄德羅看來，神經疾病是神經束的無政府狀態，受害者以女性為多，她們形成「一幅管理無力的景象」。而男性具有和諧的靈魂，情緒波動造成的效應，則是迅捷的反應和活力：「他們就像這些脆弱的靈魂一樣，每聽見傷心故事必哭，而且在他們的世界裡，沒有糟糕的悲劇。」[17]男人要是天生敏感，就要學習如何控制神經的波動。假使他的神經纖維太容易因為外在事物起舞共鳴，他就會喪失判斷和理性思考能力，進而讓他的生活毫無意義，而且一無所獲。不過，反觀橫隔膜不靈活的人，他們通常心如鐵石。狄德羅在反駁愛爾維修（Helvétius）時，曾經寫道：「頭腦讓人睿智，橫隔膜讓人具有惻隱之心和道德觀。」

[18]雖然感性需要導引與控制，但它卻是人性尊嚴和人際溝通不可或缺的一部分。眼淚展現了人的社會性，也揭示了真實的人際關係。極端的感性不會讓人顯得崇高偉大，但藉由情緒的表現，人們有可能在精神與情感生活中養成一些習慣，而這些習慣是能啟發善行的。於是，感性具有雙面的特質。這在之後的劇場理論中，我們會更見分曉。

在撰寫《百科全書》（*Encyclopédie*）關於「感性」（Sensibilité）的詞條時，尼古拉斯・富凱（Nicolas Fouquet）沿用了上腹結構的理論。愉悅的感受會讓敏感的人心花怒放，全身的感覺受器會跟著擴張，進而覺得自己的存在擴張了。而痛苦則會讓敏感的人朝身體的核心聚合，「身體機能隨之下降」。由此可見，喜極而泣的眼淚能讓身心充盈，超越「原有的界線」，帶來令人迷醉的幸福感。至於傷心的眼淚，則會造成有害健康的收縮。女人和小孩因為「黏膜組織比較柔軟、年輕和纖細」，所以比較敏感，而成年男性的黏膜組織則比較結實。孩童如果過度敏感，會讓他們容易抽搐和痙攣。女人由於生理結構接近孩童，所以抽搐和痙攣的狀況會非常明顯。其中一個重要的神經中樞是子宮，被視為女性神經疾病發作的根源。*當時的人認為，這個因為生理構造而特屬於女性的疾病，如果出現在男性身上，是因為他們的生活習慣「揮霍無度，萎靡不振。」

不過，根據梅歇爾的看法，有種情況比情緒氾濫還要糟，那就是憂鬱造成的淚水乾涸。

> 有些不幸的人因為神經過度緊繃或鬆弛而喪失平衡，為此所苦，誰能體會他們的困擾？〔…〕晦暗的憂鬱讓他的心枯萎，讓他不再哭泣也不再歡笑，心如死灰。活著對他而言是殘酷的，因為度日如年。他實實在在地求生不得，求死不能。[19]

這種困擾和神經失衡息息相關，讓人變成行屍走肉。值得注意的是，這裡涵蓋的神經生理觀念和狄德羅沿用的不盡相同。它在本質上更為機械性，比較沒有泛靈論（vitaliste）的性質。可以確定的是，牽涉感性的疾病和身體狀態緊緊相連，主宰身體的各種力量一旦形成失衡的緊張關係，就會致病。

在十八世紀，哭泣也許非常盛行，但它並非亂來一氣。在哭泣中，人們在心灰意冷的麻木和情緒波動的震盪之間，找尋中庸之道。重要的是，不能單讓構成身體的神經主宰一個人的感性表現。這個觀念中不乏自我克制的成分，是其價值所在。有些人認為，受到控制的感性比較優越。這很可能就是哲學家德里德拉薩（Delisle de la Sales）服膺的價值，他曾經在書上說：「一個具有感性懷抱的人，比起心性和理智一樣高冷的人，常常具有更強的自制力。」[20]

---

* 歇斯底里（hysteria）的字根來自古希臘文的「子宮」hystera，形容詞 hysterikos，觀念的關聯性可見一斑。

感性的童年與還童的感性

在小說中，不快樂的孩子會因為他的純真和脆弱，讓大人感觸良多。如果一個不幸場景中的主角是孩子，那簡直是情緒感染力的保證。見到孩子更容易觸動心弦，因為孩子需要保護。在私人書信中，我們能見到對於孩子健康的關切。[21] 關於這點，柯列（Collé）的《札記》（*Journal*）有個重要的地方描繪私領域生活，寫出了關於孩提時期的新態度，以及貴族家庭的孺慕之情。奧爾良公爵的孩子接種天花疫苗在即，家中出現了以下對話：

接種疫苗的幾天前，奧爾良公爵夫人在公爵面前泣不成聲。於是公爵對公爵夫人說：「夫人，雖然我心意已決，但如果這並非如妳所願，或妳不同意讓孩子接種，那這件事就作罷。孩子是妳的，就跟他們是我的一樣。」公爵夫人回答：「嗳，我的丈夫呀，讓他們接種，也讓我繼續哭下去吧！」[22]

為確保孩子身體健康的現代擔憂，伴隨著怕孩子受苦的母愛，和為了孩子好的殷切。為孩子而流下的眼淚，並不侷限於菁英族群，或經濟狀況穩定、沒有後顧之憂的人們。一七五〇年曾經出現因為孩童遭擄而引發的暴動事件，受害的家長（不只是媽媽）因為孩子被綁而哭泣，就算起初的驚慌失措已經過去了，但仍展現痛苦無比的焦急。[23]

養育孩子

孩子有許多催淚的地方，而且，他們的教育也讓家長傷透腦筋。重要的是，不能讓孩子用哭來無理取鬧，或把哭當成是忤逆大人意志的武器。在《新愛洛伊斯》中，聖普勒對哭泣的孩子沒有特殊感覺，他還因為茱莉對照顧孩子很有一套，所以稱讚她。她的兒子還小，起先時常哭鬧，後來變得聽話安靜許多，聖普勒也就不會在屋內聽見他的聲音。孩子的哭應僅限於純粹源自天性的抒發，而不是養成哭鬧取巧的習慣。盧梭在《愛彌兒》（*L'Émile*）便曾詳加解釋過，人們該如何教養表達痛苦與不適的方式。他針對眼淚的教養提出諸多建議，顯示他對這件事的高度重視。孩子還小的時候，表達不舒服的方式是透過一種不清楚的語言，而且「受到不可理喻的聲響的加強」。孩子非常頻繁地哭鬧，盧梭認為「狀況就該是這個樣子」，這種自然語言就是語言溝通的起源。一旦孩子除去襁褓的束縛，他就會減少哭鬧。孩子的眼淚與哭喊，展現了使用符號的原始方式，他的哭鬧是邁入社會秩序體系的第一步。孩子初期的哭泣其實都是某種形式的請求，但如果我們沒有多加注意，這些請求就會變成命令。因此，幼兒時期其實就是

「權威與奴役」的時期。在牙牙學語之前，孩子用眼淚來發號施令，在有行為能力之前，孩子只能順從。為了讓孩子靜下來，人們哄他，但要孩子閉嘴，人們也會威嚇和動手打孩子。也就是說，孩子只能發出或接受命令。經過脆弱與依賴的時期，管束和主導的觀念愈發重要，也就漸漸脫離受天性宰制的時期。假使孩子被寵溺成「你的主人」，那就無力回天了。教育和社會政治息息相關，會重演人類歷史的各個階段。人們要懂得如何分辨孩子的意圖，了解孩子為何哭泣，練習忽略孩子因為積習或固執而發出的哭鬧。為了不讓孩子養成任性妄為的壞習慣，有些眼淚不容妥協。人們要做的事情，應該只是關心痛苦的徵兆，在必要回應時親切和善。經過這樣的約束，孩子便只會基於好的理由哭泣，因為他們也不喜歡為了徒勞之事費盡工夫。而且，當孩子開始講話之後，他們的哭鬧也會變少，因為他們能透過言語來表達痛苦或欲望。[24]教養孩子哭泣該有什麼樣的分寸，因此牽涉到語言成規的學習。

不過，受到感情所觸發的柔情淚水，有著不一樣的地位。例如在《懺悔錄》中，盧梭將自己表現成一個從小就具有感性稟賦的人。「我曾經因為不卑不亢地表示自己的天才，而遭到取笑。取笑歸取笑，等人們笑完了，見到一個六歲小孩著迷於小說，著迷到讀著讀著會熱淚盈眶……」[25]在這裡，小說成為一項重要的媒介，顯現心智的成熟度，能將情感提升到道德與美學的境界。這些閱讀的效果發生在六歲孩子的身上確實不凡，讓他顯得鶴立雞群，展現了想像力的自我意識。在這裡，人的天性就像小說中茱莉在克萊宏的花園一樣，被加以耕耘和經營。重要的是，感性本就是後天培育出來的主觀表現。

生命的各個時期

盧梭在關鍵年齡時，曾經遭遇難以言喻的困擾，牽涉某種不滿足。「滿十六歲時，我徬徨不安，覺得自己乏善可陳，卻又對自己的狀態缺乏覺察，處於無名欲望的煎熬，沒理由地流淚，卻不知道為什麼嘆息。」[26]這裡描述的究竟是青春期的自我發現，還是採取人類歷史共分成四個神話時期的觀點*，昭示人生邁入鐵的時期？[27]這份有志未酬的欠缺和沒有來由的淚水，代表一個人內心的不平衡；他的感性發展不夠健全，所以痛苦，但同時也顯示，他的多愁善感在經歷孤獨時特別難受。此時，年輕的盧梭正處於揮別童年的時期，離開了日內瓦。在小說《愛彌兒》中，這對應到的角色是他青春期的開始。在和未婚妻蘇菲成婚前，愛彌兒要動身去探索世界。愛彌兒因此潸然淚下，而蘇菲則採取了比較含蓄內斂的態度，在敘事者看來，竟然比「她的愛人不合時宜的怨尤和後悔的吵鬧」更為感人。[28]對於這種女性的矜持，盧梭是最積極的擁戴者之

* 根據羅馬詩人奧維德（Ovid）在《變形記》（*Metamorphoses*）中的描述，人類歷史共分成四個時期，分別是金、銀、銅、鐵〔1.89-150〕。

一，認為女性應該要透過教育來養成這種儀態。展現情感時也要含蓄合宜，這是理想的年輕淑女該拿捏好的寶貴特質。

狄德羅將各種感性狀態連結到人生的不同階段：「到了某個時候，所有的年輕男女都陷入憂鬱的低潮。他們不知為何徬徨，對事事躁動不安，找不到紓解的方法。他們尋求獨處的機會，好像受到周身的寂靜牽動，暗自哭泣。」[29]在這段過渡期獨有的困擾和童年、成年之間，狄德羅做出了區隔。同時，他認為如果要讓感性的氾濫得到改善，只能透過年齡的增長，讓敏銳多情的神經鈍化。[30]

女性的眼淚

關於女人的評論，以及專門談論女人哭泣能耐的文字，可見於各式各樣的文獻中。「女人心，海底針」的傳統論述，涵蓋了女人如何善於偽裝，女人的行為如何模稜兩可、令人費解。普列沃斯小說中的人物，舉凡德格魯和《一個現代希臘女人》（*Une grecque moderne*）中的男性保護者，都為了摸清愛人的心思而絞盡腦汁，也為了釐清她們哭泣的緣由搜索枯腸：究竟是出於愛、憐憫、悔悟、謊言還是背信棄義？要辨明他們所愛的女人為何而哭，難如登天。那些讓她們靈動婉轉、百感交集的力量深藏在陰影裡，讓男性敘事者如墜五里霧中。而在世俗的文獻討論中，含淚女子的形象擺盪在女伶和喜怒無常者之間。嘉利安尼神父（abbé Gliani）便曾這樣描述男人在遭遇這樣的女人時出現的態度：「我們關心她們，也和她們一起受到感動。不管她們的眼淚是真是假，都使我們揪心。我們是在意的，也設法讓她們分心，讓她們開心，然後我們會讓她們獨自留在屋內。」[31]如果男人最後還是讓女人留在私領域中獨自傷心，對女人的眼淚憐香惜玉又有什麼用呢？在這裡，我們能察覺到男人的態度前後不一致，而且眼淚是真是假，似乎只是個次要的問題。在一則饒富哲學性的對話中，作家尚福爾（Chamfort）在描寫一個八面玲瓏的女子時，對她抱持頗為嚴厲的態度：

A：你信不信我見到某某某夫人當著十五個人的面，為了她的朋友哭了？

B：可是我告訴過你了呀，凡是她想做到的事，沒有一件會失敗。[32]

女人的企圖，包含懂得如何當眾落淚。不過，女人扮演角色的舞台並不侷限於社交場所。要了解女人的情感，最好的辦法是釐清她們對自己設下了什麼樣的情感戲碼。戀愛時，就連老實的女人也會讓自己投射到感性的劇場中，探索各種良知和義務。「她會興奮地顫抖，她在懊悔時的尊嚴，會在她身陷谷底時安慰她。固然她有錯在身，但她的錯誤不失體面，她流淚時具有一種儀式感。」[33]寫下這段文字的劇作家馬里沃（Marivaux）並不質疑態度真假的問題，也不追究女人的眼淚是否真誠，而是探討她們在主觀心靈的劇場中給了自己什麼樣的位置。透過一個女性的敘事聲音，人物態度與精神狀態的複雜性被強調，但沒有被清楚界定。在小說《瑪麗安的人生》（*La Vie de Marianne*）中，大家問人見人愛的瑪麗安為什麼哭泣，結果一問之下觸動她的神經，讓她哭得傷心欲絕，然後得到瑪麗安這樣的答覆：「我們女孩，或女人呀，一聽到人們說起我們剛剛在哭，眼淚就會不由自主地滑落。雖然這麼做是幼稚的，還帶著點女生的嬌氣，但我們無法不這麼做。」[34]在這裡，年輕姑娘的哀愁雜揉了天真與洞察，情緒受到姑娘的悉心照應和潤飾。為了讓熱淚盈眶，她提醒自己有哪些不愉快，而且自欺欺人地掩蓋不愉快的真正事由——要歸還一件她太喜歡而不想還的衣服——抑或是她想起幼時失去的父母親。至於究竟為何要讓困擾顯得更得體，根據她自己的宣稱，是因為「人們能在自己眼中顯得更光榮，因為人們總是會展現出自己不願面對的懦弱，所以要藉由其他名目來粉飾太平。」[35]此時，馬里沃的筆調並不苛責。他呈現瑪麗安的內心獨白，時而溫柔，時而具備覺察的洞見，讓她演出自己的內心戲，任意選取想要戴上的面具，帶給讀者一種不偏重任一方的多樣面貌。重要的並不是刻劃出女性的心理，而是觀察思維、舉止與態度的高度流動性，進而去看它們如何發生在行為的不同層面帶來什麼樣的滿足感，引發什麼問題、責難和心有戚戚焉的默許。這些內心世界的展示與表演，似乎都在女人身上得到充分的揮灑。

眼淚理應能讓女人得到一種嫵媚的韻致。如果女人眼淚潰堤，無法自己，她們仍然會注意到這個狀態對男人具有某種吸引力。就算本意不在勾引，但女人會學習如何做出淚流滿面的表情。在《危險關係》中，梅黛夫人用以下對話向凡爾蒙子爵描述年輕的塞西兒・佛朗治（Céile Volanges）淚眼婆娑的容顏：

> 就算她的心思壓根兒牽扯不上調情，但我跟你保證，她還是會很頻繁地哭。在這種時候，她沒有打壞主意。〔……〕天啊，那樣子多美！唉，如果抹大拉的瑪麗亞也像她那樣向耶穌懺悔罪行，具有的危險性非同小可。[36]

女人的眼淚並沒有被系統性地貶低。小說中的浪漫論述，是對她們的感性致敬。我們無法忽視那些重要女性角色流下的眼淚——那些眼淚標記的絕非她們的柔弱，而是深具美德和崇高的力量。小說中的範例不勝枚舉，像是理查森的克萊莉絲・哈洛維（Clarisse Harlove）與帕梅拉（Pamela）以及盧梭的茱莉。而且，先前提到的諸多評論也應該要將這一大群女性角色納入考量，她們在哭泣時展現了感性的心靈和責任感，具備的性格飽和度，有時高於她們身旁的男性角色。將善人的不幸做為一種文學主題蔚為風潮，連帶讓女人的感性具有特殊的地位。不過有時候，善良又感人的女子的地位被大幅拉抬，另一方面也遭到墮落的威脅，誠如薩德侯爵筆下的貞潔女主人翁，一個個被摧殘成受害者。薩德侯爵便用以下的文字描述放浪的弗朗瓦未來的妻子：

> 想像力豐富，但有點哀愁，帶著點憂鬱的嬌柔，讓她鍾情於書本和獨處。這些，好像都是大自然在造物時，只想賦予給不幸個體的特質，讓他們遭逢厄運並品味橫逆的同時，在黑暗動人的愉悅中嚐到比較少的苦澀，也讓他們偏好眼淚勝過浮誇的喜悅，因為這種喜悅不夠積極，而且缺乏深度。[37]

這樣的女子就是上等的獵物。當感性的邏輯推到極致，就成為人性的邪佞。巴庫拉．達爾諾在寫作時雖然不常運用反諷，但也推崇淚眼汪汪的情人：「當愛人雙眼噙著淚水，那樣的眼睛多麼讓人陶醉，多麼惹人憐愛！都要讓人的心融化了。」[38]由此可見，女人的眼淚讓某些作家找到讚揚女性的方式。法國作家聖皮耶的博納當（Bernardin de Saint-Pierre）在小說《保羅與薇吉尼》（*Paul et Virginie*）中辭藻華麗：

> 不管在何處，凡是有無辜的人遭到暴政欺凌，你們都是頭一批用眼淚榮耀受害者的人，同時也讓暴君感到懊悔〔…〕你們動人的眼淚澆熄迷信的火炬，天上人間的微笑驅散了

唯物論者冰冷的論調。[39]

在女性的溫情與眼淚中見到普世救贖的潛力，這個觀點受到長遠的支持。女人的眼淚能帶來動人的陪伴、無與倫比的感性慰藉，所以能抵抗所有不愉快。

在這裡，女性小說家跟男性小說家有區別嗎？有些女作家，像是李科波尼夫人，堅信女主人翁流淚的影響力。其中，有人認為眼淚提供了「反思的自由，去思索驅策情緒的祕密動力，一探流淚的緣由」，[40]在持有這樣的意見的同時，也否認自己曾流下高傲的眼淚。我們能由此察覺到，作家在描繪女性時，想讓她們流下有格調的眼淚。為了榮耀女人的感性，羅蘭夫人（Mme Roland）也義不容辭，表述態度時語調隆重：

> 噢，各位呀！我和你們一起分享命運和特權。你們用感性的淚水澆灌人間，在這個世上發光。加入我吧，讓我們一起祝福那雙偉大而有力的手，那雙手讓我們成為憂愁的獵物，在我們身上播下美德的種子。多虧那些美德，這個世界才能獲得快樂！[41]

無論是調情的風韻或背信忘義，不管是採取策略，還是因柔弱而無力自我克制，哭泣女子的形象都引發了諸多反思。面對社會和自我，她們都在扮演角色。男人對此譏笑奚落，輕慢相待。只有在擁戴布魯特斯式*的英雄主義時，男人的眼淚才會被賦予優越性。不過，感性文學中描寫的似水柔情，也替他們的眼淚增添另一種光澤。蕙質蘭心且多愁善感的女性受害者往往占據前台，她們的溫良矜持頗為人稱道，因為特別感人。到了十八世紀末，關於女性的眼淚如何能救贖全世界的論述也變得十分普遍。

眼淚的藝術

感性並非身體不由自主的表現，它比較像是一種生活的藝術。操持這項藝術的時候，重要的是懂得如何避開危險的氾濫，並且遠離諸多感性對人體「機器」的直接影響。基於這些條件，感性能成為溫柔的寶貴體驗，讓人享受自我。

為了讓情緒的波動能帶來快樂，感性需要一套有選擇性和區隔的實踐模式，這樣的實踐模式驅使人們構築出一套科層體系。因此，我們就會更加了解為何孩童（以及有些時候的女人）通常無法在這樣的觀念科層中抵達高峰，因為感性的眼淚此時指向一種自我展示的精緻文化。在這樣的精緻文化中，感性受到推崇，也同時受到各種價值的層層規範，包括美學、倫理甚至是醫學的價值。

這股被稱為「感傷」（sentimentaire）的風潮，挾帶了誇飾和情感的潮汛，或多或少顛覆了細膩情緒的平衡。在觀察這樣的文學形式如何獲得越來越大的讀者群時，我們能取得一些蛛絲馬跡。如果對格林姆而言，巴庫拉就是為了女裁縫和女性服飾業者寫作，原因也許就是因為她們在言情與感傷的文學中，找到了中產階級和沙龍貴族保留給圈內人的享受，也就是感性心靈喜歡流淌的甜蜜眼淚。

---

* 布魯特斯（Brutus）在西元前四十四年加入刺殺凱撒的行列。

第四章　劇場中的眼淚

劇場中的感性及感性的劇場

在十八世紀，人們時常在公共空間以淚示人，而劇場在這方面，可說是具體而微的縮影。人們在劇場淚如泉湧，而且喜歡在那裡表現哭態。如果要追根究柢，帶起流淚風潮的運動在十七世紀就萌芽了，並且在一七三〇年代方興未艾。這項風潮一直興盛到一七九五至一七九九年間的督政府時期（la Directoire）。即使法國戲劇在這個世紀歷經美學與意識型態的變遷，眼淚的勢力卻沒有因此而削弱丁點。

十八世紀劇場觀眾的行為，好比一場眾聲喧譁的婚姻，結合了自然與人文，雜揉慣例與情感，並且，誠如劇作家梅歇爾所言，還融合了愉悅的淚水和「活潑的道德教育」。名媛仕女會在劇場包廂潸然淚下，哭到昏厥在善良公子的懷中，或是倒在善解人意又和藹的父親身旁。所以，感性的劇場包含舞台和觀眾席。透過觀察觸發情感的成因，我們能發現在當時被稱為「自然情感」的東西。自然情感其實是個頗為籠統的概念，但在檯面上有其影響力，支配各種牽涉親密關係的人情世故和慣例。人們因為私密情感而在公眾場合展現深受感動的樣子，觀眾的期望帶著這種深刻的矛盾，喜歡見到親密關係被搬演上台，尤其是感人肺腑的橋段。歷史學家菲利浦．阿利埃斯讓我們知道如何在親情的揮灑中，辨別展現情感的形式。情感的展現通常涉及賣弄與誇飾，同時，它也矛盾地追求人的本性。這和之後連結純樸與內斂的觀念不同，也不完全是情緒與矜持之美的結合，因為後面提到的這些觀念排斥濫情。作家米歇爾．雷里斯（Michel Leiris）曾說：「研究這些撲朔迷離的狀態，應該能有所斬獲，因為從演員的行為中，我們很難判別哪些成分是承襲慣例，哪些又是肺腑之言。」[1] 劇場公眾的態度呼應了這個情況，因為約定俗成的行為規範促成甚至誘發了這些情緒表現，耐人尋味。觀眾的涕泗如雨也代表著另一個時代的特質，讓感性成為一種集體的社會體驗。

演出與觀眾

大眾在走進劇場時，帶給人喧囂鬧騰又精力充沛的印象。他們踴躍回應劇場的演出，同時也對悲劇構成的法則、詩句格律的分析方法如數家珍，甚至對演出的劇作倒背如流。所以，這裡所指的觀眾皆有備而來，同時鼓譟不安。觀眾馴順的配合度非常低，注意力時常飄到包廂去，因為人們去包廂串門子就像參加沙龍一樣，聊天的時候把那裡當成閨房。會出現這幅景象的原因，是因為包下廂房的貴族必須持續出席。但實況就像格林姆所說的一樣：「包廂不會下判斷，或應該說，包廂的意見無足輕重。一部作品的命運，掌握在正廳觀眾席的手中。」[2]當演出的內容引發聯想和各種玩笑，沒有任何事物能阻止觀眾的遐想及應和。這些從觀眾席發出的應和機智俏皮，如果大獲好評，還有可能流通全巴黎，讓市民琅琅上口。觀眾鼓譟叫囂，群情激昂，甚至在一七五一年的某天，當局必須加派衛兵鎮守劇場，控制觀眾席的洋溢情緒。這件事還有一則有趣的插曲，當年名噪一時的名角拉各桑（La Gaussain）飾演貝瑞尼絲（Bérénice）的演技感人肺腑，竟然讓其中一名站哨的衛兵「淚水潰堤，手中的槍掉到地上，顯然執勤時的心思都被女演員的表演占據」，而包廂與正廳也不遑多讓，「四處涕泗橫流」。[3]

在這裡，我們能問的問題是，如果觀眾喜歡發出酸言酸語，又喜歡打斷表演，卻又在乎拋頭露臉和吸引注意力的機會，眼淚對觀眾有著什麼樣的功能？這樣問的原因是，從十八世紀上半葉開始，沒有一齣叫好叫座的戲不催淚，甚至讓評論家將催淚視為觀眾迴響的指標，以檢視作品演出的效果。如果說演出也同時發生在觀眾席，那是因為當時的環境條件允許這個情況發生。劇場的燈光並沒有聚焦在舞台上，所以觀眾很容易在席間分心，而且觀眾對這件事樂此不疲，因為他有可能在扮演角色時一顯身手。一直要到一七五九年，花花公子才不會繼續招人耳目，而且劇場也取消了和演員同座的長凳區。正廳加裝座椅，是一七八二年的事。也就是說，站著看戲的觀眾無疑比坐著的觀眾更為好動，更具批判性，而且在那時，站著看戲的觀眾還保留了哭泣的行為。

從十七世紀一直到十八世紀末，牽涉劇作內容、演員演出和劇場情緒表現三者交匯的現象，歷經了重大的轉變。透過觀察轉變的內容，我們才能釐清，公眾喜歡流下的眼淚究竟有著哪些意涵。

浮現與水漲船高之勢

十八世紀時，劇場逐漸出現一套關於眼淚的策略，[4]回應劇場觀眾強烈的需求。然而，諸如仰慕、憐憫或溫情等情緒在展現時，受到微妙的比例控制，目的是不要讓觀眾不開心或掃興。譬如，人們會避免塑造出罪孽太過深重的人物，因為這種人物不值得感動大眾，但人們也會避免把受害者呈現得太過純真無邪，以免觀眾群情激憤，反應太過激烈。所以，總而言之，劇場在營造驚愕和憤慨時，不能讓觀眾過度悲憤或震撼。在操作催淚的劇場效果時，擬真的法則和文化品味是兩項指引。

拉辛（Racine）的成功，就是眼淚的成功。得知自己的作品讓觀眾熱淚盈眶，拉辛深深感到自豪：「我的悲劇承蒙這麼多眼淚的光榮潤澤，而且第三十場和第一場同樣成功，我不相信觀眾會對我抱持反感。」[5]拉辛用溫柔取代了崇高的美學價值，揭示了眼淚在十八世紀舉足輕重的地位。在這之中，欽慕的眼淚不敵愛情的卿卿我我與親情的眼淚。這個趨勢，並非所有人都樂見其成。批評家聖埃弗樂蒙（Saint Évremond）希望能在這些種類的眼淚之中找到妥協，而且他不喜歡見到眼淚遭到濫用。根據十七世紀末的文獻，人們喜歡在劇場哭泣，但這個現象首要牽涉的是女人以及她們的品味，如何對戲劇藝術形成影響。《評貝瑞尼絲》的作者曾經寫道：「如果女人橫豎會哭，一個演員上台穿長靴還是短靴，有什麼差別？」[6]同篇文章的作者將這個風氣的始作俑者，歸咎到女人身上。在十七世紀末，人們競相誇口如何使女人的「翦水雙眸」流下淚來。梨花帶淚，以哭動人的女演員比男演員來得多。對某些評論來說，戲劇推崇的英雄主義價值，似乎和男性角色的眼淚互相牴觸。就算是徵引古典時期，也無濟於事，不管是搬演亞歷山大、凱撒、尤里西斯、阿基里斯或是海格力斯的眼淚，演員在台上流淚會引發爭論。觀眾中許多男性成員對此保持緘默。

在波瓦耶神父（abbé Boyer）一六九五年創作的悲劇《茱蒂絲》（*Judith*）中，甚至出現過「手帕的一幕」。關於這一幕，拉波特（La Porte）曾經提供過有力的解釋：

波瓦耶神父的茱蒂絲上演時，恰逢整個四旬期。*宮廷上下和整座城市無不趨之若鶩，尤其是女人。形形色色的人天天擠去看戲，因此也發生形形色色的事，讓人不知道該作何感想。男人被逼著讓出劇場，站到舞台的側翼去。想想看，原本應該只有男人會出現的板凳區，坐滿兩百個女人，手帕平鋪在膝蓋頭，為了在感人的橋段擦乾眼淚。我記得特別清楚的，是她們在第四幕時泣不成聲，因此人們便管那幕叫「手帕的一幕」。至於在正廳，由於正廳永遠有喜歡嬉笑怒罵的觀眾，便拿這些淚人兒尋開心。[7]

這裡的劇場觀眾組成並不單純。他們占據的空間，透露出性別與社會階級對立的端倪。女人在哭泣時高度仰賴手帕，她們自成舞台，和演員近在咫尺，也因此讓劇場更添風情。男士們則出於紳士風範，只好讓出自己的位子，自己挨到劇場的側翼去。反觀劇場的正廳，正廳的觀眾以男性為主，階級的混合度也比較高，傳統上是個酸民雲集的地方，喜歡譏笑看戲看到梨花帶淚的女士們。就這樣，笑與淚會分化劇場的觀眾好一段時間，直到文人開始探討劇場理論。因此，要對其他觀眾的情緒感觸冷嘲熱諷，變得越來越難。

在這個時期，法國作家拉布魯耶（La Bruyère）在《論精神的運作》（*Des Ouvrage de l'esprit*）

---

* 四旬期（Carême，或英文作 Lent）是基督教中復活節前的教期，為時四十天，需要齋戒。

中，仍對在劇場譏笑他人的行為感到訝異，「人們在劇場好容易去取笑別人，以至於人們害怕在那裡掉淚。」另外，他也在書中提到「每個人為了箝制眼淚而行使的極端暴力」。我們可以將拉布魯耶的上述觀察，拿來和宮廷舉止做個比較：「一個懂得如何出入宮廷的人，能主宰自己的舉止儀態，控制自己的眼睛、自己的臉部表情。」[8]「笑的時候，要別過頭去笑；哭的時候，則要在高位者面前哭。」眼淚太常在劇場受到重重限制，但至少對男性而言，卻是宮廷儀態的邏輯展現，它需要高度自制，而揮灑眼淚在這裡恰恰是自制的成果。不過，情感的壓抑到了十七世紀後半葉再度受到質疑，而且因為眼淚受到重視而鬆綁。尚・雅克・胡賓（Jean Jacques Roubine）甚至認為，「眼淚的抬頭」逐漸造成十八世紀法國經典悲劇的式微。在這時代，只要能催淚的手法，就是好手法。這也是為什麼以上提到的劇作在今天看來顯得不入流，而且不食人間煙火。表演眼淚的重要性在此時節節高升，呼應某些價值不容小覷。

因為伊涅斯的孩子而哭是件蠢事嗎？

《卡斯楚的伊涅斯》一劇的演出*，造成廣大迴響，是戲劇史上的里程碑，讓劇場公眾的態度發生重大轉變。一七二三年，名角拉杜克羅（La Duclos）†在演出這齣由德拉莫特（De la Motte）創作的劇本時，為了要感動劇中的葡萄牙國王阿馮索，意圖帶自己的兩個孩子和保姆登台亮相。‡此舉造成觀眾席一片譁然——這是一個劇場革新的時刻，正廳的觀眾鼓譟不安。誠如狄德羅在演出五十年後所描述的（可見這個例子影響深遠），觀眾立即遭到女明星的訓斥。她氣沖沖地走上前，說：「愚蠢的觀眾，要在全戲的精華笑，就笑吧！」正廳的人們一聽見這席話，無不斂容肅穆，拉杜克羅返回她的角色，演員和觀眾都流下淚來。[9]這個發生在舞台和觀眾席之間的插曲，點出事件蘊含的美學議題。面對桀驁不馴而且喜歡奚落的正廳觀眾，拉杜克羅一出手，全場便鴉雀無聲，不失為一項壯舉。這部戲的演出引發熱議，在一七二三年到一七二四年間，出現過十餘本評論這部戲的手冊。一七二三年一月十五日，《文學新聞》（*Les*

* 《卡斯楚的伊涅斯》（*Inès de Castro*）是一七二三年由胡達．德拉莫特（Houdar de La Motte）創作的劇本，啟發自一名十四世紀加利西亞（Galician）女貴族的生平。加利西亞位於西班牙，現在是西班牙西北部的一個自治區。伊涅斯和葡萄牙王子彼得相戀，當時的彼得已婚，基於政治聯姻的考量娶了卡斯提爾的康斯坦絲（Constance de Castille）。於是，彼得和伊涅斯的戀情被視為政治聯姻的威脅。不久，康斯坦絲過世，留下孱弱的嫡子。彼得和伊涅斯生下的庶出子嗣比嫡子強健，加深了對正室的威脅，兩人的戀情遭到父王阿馮索四世（Afonso IV）極力反對。為了除掉伊涅斯，阿馮索四世派出刺客索她的命。伊涅斯遭到殺害時，她的孩子也在場。伊涅斯死後，彼得傷心欲絕，仇殺所有刺客，即位後堅稱和伊涅斯結了婚，后位歸伊涅斯所有。根據某些傳言，彼得登基後將伊涅斯的遺體挖出土，運回宮中，讓眾臣謁見行禮。

† 拉杜克羅小姐（Mademoiselle La Duclos）本名瑪麗安．帕提楔（〔Marie-Anne Pâtissier, 1670-1748）是法蘭西劇院（Comédie Française）出身的知名演員。

‡ 為了向阿馮索四世求情，伊涅斯曾經帶孩子覲見阿馮索。

Nouvelle Littéraires）為這部戲發聲：

> 竟然有人敢說，《伊涅斯》的演出讓巴黎流下愚昧的眼淚。我不禁想問，愚昧在哪裡？到底是那些敞開胸懷，深受感動，而且不去追究這樣的感動應不應該的人？〔…〕還是那些將此舉視為愚昧，不正眼檢視他該不該受到感動的人？

感性的心靈在這裡占了上風，而且沒有拋下武器，因為究竟是誰愚昧，並不是大家想的那樣。不過，這齣戲的惡搞版本《夏佑的阿涅斯》（*Agnès de Chaillot*）也有帶孩子亮相的橋段，引來冷嘲熱諷。無論形式上的批評如何張牙舞爪，真正的《伊涅斯》是項成功，看戲的觀眾流淚之際，將所有成規拋諸腦後。亞榮松侯爵（marquis d'Argenson）曾如此切入《伊涅斯》引發的爭論：

> 這齣悲劇的成功無人能出其右。做為一檔新戲，它的演出全年無休，而且還時常重演。以情動人的藝術在這裡臻至完美，就算是重讀一百次，讀者還是會淚濕滿襟。所以，基於主題的深切生動，我們必須原諒劇本在詩學處理上的幾處不足。一部戲的成功，不僅僅來自格律工法之美。[10]

在這裡，「以情動人的藝術」成為美學的主流價值，和格律旗鼓相當。原因在於，如果重讀百次還能讓人感動落淚——而且當時的劇場觀眾本來就對劇本了然於胸——那文本激發的情感並非意外，仰賴的也不是情節的曲折跌宕。重複性的感動成為藝術價值的來源，也因為這樣，在劇場流下的淚水，似乎可以被視為戲劇創作成規變遷的正向回應。在十八世紀，《伊涅斯》總共演出一〇七場，吸引七萬人前來觀賞。[11]一七二三年，《批評家的批評》（*La critique des critiques*）有篇文章的作者曾經這樣表示：

> 我被帶去看一場悲劇的演出。坐在旁邊的一位男士批評這部戲，但他在批評的時候，一把鼻涕一把眼淚，好像他的心正在批評他的思想。兩位不俗的女士嘴上說「您說的是」，但臉上兩行眼淚流將下來，好像在說「您錯了」〔……〕我想，我們的思緒不過是個糟糕的作夢者，老是和自己的心靈意見相左。[12]

就讓我們承認吧，強勢的思考者本來就是糟糕的夢想家，因為柔腸百轉的感觸並不是原始的情緒，而是心靈和思想的和解、理性與感性的妥協。而且，我們也該注意到，劇場的淚水並非女性的特權。區分哭與不哭的界線是品味，而非性別。

德拉莫特的悲劇見證了典範的翻轉，也表現出劇場公眾的遲疑。讓孩子亮相是親情表現的家常便飯，讓有些人覺得應該扣分，卻也讓有些人感動滿點。孟德斯鳩（Montesquieu）在描述觀眾的兩極反應時，覺得不為所動反而才是風俗禮儀過度精緻的表徵：「只要牽涉到孩子的教養，自然流露的真情在我們眼中便顯得不登大雅之堂，是市井小民才會展現的東西。」講究這個「太過於不幸的分寸」讓孟德斯鳩頗為擔憂，他相信劇中的這一幕如果是演給一群沒那麼墮落的觀眾，效果會更好。因此，孟德斯鳩大力支持這部戲，因為他覺得這部戲對真情的訴求有所貢獻，讓人心舉止回歸戒慎而非矯飾。[13]無庸置疑地，這就是這部戲影響深遠的原因。它造成的現象並非孤立的單一事件，因為童年或親情的畫面而產生的催淚效應也進而增強。不過，這也需要相關的情感連結脫離古典悲劇的框架，因為古典悲劇只描繪偉大的人物事蹟。從十七世紀末到十八世紀前三分之一，我們能察覺到流淚的浪潮起步發展，它一方面引發矜持的緘默，另一方面不斷打破這片緘默——它引發的爭議甚囂塵上，讓人十分有感，因為它挑起一場美學和倫理的論戰。

為了催淚而創作：感傷喜劇

一七三〇年間，法國出現了一個新的劇種。人們用微帶貶義的方式，將它稱為「感傷喜劇」（la comédie larmoyante），因為感傷喜劇的目的擺明了就是要催淚。感傷喜劇位於悲劇和喜劇的重疊區塊，特色是描寫私密的人物關係與嚴肅的情節，根據朗松（Lanson）下的定義，感傷喜劇「透過不幸的遭遇營造感動，並在觀眾為不幸者克服橫逆而鼓掌之際，勸人向善」。[14]如果還有人像劇作家德圖胥（Destouches）或伏爾泰一樣，仍將笑與淚混為一談，那就可以確立戲劇的基調了：喜劇感動人心，也必須感動人心。一個劇種的出現會激發文學史學者的興趣，也會引起態度和社會想像（imaginaire social）研究者的關切，因為觀眾想看見角色在私生活中展現美德，形成訴諸人性的感動，然後有感而發，一起哭泣。於是，嚴肅的喜劇形塑出一種著重情感與道德的新美學，可以從《卡斯楚的伊涅斯》看出原則性的端倪。感傷喜劇的情節通常會先經過一番困厄波折、被偏見耽誤的戀情，接著柳暗花明又一村地收在家庭的場景，形成這個劇種成功的結構，同時不違背道德規範。

因此，我們能見到德圖胥一七二七年創作的《結了婚的哲學家》（*Le Philosophe marié*）如何闡釋這些特質。作者意圖「讓美德發揚光大，讓公眾欽慕景仰」，於是寫出一段父子對戲，其中善解人意的爸爸讓兒子在膝前放聲大哭，坦白自己已經暗中和心儀之人結為連理（第四幕第一場）。劇中父愛的慈祥和煦，磨除了傳統權威的稜角，演出的內心戲也讓觀眾以及演員的眼淚合而為一。[15]不過，感傷的元素在這裡應用得頗為克制，德圖胥並沒有用在情感上大鳴大放。另一位名叫拉修協（La Chaussée）的劇作家則在同樣的地方猛踩油門，他的催淚意圖毫不保留，也不雕琢效果，讓朗松將拉修協評論為這個劇種的開山始祖。[16]在他一七三五年的作品《時尚偏見》（*Le Préjugé à la mode*）中，多愁善感的康斯坦絲見到丈夫害怕因為步入婚姻，而遭到世俗眼光的揶揄，用盡千方百計想讓他寬心。丈夫知道康斯坦絲用心良苦，深受感動，在他的美嬌娘腳下說出以下的話：

我在妳的腳下，
這是我該死去的地方……讓我哭吧！
讓我替自己的過分贖罪，替妳的嫵媚雪恥。

由於中產階級婚姻的世俗風情廣為流行，所以就算劇本此處的措辭是為了表達琴瑟和鳴的美德，但顯得浮誇不實，根據普列沃斯的描述，觀眾仍「賦予這部新戲不同凡響的肯定。他們笑了出來，也哭了出來，感受到作者想營造的所有情緒脈動。」[17]這部戲以頗為溫和的方式批判貴族傳統的生活方式，包含他們對婚姻中愛情的鄙夷。拉修協的這部戲膾炙人口，二十場演出總共吸引了一萬七千名觀眾。不過拉修協最為人稱道的成就，是他的《梅蘭妮》（*Mélanie*）。《梅蘭妮》帶來的主題蔚為風潮，因為它呈現善人遭逢的困厄。《梅蘭妮》在一七四一年完成，至一七八六年累計演出了一百六十場。拉修協感人肺腑的故事因此舉足輕重，也引發不少劇作家群起追隨。不過，如果拉修協最後仍遭到世人淡忘，那麼那些能讓名氣保鮮的作者，將發現自已不得不屈從於新劇種的興起，而這也和正廳觀眾的首肯息息相關，他們的肯定，在當時標誌一部戲成功的巔峰。

於是，劇作家馬里沃在《知心母親》（*Mère confidente*）中處理親密關係和親情。劇中的母親對女兒慈愛有加，而且十分瞭解女兒的心意，不會強迫她進入違背心意的婚姻，成功變成女兒的閨蜜。她的女兒安潔莉用下列段落向媽媽表示愛意（第一幕第八場）：

> 來吧，我的媽媽！妳是讓我如此著迷，妳的溫柔令我感動涕零。
> 這就是妳對我提出的懇求嗎？我願意。

包括柯列在內的有些人，覺得舞台上出現感人的情景畫蛇添足，認為感傷喜劇之所以成功，來自女人的影響，因為她們「想看能讓她們哭哭啼啼的戲」。[18]但柯列也不是全然反對人們在台上流淚，像他就沒有駁斥《亨利四世出獵》（*La Partie de Chasse d'Henri IV*）中的眼淚。在《亨利四世出獵》中，眼淚的風潮讓劇中明君哭了出來，也讓觀眾和國王一起流淚。修瓦瑟（Choisel）和杜德芳夫人都因此濕了眼眶。[19]柯列貶低出現在感傷喜劇的眼淚，因為他支持的流淚場景出現在自己提倡的劇種，亦即民族主義戲劇（drame national）。於是，柯列讚揚《加萊圍城》（*Siège de Calais*）*：「在法國，凡是一個心地溫柔赤忱的人，都不可能止住淚水。就算是最懦弱的人，他們的感性和欽慕之情，也不會讓他們在這部悲劇的每一幕中哭超過一次。」[20] 劇場觀眾的眼淚，就此成為當時劇場美學衝突的問題。民族主義戲劇這個劇種看起來更有格調，但就像所有劇作一樣，很容易形成政治影射。總而言之，人們當然可以在看民族主義戲劇的時候哭泣，只是在柯列眼中，看親情戲而感動落淚，是不入流的。對柯列而言，因為不同的劇種而掉淚，就是男人和女人之間細微的差異，而非來自他們表現出來的情緒特徵。

伏爾泰在批評拉修協的時候，自己也寫出一部感傷喜劇，造成大眾的引頸期盼。在一七四九年，伏爾泰推出《儂琳，或被推翻的偏見》（*Nanine ou le préjugé vaincu*），這部戲禮讚兼具美德的愛意如何萌生。事實是，伏爾泰自認發明了一個混合的劇種，融合喜悅和悲愴，而且他也在一七三六年《浪子回頭》（*L'Enfant prodigue*）的序言中定義了這個劇種為何。這個劇種雜揉嚴肅和諧趣，讓戲謔逗趣和感人肺腑交會，顯現出人生紛呈的層次。有時候，只需要一個事件就能呈現這樣的反差。伏爾泰寫道：

> 一個家裡若有爸爸在罵人，那是再尋常不過的了。在那樣的家中，女兒憂心忡忡地啜泣，兒子笑爸爸罵人，也笑姊妹流淚。其他親戚則在一旁擔綱其他角色。很多時候，一個房間冒出滑稽的事情，隔壁間卻發生讓人銘感五內的情緒事件。一個人在十五分鐘

內，可能因為同一件事開懷大笑或放聲大哭。

除了哭與笑的結合，還要加上另一種重要的觀念，也就是劇場必須呈現中產階級家庭的切面。想揭露中產階級家務事的意圖，在梅歇爾的文字中可見一斑：「我們的世俗風情畫直取家家戶戶的內裡，這樣的內裡之於一座帝國，就好比腸道之於人的身體一樣。」[21]想要在舞台上展現這些「內裡」的意圖，點出了一項需求，也就是用戲劇弘揚家庭劇情。為了要表現自己服膺某些價值和舉止風範，構成劇場公眾的社會階級，在賞鑒嚴肅戲劇的時候，用集體而且令人注目的方式哭泣。這個行為顯現劇場公眾受到情緒感動的能力，在一片嘈嘈切切中，展現他們如何擁抱美德和家庭價值。

對催淚之必要，伏爾泰心知肚明。催淚效果也是他在替自己的劇作選角時，參考的重要準繩[22]——女演員要有「流淚的稟賦」。根據法國權威字典《*Littré*》，「流淚的稟賦」意思是「哭到讓其他人隨之哭泣」。將眼淚從舞台感染到觀眾席的技法，能帶動觀眾參與，在當時被廣為採

* 西元十四到十五世紀之間，發生了英法百年戰爭。一三四六年，英國在克雷西戰役（bataille de Crécy）中獲勝，進而圍攻法國北部最靠近英國的海岸城市之一——加萊（Calais），史稱「加萊圍城」。經過長達十一個月的圍城，加萊派出市民代表向英國求和，由於出城談判可能遭到立即殺害，自願者凝聚了自我犧牲的英雄胸懷和悲愴。這個事件讓加萊城在一八八四年委任雕塑家羅丹（Auguste Rodin）創作《加萊市民群像》（*Les Bourgeois de Calais*）以茲紀念。

用。劇中出現專門為催淚設置的場景，是家常便飯。不過一七二〇年到一七五〇年間的劇場觀眾可沒那麼好騙，他們想要落淚時蕩氣迴腸，而不是大吃一驚。假設人們對劇場情緒跨度的可接受範圍有一定的自信，我們會發現，恰恰也是因此出現界線的改變，決定了觀眾希望從看戲中得到的情緒典範。因為這樣，演員在台上說話和舉手投足，都要和觀眾一樣，帶著「好教養」。相較之下，宮廷的習俗受到貶低，諸如強迫通婚以及缺乏家庭生活……等等。但就算連宮中的廷臣也被眼淚風潮席捲，宮中待人接物的風範禮儀仍受到保留。

無論如何，這樣的風潮在起步的同時，還受到某些人的推波助瀾，包括狄德羅。狄德羅提倡這樣的風潮，因為他認為公眾太放不開，而且有心想要革新戲劇藝術：

> 所以，若要取代這些稍縱即逝的渺小情感，取代詩人孤芳自賞的珍稀淚水，人們的思想需要翻轉，靈魂需要受到擾動。這樣一來，如果可以，就算結果不可思議，我們仍會讓古代悲劇引發過的現象在人間重生。[23]

中產階級的戲劇與情感的追尋

到了十八世紀下半葉，中產階級的戲劇採用非韻文寫作，更加著重演員肢體動作的表現張力，經營劇情的曲折度，渲染淒愴甚至是恐怖氛圍，意圖轉變浮誇藝術的內容。同時，道德教化的意圖也變得強烈，而且在提倡天性與弘揚感性的大旗之下，中產階級戲劇的感人橋段也增加許多。革新的企圖促進了戲劇理論的書寫，但也讓人們開始評判劇場效果會對觀眾造成什麼道德影響。因此，人們思考情感的追尋和觀眾反應時，都會帶著道德評價，而這大概是這個時期的戲劇最別出心裁之處。

而戲劇形式經歷變革時，並非毫無先例。非韻文早在一七四一年格拉菲尼夫人創作的《賽妮：家庭劇》（*Cénie, pièce domestique*）中就被使用過了。道德教化、浮誇和曲折劇情的發展，也出現在拉修協一七三三年到一七五四年間創作的感傷喜劇裡。至於恐怖的主題，[24]也可見於隆多瓦（Landois）一七四一年的《西薇》（*Sylvie*）。根據作者的描述，《西薇》是一部中產階級的悲劇。布景和戲服的寫實，也都有先例可循。新的劇場品味讓這些特質齊聚一堂。溫文儒雅、精緻的語言風格，以及纖細的情感則喪失了光環，被困擾與悲愴的呼喊壓了過去。在早期的感傷喜劇中，「哲學」的面向仍拿捏得很有分寸，和感傷喜劇的特質達成妥協，到後來愈顯重要。法爾貝的費努優（Fernouillot de Falbaire）於一七六七年創作的《真誠壞蛋》（*L'Honnête Criminel*），藉著親情的勢力，替受到壓迫的新教徒平反（劇中的兒子見到父親因為參加非法集會被捕，希望能代父受罪）。瑟丹（Sedaine）一七六五年寫的《不知情的哲學家》（*Philosophe sans le savoir*）則以人性之名，反對決鬥的野蠻。

反觀戲劇引發的笑聲，好像在這波浪潮中遭到永久驅逐。「今天，如果想要讓觀眾哂笑，會顯得不合時宜，因為他們只想看感傷喜劇。」伏爾泰在一七七〇年四月二十五日寫給演員勒剛（Lekain）的信上這麼說。「形上學和淚水取代了喜劇的詼諧」，這是伏爾泰在一七七〇年十一月二十四日在信中告訴達戎塔（d'Argental）的話，而且他還譴責了達戎塔的品味：「你有種我無法理解的偏好，居然喜歡感傷喜劇，這種讓我短命的東西。我並不會因為這樣少愛你一分，但我會在避風港掉淚，因為你享受在看戲的時候哭泣」（一七七二年九月五日）。作家巴修蒙（Bachaumont）也為這個風潮留下紀錄：「現在的觀眾來看我們的戲，老早把情感和眼淚準備好了，但我不知道長此以往，他們還能不能領受莫里哀鬧劇鮮活的精神。」[25]莫里哀的曠世巨作好像逐漸被世人淡忘，到了一七六六年，人們已經無法在劇院看板上刊登莫里哀劇作演出的實際日期。[26]雖然拉修協的劇作仍持續上演，但在達隆貝（d'Alembert）眼中，拉修協的戲路「是個詭異的笑淚綜合體」，製造出的娛樂「讓人憂慮而且充滿懸疑」，不如溫情感動的淚水帶來的愉悅。[27]簡言之，觀眾純粹想要眼淚。

觀眾引頸企盼眼淚，劇作家為了催淚，無所不用其極。為了鼓動觀眾的感性，可以在舞台上呈現感人肺腑的場景。我們能藉此了解狄德羅對格勒茲畫作的評贊，因為格勒茲的畫饒富戲劇性，但就在格勒茲落筆的同時，畫中的劇情讓人物生動了起來，好像形成以家庭場景為主的「活人畫」（tableaux vivants），刺激觀眾的視覺靈敏度。有孩子出場的戲碼也提供了合理化的託辭，像是在達爾蒙（d'Armand）的《自然的呼喊》（*Le cri de la Nature*）搬演時，楓丹白露劇院（théâtre de Fontainebleau）的台上就真的出現襁褓中的嬰兒。作者藉此營造受到殷切期盼的劇場效果，因為根據巴修蒙的說法，觀眾會為此痛哭。[28]梅歇爾在他的《人性，或窮途末路數景》（*L'Humanité ou les tableaux de l'indigence*）中也使用了同樣的視覺效果，凸顯劇中無辜的受害者經歷一連串匪夷所思的困境。不管是閣樓、窮人家裡、幽暗的洞穴或地窖，舞台布景大吹寫實風，細膩刻劃。其他舞台效果還包括相認或接納、發生在這之前的祕密婚姻、船難等各種離奇的情節，令人匪夷所思。見到一家人歷經柳暗花明，在奇蹟式重逢之際緊擁而泣，觀眾便會深受感動。這樣的手法變得不足為奇，讓劇評開始習慣於評比各家路數，這可見於評論家格林姆的《文學通訊》（*Correspondance littéraire*）。

另外，在寫作劇本時運用大量的短句，或表現角色受到痛苦、情緒危機、驚嘆打斷的樣態，也能引發觀眾的情緒波動，因為這些都被視為先於語言的天然表徵。[29]這些方式能恰到好處地傳達人在不快樂時陷入的情緒谷底，或表現故事主人翁滿腔熱情，卻陷入道義與愛情之間的瓜葛。於是，狄德羅曾經這樣評論：

> 不過，永遠具有感染力的是呼喊、欲言又止、沙啞的嗓音、一些夾在話中間被吃掉的單音節字，還有某種含在喉頭、藏在齒縫的呢喃。[30]

默劇演員還要詮釋出內心戲的轉折變化，不像古典劇場嚴謹的對稱結構，每個演員要輪流上前，靠近觀眾，演出自己的台詞。根據狄德羅在《關於〈私生子〉一劇的談話》（*Entretien sur le fils naturel*），演員不應該延續這些太過莊重的演出風格，因為它太過精緻，因此顯得冰冷，反而是要讓身體展現激情與痛苦。像是在劇中第四幕第二場，克拉維（Clarville）與多爾瓦（Dorval）在上前互相擁抱時，一個人帶著呼喊，另一個人熱淚盈眶。狄德羅便說：

> 不幸的遭遇會讓人彼此靠近，如果我們察覺不到這件事，是有可能的。而且正逢窮途末路的時候，尤其在困擾的谷底，各種情緒會氾濫蔓延，人的行為會顯現出心中的焦灼，將自己關在一個圈圈裡，和其他人分開而且保持距離，形成某種對稱，這一切都顯得荒唐。[31]

以上文字傳達出對「天性」的理解和探究，這些關注方向確實早於默劇的出現，但也涵蓋一種新的身體文化，和貴族的教養形成對比，因為貴族教養講究氣質儀態的拿捏。而且，有趣的是，在這裡我們可以發覺，人如何在言行中表現誠信，竟然和演員如何雕琢演技彼此呼應。例如在耶穌會（Jésuites）的教學實踐中，舞台演出占有一席之地，因為劇場既可以教學，也可以教化。最重要的是，根據維加雷羅（Vigarello）的研究[32]，當時的年輕人學習談吐儀態的方式，就是透過劇場，在劇場中，演員還是會將貴族的儀態當作參考的範本。[33]而戲劇演出的革新之所以重要，就來自這點，因為它打破了固有儀態的維持。

劇場的道德效應

觀眾匯集到了劇場，無論他們曾如何哭過，仍然以愉悅的方式分享著一種看戲的模式。這能從一些人留下的觀察得到證實，他們用樂觀的文字吹捧擁戴，變成這項運動的一部分。就舉格林姆的《文學通訊》為例：

> 踏出劇院時，人們成了彼此的朋友。他們憎恨了邪惡，擁抱了美德，齊心落淚，在彼此的身旁展現出人心的善良和正義。他們發現自己比原先相信的樣子還要好，樂於彼此擁抱〔……〕再也沒有比聽完這樣妥貼的布道還要好的感受了。要是獨自一人安靜地閱讀，是無法達到一樣的效果的。因為一個人的時候，沒有別人可以見證自己的赤忱，有什麼樣的品味與感性，流淚時又是什麼樣貌。[34]

劇場做為共享眼淚的場所，促成了人們相互的肯定，讓每個人都可以透過情緒的軟化，感受到自己天性的善良，發覺自己周圍的人際關係有多美好，讓他們上前彼此相擁。如果劇場的體驗比獨自閱讀還要優質，劇場效應中非宗教性的情緒感動非同小可，足以和教會匹敵，因為追求美德的愛，在劇場和集體的情感享受中合而為一。在這裡，他人的眼光和參與加乘了劇場的道德感化效應。人們在看戲時流下淚來，活化了自身的感性，提升了培養品德的動機。

梅歇爾想賦予戲劇新的社會功能，認為觀眾在劇場思考時會出現天下為公的胸懷，而不是為了一己之私。[35]難道，劇場真的是處理眾人之事的前廳？這樣的信念確實十分迷人：

> 凡是劇中呈現出的情緒，都在觀眾之間形成迴響。觀眾流下溫柔的淚水，而眼淚在集體流下時只會更為溫柔。沒有人能自外於悲憫的光輝，這份態度比起自尊和自利的狹隘格局，優越多了。[36]

集體流下的眼淚能在社會上形塑出一種感性的約定，讓劇場變成政治的集會場域。窮人受邀進入劇場，因為他「比其他人都還需要哭泣和受到感動」。而且，在他見到「團結起來的民族」並未對「窮途末路者走過的曲折」充耳不聞時，他會對自身遭遇稍感釋懷。[37]淚水的體恤變成衡量社會和諧的準繩。假使一個群體無異議地因為某事物哭泣，而一個人置身其中，眼眶卻沒有因此濕潤，這時，他的形勢岌岌可危——他不是超然於人性，就是十分低劣。不管他究竟是惡貫滿盈還是天賦異稟，他自外於社會的規範，也從人性的規範中抽離。儘管主題很廣泛，但梅歇爾提倡劇場改革，希望讓劇場敞開大門，讓節目在描繪中產階級生活各種情景的同時，也成為人民道德教育的場所。在他看來，如果劇情演出了每個人在人生中都會遭遇的困境，而不是大人物的言行成就，進而催淚，眼淚具有的樂趣便能直接產生德育作用。「要是我們忘了人心就像握在手中的一塊軟蠟，極易塑形，那會是多麼大的疏失。」他曾經這樣寫道。於是，情緒變成一種能轉變道德立場的手段，而劇場因此變得任重道遠，因為它能藉由表演的情韻迴腸，軟化人心。

米斯特雷（Mistelet）持有同一種中產階級式的樂觀態度。不過，對他而言，劇場德育的目標已經局部達成了。在劇場觀眾發展出欣賞嚴肅喜劇的品味時，肯定了理智和情感的表現，表示法國「民族得到啟蒙，臻至完美，進德修業。」在這之中，唯一冥頑不靈的族群剩下「我們那些青年雅痞和小姑娘們」，因為他們會在一部戲演到感人之處時捧腹大笑，笑到有礙觀瞻的程度，而具有感性心靈的觀眾則愀然淚下，分享不幸者的困擾煩憂。[38]他們不像那些無動於衷的年輕觀眾，他們受到人性價值的驅使，眼見「他人同樣身而為人，具有某些意義」。米斯特雷為了要貶低這裡看戲發笑的行為，發展出一套關於人性的理論，認為眼淚是比笑還要高貴的情緒表徵：

> 所有人無論善惡，都會追求樂趣，也都會發出訊號與聲音來傳達自己的感受。那些只能在表面上刺激感官的樂趣，只會引人發笑，而那些真的觸及心靈的樂趣，會充盈我們的靈魂，在某個層面來說更為宏大，專注在心領神會，只能透過流淚來表示感動。[39]

也就是說，如果各種樂趣的身體表徵構成一個科層架構，感性的眼淚位居這個架構的頂端。因此，從事感傷喜劇創作的藝術家不但要具有豐沛的感性，也要洞悉人心，才懂得如何操弄它。根據這個評價的邏輯，為了引人發笑，只消雕琢毫末之技，像是湊出錦繡佳句，或應答時妙語如珠。催人淚下比逗人發笑要難上許多。

當看戲的夜晚成為促進品德的集會，認為笑的人和無動於衷的人一樣人格低劣，這個透過共同流下的眼淚，來確保其凝聚力的集會，證明了戲院中形成了新的社會規範。敢跟不哭的人對峙的人非常稀少，這可以用尚福爾寫下的一則趣聞佐證：

> 諾瓦耶元帥（Maréchal de Noailles）提及一部新的悲劇時，滿口負評。人們對他說：「但是，道蒙先生在您看戲的包廂裡說，那部戲讓您看到哭了呀。」「讓我哭了！」元帥這樣回答，「才不是這樣，那是因為他從第一幕就哭成那副德性，我認為分擔他的痛苦是對的事。」[40]

在這裡，眼淚證明，與其說是對作品內容的審美或道德堅持，不如說是對鄰居情感的強制性參與。如果一個人展現出感性的跡象，意思就不再是他服膺於什麼價值，而純粹是做出一個善意友好的小動作，或表現出眼淚的感染力。畢竟對於眼淚的感染力，作家拉楓丹（La Fontaine）曾說，劇場「鑄成了哭泣者的連鎖」。於是，眼淚構成社會性的圖像，流動在敏感文人莊重的宣示，和道德理論家嚴厲的眼光之間。就這些表述來看，十八世紀的男男女女，讓上述兩者見證到眼淚在普及傳播時富含的社會功能和價值。催淚場景雖然不免淪於陳腔濫調和刻板印象，觀賞的大眾並沒有因此覺得無聊或反感。原因在於，這些場景能產生一種交流式的遊戲，讓人在生活與劇場之間，接受某些倫理和美學的規範。拉辛式的角色琢磨，曾引起一些劇場史學家的反彈，在此時逐漸式微，不敵「純講外表」、「無需分析深層內心戲或親密情感」的劇場表現手法[41]，反映出戲劇功能的變遷。在表演時採用誇大的手勢、泣涕零如雨的風格和直言不諱自己的心意，其實絕非演技的缺陷，這些手法讓台上的人物透明化，能讓觀眾套入該如何自我呈現的問題，尤其是表達情感的方式。觀眾在找尋的，是一門情感的類型學（typologie），一套被認可的表情調色盤，又和宮廷儀態有所不同，能讓他們在出入城市生活之際派上用場。在劇場演出集體哭泣，也能讓人獲得肯定，彼此見證人性的善良，以及個體與同類共存的能力。這樣的體驗，可說是愉悅的哲學體驗。感性價值的抬頭，具有深刻的社會意義，是啟蒙時期的特質之一，因為這些價值透過劇場尋求的，並不是特定的個體情感，而是能讓眾人產生共嗚、拉近彼此距離的情感。在劇場演出時流淚，會構成一種社會符碼，一幅團體練習的情景，或甚至讓人一窺袒露本性的世界。流淚的行為也能對社會連結的思想理論提出實驗，讓觀念化為演員觸及的人性、美德、善行，或大自然如何超凡絕倫的表演內容。劇作家書寫這些情景時開門見山，在此時大獲全勝。

人們對溫柔的愉悅形成了共識，但就在這一片融洽之中，出現了一個聲音。這個聲音在闡述意見的同時，也表示它可能不會被聽見。盧梭獨排眾議，指出劇場情感的缺陷：

> 在一起觀賞演出時，我們以為和彼此相聚，但其實我們在那裡和彼此疏離。在那裡，我們會因為鍾情於寓言，為了死去角色的遭遇而哭泣，不顧生者的遭遇縱情大笑，並把自己的朋友、鄰居、親人拋諸腦後。我的感覺是，這套劇場語彙在我們的世代已經過時了。[42]

盧梭的意思是說，人在看戲的時候，身處人群之中卻形單影隻，在遁入想像世界的同時，淡忘了他的親友圈。

對於劇場的德育價值，盧梭不予信任。在他看來，對美（亦即善）的事物的喜愛發自人的內心，並不來自「排出來的戲」。劇作家透過作品催出溫柔淚水，是因為他奉承了人的內心情感，並不是因為那些情感是他創造出來的。甚至，盧梭認為劇場的情感稍縱即逝，只是貧瘠的慈悲心，「靠幾滴淚水澆灌而已」，衍生不出帶有人性赤忱的舉動。那些「包廂裡的美麗姑娘梨花帶淚」，對自己的淚水沾沾自喜，讓他想到殘忍的羅馬皇后梅賽琳（Valeria Messalina）。梅賽琳聽了瓦雷利烏斯・亞夏提克斯（Valerius Asiaticus）振振有辭的自我答辯後，雖然流下眼淚，但仍命令時任執政官的維特勒斯（Vitellius）嚴加看管亞夏提克斯，不許讓他逃走。*盧梭認真地分析為什麼人們在劇場中，比在現實生活中容易受到感動。但在杜博神父的經典論證中，他只有區分情緒的濃淡。杜博神父認為，人們在劇場落淚，因為劇場提供的情感刺激沒那麼痛苦，人們為戲而哭，是因為他們想要體驗煎熬。而在盧梭看來，看戲的人哭泣，並非出於自願：「很多人不去看悲劇，因為他們看了會被洶湧的情感淹沒。而其他人雖然恥於在劇場以淚示人，卻還是止不住淚水，管不了其他人。」[43]更重要的是，盧梭認為劇場和現實生活中的情感，有本質上的不同。劇場的情感「和我們沒有關係」，因此我們能輕而易舉地滿足發揚人性的法則，但換作是遭逢困境的人出現在我們身邊，需要我們出手相助，我們其實會想要避免滿足

* 梅賽琳是羅馬皇帝克勞狄烏斯一世（Claudius I）的皇后，也是克勞狄烏斯的第三任妻子。她是尼祿的父系表親，在史家如塔西佗（Tacitus）與蘇多尼奧斯（Suetonius）的記載中，以權力鬥爭手段毒辣、性生活荒淫著稱。本文提到的事件牽涉曾任執政官的羅馬參議員瓦雷利烏斯・亞夏提克斯和親近皇帝克勞狄烏斯的執政官維特勒斯。瓦雷利烏斯・亞夏提克斯在政治與投資生涯達到頂峰時受到數項指控，被降罪賜死。

他們的要求——「我們好像會硬起心腸，生怕一心軟就會損害到自己」。盧梭認為，當時流行的和解風氣，可能會讓人相信實踐美德輕而易舉，但其實沒有那麼簡單。在某些人身上，這個觀念上的區隔會造成嚴重的後果。那些「因為想像的困厄而哭泣」的人會自我感覺良好，因為他透過哭泣向美德致敬，也往自己「美麗靈魂」的臉上貼金——「我們還能冀望他做些什麼？自己上台去身體力行嗎？又沒有角色給他扮演，他又不是演員。」觀眾看多了德育在舞台上的實踐，反而變得被動，在大街上失去行善的動力。看戲的時候，觀眾因為展現了與劇情共鳴的感性，讓自尊心受到吹捧，回到現實生活時，反而沒了半點惻隱之心。

對盧梭而言，惻隱之心是天賦的情感，就算是在最為墮落的社會中也占有一席之地，因為在那樣的社會中，人們乖乖繳納眼淚稅的方式，就是去看戲。這份被動的慈悲非但無法促進德育的實踐，還會就此鞏固和滿足人們良好的自我感覺，消除積極且利他的同情心，讓人在孤芳自賞的同時，和彼此疏離孤立。所以，盧梭不希望日內瓦有劇場。日內瓦的社會成員彼此了解，惻隱之心和同情心都還保有原先的清新，人們舉辦的節慶氣氛愉快而且民風淳樸。反觀巴黎，邪佞猖獗，盧梭還點出了幾部立意深刻且嚴肅的戲碼，在這些戲中，「道德操守受到尊崇，像是格拉菲尼夫人的《賽妮》（*Cénie*），不是其他的幾部戲能望其項背的，因為在那些戲裡面，道德教化的效果簡直令人不忍卒睹。」

對於劇場的眼淚，狄德羅態度沒那麼嚴苛，也相信劇場培養德育的功能。「劇場的正廳，是唯一一處好人和壞人的眼淚彼此交會的地方。」[44]善良的人和墮落的人群駢肩雜遝，和全人類妥協，並在戲劇裡找到他期望可以一起生活的人。而壞人則在台上為他可能做出的事義憤填膺，到了散戲時，他會留存這個印象，「他踏出戲院，相較於被疾言厲色的講者訓斥一頓，他會因為看了戲更不可能作奸犯科。」當然，戲裡面的壞事都是假想出來的，但那些情節會使壞人軟化，迂迴地進入他的內心世界，讓他的靈魂甘願受到更有力的衝擊和洗禮。此外，改革劇場文化有其必要，因為改革的目的，是要讓觀眾接收戲劇印象、銘感五內的同時，敬賢愛德，嫉惡如仇。於是，他就會走出原先自滿的平靜狀態，關心世間疾苦，而同樣的疾苦困厄也一直在測試善人心志的堅毅。戲劇會在壞人心中激起關注的漣漪，讓他開始在意美德遭到的不幸，「讓他流下淚來」。狄德羅用這樣的方式相信劇場具有良性的功能。

他的思考路線發生的轉變，在於感性的價值。不過，這部分的問題牽涉到的心理和生理層面，比道德層面還要多：「感性和身體組成的柔弱不是沒有關連的，真男人不小心流下的眼淚，感動人心的程度，比一個女人的眼淚更勝一籌。」[45]也就是說，感性有感性的高低階級，而且要分辨出幾種階級的成因，其中有一種純粹來自身體結構，像是由「橫隔膜活動性」極高造成的感性，這和牽涉情感與理智混合的激情有所不同。基於這點，他將悲劇性意外引發的眼淚，和悲傷故事引發的眼淚區分開來：

在聽取一則引人入勝的故事的時候，我們的思緒會漸漸受到困擾，腸道開始蠕動，眼淚汩汩流下。但在見到慘劇發生時，眼前的物件、各種感覺與刺激衝擊在一起，腸道會頓時蠕動起來，我們發出驚呼，不知所措，眼淚同時奪眶而出。這些會瞬間發生，而前者則是循序漸進。[46]

精神、藝術或是道德思想，不同於被動情緒反應，因為後者誘發器官運作的失常，而前者能讓感官刺激跟具有德性的理智達成和諧。也就是透過這個區別，產生了「天性之人」（l'homme de la nature）與「詩性之人」（l'homme du poète）的區隔。[47]

不過，重要的是要將這些哭哭啼啼的人留在觀眾席的正廳，讓更偉大的哭泣者留在台上，也就是「戲劇之人」（l'homme de l'acteur）。戲劇之人具有所有天才的特質，眼淚「直接從他的思緒中流出」，他的表演能力並非如一般人的認知，來自感性的發揮，單純的感性只會製造出二流演員。他的高超之處在於完美地展現出情感的外在表徵，同時還保持頭腦冷靜。他知道要在什麼時候抽出手帕，什麼時候流下淚來，而且，他表現出來的情緒會比真正的痛苦還要觸動人心，讓真正的痛苦相形見絀，幾乎「成為矯飾的古怪表情」。[48]劇場的使命，是要美化自然，而不是低下地複製自然，所以藝術的情緒感染力會比自然的感性還要強烈。瑟丹創作的《不知情的哲學家》演出成功，狄德羅，這位矛盾的男子*，前去見了瑟丹，留下了這個情景的自述：「我走上前去，用雙手圈著他的脖子，啞了聲音，淚珠滾落我的雙頰，活脫脫是個感性的凡夫俗子。」而瑟丹一動也不動，冷眼看著狄德羅，說：「啊，狄德羅先生，您真體面。原來這就是那位觀察者和天才。」49

狄德羅對瑟丹不假修飾的仰慕，顯露狄德羅做戲的失敗，以及他在肯定朋友的成就時，展現的誠懇真摯。當瑟丹還在調石膏粉飾表情的外牆，伏爾泰和狄德羅飽讀古典文學，連讀到一行悲愴的詩句都會眼眶濕潤。相較之下，瑟丹更有能力讓觀眾相信，他們在劇場見到的劇情，真的會發生在中產階級的家庭生活中——而這就是狄德羅夢想中的中產階級戲劇。狄德羅寫的劇場理論本身採用了活潑的對話，仍有其鮮活和獨到之處。不能否認的是，針對劇場的情感體驗，狄德羅和盧梭的思想都彰顯了這個問題有多深廣。他們兩人的論述都不乏委婉和妥協之處，對相關議題的反思不遺餘力，這是因為劇場和感性的價值，讓相關的行為和社會生活本身，提供了有效的參照。

在批判城市人的生活方式時，盧梭採取的道德立場非常鮮明。他這麼做，是在對沙漠喊

* 狄德羅上述言論出自《演員的矛盾》（*Paradoxe sur le comédien*），所以作者可能基於這點將狄德羅稱為「矛盾的人」（l'homme du Paradoxe）。

話，他心知肚明，但對他而言，沒有什麼比貧瘠的慈悲還要糟糕，好像幾滴眼淚就能提供慰藉，讓自我感覺更為良好，讓觀眾就此忽視身邊的親友。惻隱之心在天然狀態（l'état de Nature）有著舉足輕重的地位，因為惻隱之心「有著溫情的聲音，讓人無法受到反叛這個聲音的誘惑，可以取代法律、習俗和美德。」[50] 惻隱之心出現在劇場的時候，根本只是枚舍利子或遺骸，甚至比這更糟，竟然讓人工製品篡奪出自真心的慈悲。盧梭探討的問題，發生在劇場愛哭觀眾謀求德育的傾向，以及這些人返回街道與家中真正的道德操守。當歷史學家想要透過劇場的輔助，詮釋一個時代的思想和行為時，這些德育的傾向形塑劇場表演的場景，肯定了某些特質，讓劇場變成人們前去哭泣的場所，能協助歷史更深入地研究思想與行為。一個社會一方面崇尚「自然情感」，另一方面又在意公眾形象，這令盧梭憎惡，而兩個特質的奇妙交會，形成了劇場對眼淚的品味。這樣的品味是如何以及為何生成的，正是我們關心的地方，也是釐清事情的難處所在。

如果探究的對象不是道德，狄德羅的出發點是想要界定公眾人物（l'homme public）的形象。不過，他心目中的公眾人物要偉大而且天賦異稟（身為藝術家、演員或政治家），所以怎麼說都不會設想成一個美好家庭的好爸爸，儘管他曾經提到拉莫（Rameau）姪子出名的叔叔。這個人是名演員，也是個冷眼精闢的觀察家，可說是偉大人物的原型（prototype），因為他自制力驚人，能展現出各式各樣的感性表徵。就像狄德羅自己寫過的文字一樣，這樣的能力可不就是哭泣和操弄一般觀感的藝術？不就和沒信仰的神父、色誘者、乞丐與便佞的廷臣如出一轍？不敏感的人仍然可以是偉大的，他可能不蕙質蘭心，但非常有創意。不過對狄德羅而言，並非人人皆是名演員勒剛（Lekain），舞台和觀眾席從來沒有這麼涇渭分明過。雖然當時的劇場提供的情感演出精彩絕倫，但觀眾進劇場流下的感動淚水類型和演員不盡相同。根據當時的生理構造觀念，這些情感體驗都牽涉「肚腸」的活動，包括身體組成孱弱者，一受到刺激就會立即有反應，也包括其他人，他們因為有思想中介，所以刺激反應比較漸進溫和。這些情感刺激召喚觀眾的道德意識，可以產生良性的效應。

女性公眾以及劇場的眼淚

大量女性出現在公共空間，和女性在社會生活中扮演要角，這兩件事被認為對十八世紀的大眾素質造成影響，讓那時候的人具有非凡的易哭特質。歷史學家保羅・阿扎爾（Paul Hazard）很早就在濫情浪潮的出現中，看見女性地位的轉變。亨利・拉格拉夫（Henri Lagrave）甚至表示，這種對眼淚的品味，背叛了「當時感性具有的女性特質」。他認為這樣的女性特質來自沙龍的社交性格，而且女性在沙龍對男性具有一定的影響力（至於是什麼樣的影響力，還有待商榷）。於是，當時的女性有辦法形塑出「女性化的」（efféminé）公眾。[51]而且，拉格拉夫還認為人心沒有階級的藩籬，感傷喜劇之所以成功，就是沙龍名媛和中產階級，在他們的主觀世界互相結盟。要用事後諸葛的方式評價這個現象，是非常困難的，尤其是因為它涉及一個社會中將男女區分開來的符號分界。

雖然喜好溫情感動的族群，有很顯著的一部分是女性，但十八世紀的男性也奉行這個品味。我們應該要記得狄德羅談過的真男人之淚，還有女性在身體構成上比較孱弱的觀念。這些都是因為當時厭女（misogynes）的論述比比皆是，人們要是見到女人為了一隻死去的金絲雀哭哭啼啼，就會笑個不停。人們往往比較器重男人的眼淚，因為男人只會因為偉大或強烈的情感而哭泣，而對他人的不幸產生惻隱之心，則是對人性致敬。伏爾泰在聆聽一則悲傷的故事時，忍不住眼淚潰堤，他發覺，情感的女性化，來自想要在悲劇中找尋愛情的渴望。在這個時代中，人們替眼淚劃出細緻的分類，因為眼淚的功能在不同的流淚情境中，就像語言一樣，基於這點，就不能單只是和女性特質連結在一起。在這個章節稍早之處，我們也見到柯列對拉修協戲劇的意見，柯列認為拉修協的劇場成就歸功於女性，因為在他寫的戲裡，女主角情感豐富又蕙質蘭心，但拉修協同時也能以比較政治陽剛的主題催淚，因此感到自豪。[52]狄德羅因此設想出一個情境。有一天，如果一個具有共和情操的偉人，因為看了悲劇而流下眼淚，狄德羅寫道：「你覺得他的痛苦會對其他觀眾形成什麼影響？還有什麼比一個可敬之人的不快樂還要動人的呢？」[53]一則古羅馬的英雄故事在調性上固然雄壯陽剛，這沒話說，但它代表的戲劇品味，以及劇情蘊含的催淚效應毫不牴觸，因為偉人的淚水對周遭的其他人具有德育價值。因為仰慕而哭，在當時被認為比為了兒女情長而哭還有格調。劇評時常出現的論述，便是嫌一部作品討好愛哭的女性時太過殷勤。這些都印證了感性具有一套科層體制，有磅礴豪爽的大氣，也有細膩委婉的精緻。當時的每個人都能輕易辨識其中的分野，而我們在評價的時候，不能把當代的性別認同硬套上去。

第五章　淚灑大革命（一七八九年—一七九四年）

在法國大革命期間，民眾爭取到更多政治空間，活化了在公共空間集體表達情緒的行為。根據當時留下的記載，人們時常在群情激憤的氛圍中哭泣。在大革命爆發之前，這些情感表達的模式主要是透過文學、劇場、信件和回憶錄發展；而大革命則將這些歷程變成街號巷哭。

大革命爆發的頭幾年間，衍生出的情緒氛圍雖令人吃驚，但其實並不新鮮，它通常被視為社會、政治和意識形態框架瓦解所引發的波瀾。譬如眼淚的氾濫，便是傳統行為規範消失而引發的後果。即便如此，十八世紀的人在發展哭泣的習慣時，並沒有預期大革命的到來。在極端的狀況下，人要表示情緒激昂，必得要先有能分享那份激昂的情緒語彙。從這個觀點出發，傳達情感的模式透過文學作品來界定形貌，能讓我們釐清革命群眾的態度。

關於眼淚的記載，通常會採用書面語言（書信、回憶錄、期刊、陳情書、講稿或會議紀錄），其中並不排除抒情（lyrisme）的敘事方式。有些紀錄則更像是人們的高談闊論或演講，簡言之，就是演說的藝術。讀取這些文本時，讓人想起托克維爾（Tocqueville）曾經對法國大革命中的文學精神做過的評論。不過，在這裡比起盧梭的《社會契約論》（*Contrat social*），我們更常想到路易．賽巴斯丁．梅歇爾的著作。但是在評論以上文獻時，我無意解釋大革命從一七八九年一直到熱月政變[*]羅伯斯比爾失勢的歷程。這裡著重的，是透過一幅幅意象，去檢視眼淚的記載，嘗試界定出一個想像的空間或探勘一個思想的領域。

我們正在瀏覽的，是一個顛覆既有態度的時刻。這些眼淚的場景，呈現出舊體制（Ancien Régime）晚期的行為模式，宛如猛爆性的綻放，或甚至是眼淚品味或感性表現的極致。吐露情感在此時具有社會政治意義，和當時牽動社會的議題交織在一起。所以，我們還是要記得人們如何推崇集體流淚的行為，以便了解在大革命之後浮現的反對態度。

一七八九年六月到十月，涕泗縱橫的那幾週

從舉辦三級會議（États généraux），到迫使法國王室從凡爾賽回到巴黎的這段期間[†]，諸多

---

* 構成熱月政變（Réaction thermidorienne）的關鍵事件，包括雅各賓黨政治領袖羅伯斯比爾（Robespierre）的失勢（共和二年熱月九日，亦即一七九四年七月二十七日）和督政府的成立，被認為是恐怖統治的結束。「熱月」是法國大革命之後創新的曆法月份名，現已停用。

† 這兩起事件分別發生在一七八九年六月和同年十月，呼應本小節題目所指的時間軸。

事件莫不是以眾人哭成一片和抱成一團收場的。相關的文獻紀錄不乏嘉許之言，評點美麗的淚水如何與政治巨變的起伏跌宕同進同退。

隨著國民議會（Assemblée nationale）宣布成立，尼古拉・德波恩維*在一七八九年六月十九日的《人民論壇報》（*Le tribun du peuple*）寫道：「六月十九日，國民議會決議將國家託付給法蘭西光榮與忠誠的護持，我因此流下愛國的淚水。六月真是令人雀躍！」[1]見到國家頒布具有政治與法律效力的文獻，出於一片忠心，因此昂奮不已，這在當時是家常便飯。人們喜歡將國民議會頒布的文告浸淫在淚水之中。法條的一絲不苟和改革情懷在這裡合而為一，加上抽象的道德原則在當時商榷及互動的對象，是具體的解決方案和各方勢力，牽涉的枝枝節節，錯綜複雜令人難以想像，也顯示出當時對高尚品格的期待。

一七八九年六月二十七日，路易十六同意邀請三個社會階級的代表共組國民議會，為了批准一個早已成形且勢不可擋的組閣趨勢，他出現在住處的陽台上。以下是馬蒙泰爾對這個情景的描述：「王后伴隨在旁，兩人聽著他們的名字響徹雲霄。他們相擁而泣，而王后以一種足以讓人心融化的動作，將他們感激不已的那件東西緊擁在懷中。」[2]在這個年代，政治動盪即將終結專制的王權，卻還能出現宮廷生活琴瑟和鳴的溫情描寫，令人咋舌。但是，這對皇室配偶展現的快樂和伉儷深情，和馬蒙泰爾的品德寓言有相似之處，也呼應十八世紀的感性特徵——人們喜歡在公眾場合展現私領域的情感。而將一個君王點染成感情豐富的人，標誌著君王地位的轉變。

不過，哭泣的特權並不獨屬國王一人。眼淚也是宣洩民怨的管道。於是，在法國財政總監內克爾（Necker）遭到解職的時候，我們能在一七八九年七月十二日的《國民議會報》（*Journal de l'Assemblée Nationale*）讀到：「凡爾賽一片譁然，人們見到彼此時，無不滿臉淚痕。在巴黎，人們很快從吃驚轉變成群情激憤。」[3]這是個無聲的威脅，因為如果民意代表悲傷哭泣，那人們其實正為此咬牙切齒……

人們的不安淡化之後，隨之而來的是一片殷切期盼。七月十五日開議時[†]，由於國王下令撤回圍城的軍隊，國民議會和許多觀議的人感動得潸然淚下。貝桑松的代表德拉維．勒胡，亦作勒布列東先生（Delaville le Roulx，亦作 M. le Breton）在場目睹了這一切，他喜出望外，許多民代樂不可支，並因此病倒，布列捷侯爵（marquis de Brezé）還因而昏厥。[4]這天洋溢著各種情緒，駁雜紛呈，從國民議會蔓延到整個巴黎。希爾凡．拜儀（Sylvain Bailly）的回憶錄記載了民代在巴黎市政廳出席聚會的場景：「吆喝和禱詞此起彼落，人們滿臉淚痕……現場發放可以別

---

* 尼古拉．德波恩維（Nicolas de Bonneville, 1730-1828）法國時事評論家、作家與書商。

† 前一日正是著名的七月十四，巴士底監獄遭到攻占的日子。

在帽子上的徽章（cocarde），人們互相握手，互相擁抱。」[5*] 拜儀的文字專注在各種表徵上面，在力道上不如一個外省鄉民在七月十六日寫下的紀錄：[†]

> 昨天傍晚五點，我在路易十五廣場。杜樂麗花園聚集的人群，規模大得不可思議，他們各個都在拍手，呼喊著：「國王萬歲！民族萬歲！」我開始跑起來，見到四十個三級會議的代表說他們帶著橄欖枝前來議和。法國從來沒見證過這麼美妙的時刻。所有的人喜極而泣，在寫下這件事的同時，我無法不想起這個情景，無法不流下淚來。這個美好的時刻不可言喻，洋溢的熱情讓我們無以言表，所有原本想說的話，都被啜泣切斷。我們跑著，推擠向前，彼此素昧平生卻張開雙臂抱住對方，沒有說話。[6]

集體情感到達最高點時，眼淚是人與人之間的共通社交語言，文學給了我們充分的意象補給。這樣的情感綻放出現的時機，似乎是難以描摹的躁動，讓參與其中的成員失去徵用語言的能力，傳達出一種社會連結的觀念，屬於「甜美時刻」令人難以忘懷的當下。在令人刻骨銘心的時刻，這個觀念促成了新的約定。倘若大革命在起初就是一場讓公眾表述歡欣鼓舞的慶典，透過淚水的禮讚，大革命也形塑出非正式且自發性的儀式。這些儀式濫觴於大革命事件的進程，得以發生的條件，完全仰賴約定俗成的習慣，而這些習慣又連結到想像世界的種種表現和人與人的交涉。

巴士底監獄遭到攻占之後，人們編了個西洋芹王冠，讓國民議會的主席拉利—托倫達（Lally-Tollendal）戴在頭上，他戴上之後喜極而泣，此事確實令人莞爾。[7]但如果對此事一笑置之，會完全誤解這些集體事件發生時的基礎條件，和背後的表達模式。情緒並非源自孱弱的身體組成，情緒讓人親身經歷具有深廣社會性的活動場合，在其中感受到時間凝結，超越或俯視各種阻礙與暴力的壓迫，在此時此刻定錨。此外，我們要注意到這些集會鮮少使用浮華的符號替自己增光——只消一截橄欖枝、一個西洋芹王冠和三色圓帽徽就能慶祝一心一德的協和，剩下的事，就交給眼淚……

一七八九年七月十七日，路易十六同意來到巴黎，並前往市政廳，此舉讓許多在場人士眼淚潰堤。根據巴黎市長拜儀所述，他為自己的陣線助陣時也目睹了整個事件，且毫不猶豫地扮演好自己的角色。透過他的觀察，國王的眼睛「盈滿淚水」，他語帶哽咽，幾乎無法說出：「人民永遠可以指望我的愛」，最後激動失聲。民眾互相推擠，用同樣的語調回覆國王，他們說國

---

* 此處的帽徽，特指法國的圓形帽徽（cocarde tricolore），由法國國旗紅白藍的三色同心圓組成，藍色在中心，是共和國的象徵。

† 此處的「外省」（provençal）是和首都大巴黎區——亦稱「法蘭西島」（île-de -France）——相對的地理概念，有時候也具有城鄉差距的文化引申含義。

王陛下「皇威之中帶著感性與愉悅，而在陛下周身，人們只能聽見喜悅的呼喊，只能見到溫情的淚水和愛戴。」[8]文獻紀錄的作者無疑有點加油添醋，但拜儀之所以要放大威嚴中的感性，和巴黎人予以回應的眼淚，是為了要迎合當時的文字想像。雖然路易十六這類的舉動，讓人對他的無能議論紛紛，但如果從個體的心理活動抽離，在那個時代，淚水的交融看起來是最為普遍的情景。在那樣的情感框架中，感性王國取代了令人刺眼的太陽王國。「國王是萬眾矚目的焦點，每個人淚眼汪汪」，拜儀這樣寫道。在國王的儀態中，細膩的情感一點也沒少。

雷蒂夫也曾記錄相同的場景，但在態度上存疑。「我心有戚戚焉，受到感動。我相信不幸的路易也是，我覺得我有在他的眼中見到淚水。但那是感動的淚水嗎？」[9]路易十六的眼淚，性質好像跟他子民的眼淚不一樣。

有些人，譬如瑞法羅（Rivarol），根本不樂見國王駕臨巴黎。他的紀錄改變了整個眼淚的場景，將主角換成死忠的保皇分子，目睹國王為了移駕巴黎，離開凡爾賽：

> 這一天和這次的啟程，凡爾賽永遠不會忘記。一群老臣見到國王陛下在平民百姓的簇擁下離開，沒有肅穆的儀仗，也沒有森嚴的戒護，在場者無不淚流滿面。為了對起義勢力予以恩准，國王陛下正走向一座失心瘋的首都。[10]

百姓臉上掛著兩行熱淚，相信他們見到的國王是個感性有愛的人，而在這之前，反革命分子在目送國王時也痛哭流涕。不同立場的分界，彷彿早已被這些眼淚勾勒出來。

歷史學家米舍雷深知「淚眼汪汪」代表的情感幅度和重要性，認為國王在七月十七日並沒有妥善回應民眾，這群民眾「看起來需要宣洩受到壓抑的情緒」。「只要在此時說出帶有善意的隻字片語，就會被不斷傳誦，而且影響深遠。」可是，國王「連一個字或一個手勢」都沒有表示。更糟的是，「那天晚上，他返回城堡時，他置身以下情景：『他見到王后和他的孩子們在階梯上，淚流滿面，奔向他的懷抱〔⋯〕為了和人民見面，國王顯然鋌而走險！人民是他的敵人嗎？』」[11]對米舍雷而言，最後的這幅流淚場景有損王室形象，因為人民要的，只是見到王室傳達情感和善意，如果能有皆大歡喜的場合，這樣也就夠了。於是，衡量一個事件的政治意涵，可以將眼淚做為標竿，也就是說，如果淚水能和人民共享，那淚水就會溫馨甜蜜。反觀在凡爾賽流下的愁苦眼淚，它埋葬了國王會見巴黎人民萌發的希望。

一七八九年七月三十一日，同樣是在巴黎市政廳的陽台，內克爾發表了一則「真摯、崇高而且動人的」演說，催出許多眼淚，讓人們留下極佳的印象。而且，他也說服選舉人會議舉行投票，決定是否通過大赦。米舍雷用下列文字描述這段過程：「他在窗邊亮相，太太站在他的右側，女兒則站在左側，無不淚流滿面，並親吻著他的手。他的女兒，也就是之後的斯戴爾夫人（Madame de Staël）高興得暈厥過去。」[12]這儼然是幅成功的溫情畫面，我們不難想像巴黎的庶民、內克爾的支持者，見到內克爾的妻女因為丈夫／父親德高望重受到愛戴，流露欽慕之情，無不受到感動而且心生歡喜。人們是那麼喜歡見到國家歡樂的場景而感動落淚！

八月四日的晚上，事件後續發展的情緒水位依然高漲。除了直接涉入事件的人物，還有個姓名不詳的人想記下他的感受。八月十九日，他向國民議會提出一個議案，要根據八月六日生效的法令製作紀念獎牌：「本人在八月五日那天讀了議會的法案，在讀完的後續幾天，感到愛國熱情在胸中冉冉升起。敝人的思緒恍若通了電，流下甜美的淚水。現在，我是如此熱愛我的國家呀！」[13]這個人是位版畫工匠，他的心緒受到愉悅的擾動，出於熱情，流下感動的淚水。大革命的時代下頻頻出現通電的情感比喻，非常值得探究。德國科學家梅斯梅爾*的研究似乎提供了相關的情狀，讓人們想像集體的熱情如何波動，[14]就像眼淚做為一種液體，能讓素昧平生的個體彼此融合。梅歇爾在《新巴黎》（*Le Nouveau Paris*）中描述慶祝大革命的聯盟慶典（la fête de la Fédération）時†曾經這樣表示：「這種感覺，就像觸電。所有碰到電流的人，都會心有戚戚焉。」[15]這裡牽涉到的，就像我們在眼淚的交流中解析過的歷程一樣，是一種電光石火的傳導與溝通。電流一通過，人們便擁抱與哭泣。這樣的情景出現在十月六日。那天，巴黎人慶祝國王駕到巴黎，隊伍受到三色帽徽的團團簇擁。米舍雷因此描寫了群眾的涕泗縱橫，記錄如何喊出他們心中的愛戴與感謝。

這些情緒顯示人們深度參與當時的情感模式。文學的修辭因此受到這些奇妙事件的形塑，也證明修辭運用的意象，根植於當時的習俗慣例，卻也能促使人們發展出新的習慣。於是，法國大革命成為一座劇場——這個譬喻無比貼切——上演各種共享淚水的感人時刻，同時帶有政治意涵。愛國人士一邊流淚，一邊關注國民議會的議程，在目睹運動發展的同時，他們簽署同意書，並樂於參與其中。有時候，這些情緒是集體的情緒，分享淚水的行為，顯示了人們如何使用公共空間，也傳達輿論對事件進程的殷切關注，好像還簽下了一份社會合約。另一種集體流露情感的場合，來自家庭（例如婚姻的永結同心和親情），這樣的場景經過公眾人物的展示，能讓全場流下淚來。在某種程度上，這樣的效應和感傷喜劇有所關聯。

路斯塔洛（Loustalot）在一七八九年十月三日到十日的《巴黎革命報》（*Les Révolutions de Paris*）中，加入了溫情與親情的和解，但又在親身經歷上述場景的同時，劃出一些界線。這些場景如果出現死亡，會讓流露情感的方式發生質變。十月六日的早晨，一群民眾直搗凡爾賽宮，導致一名國民衛隊（garede national）成員身亡。民眾挾怨報復，殺害了一個年僅十八歲的宮廷侍衛。路斯塔洛透過這份報紙，寫下了一段文字，獻給那位遇害侍衛的父親：

---

* 梅斯梅爾（Franz Mesmer, 1734-1815），以「動物磁性」論（animal magnetism）著名，「催眠」（mesmerism）一詞便衍生自梅斯梅爾的名字。

† 聯盟慶典初次舉行於一七九〇年七月十四日，地點在巴黎的戰神廣場，紀念攻占巴士底監獄一週年。

啊！不幸的父親呀，請容許我們將自己的淚水和您的淚水交融，令郎流下的血並不與我們為敵，而是和密謀者為敵。您巨大的喪子之痛將常駐他們的心頭，令他們自責悔恨。他們會被自己的子女懲罰，被所有他們珍視的人事物懲罰，連死亡都無法讓他們逃脫痛苦與絕望。

藉由和喪子的父親交融淚水，與他共享痛苦，革命者試圖洗刷自己的罪惡，將詛咒指向看不見的無名敵人，將這個敵人視為讓侍衛喪命的始作俑者。在這裡，我必須稍作強調，血與淚的主題，在共同的眼淚中被喚醒，轉移了血海深仇的標的。就像人們避邪的行為一樣，文章的作者想要將厄運轉向那些大可規避災厄的人身上，而且詛咒惡毒。那些人會被自己的兒女懲罰，而且罰則不會因為他們死亡而中止，作者要始作俑者永世在懺悔中度過。在謗議和詛咒中，血淚之分也區分了革命黨人和反革命分子，窮人和壟斷利益的人，大革命下激進的無套褲漢*和溫和派人士，熱月黨人和雅各賓黨人。

從聯盟運動到恐怖統治，或和解的情義

聯盟運動（les mouvements de fédérations）召集國人宣示團結，米舍雷在書寫歷史時，極力

想還原這個事件。在這麼做的同時，他沒忘記其中人們流下的淚水，尤其是女人的淚水：

在某個村莊中，只有男人集結在一棟大房子裡，一起向國民議會朗讀宣言。女人則向那裡靠近，聽取動態，熱淚盈眶。她們也想要參與其中。當人們重讀宣言，女人加入了宣讀的行列，一片赤誠。16

米舍雷筆下的人物，肯定是以他的鄰居為藍本，但他決計沒有杜撰這個插曲。滿腔熱血的女人進入專屬男性的公共空間參與事務，就算時間短暫，但無疑和分享眼淚的行為典型有關，並充分地表現在這個事件中。聯盟運動引發的雀躍不能排除女人，連孩子也不行：

在這些慶典中，還出現了其他表徵，意涵也非常深遠。有時候，一個幼兒會被放在神壇上，受到眾人的認養，大家會獻上禮物和祝福，一起流淚，一起將這個孩子視若己出。17

---

* 無套褲漢（sans-culottes）代稱十八世紀晚期法國社會下層的老百姓，也泛稱革命激進分子，因為裙褲（culotte）在當時質地昂貴，只有貴族和資產階級能負擔得起。

米舍雷沒把焦點放在聯盟慶典的圖徽和符號上，他的注意力徘徊在各種人物的表徵，包含女人、小孩和老年人。十八世紀文學中，這些感人的情感主題淚水含量豐沛，進入大革命的慶典時，得到了揮灑的絕佳時機。我們可以理解米舍雷喜歡有女人和小孩出場的畫面。不過，更重要的是，他秉持的史學使命讓他重現了眼淚各種面向，包括讓人親如手足的凝聚力，以及對死者的追思。[18]雖然在聯盟慶典的那天天候不佳，巴黎戰神廣場下著雨，人們在初次慶祝一七八九年的革命時——這項慶祝替一個運動收尾，這個運動發起於同年十一月的瓦倫斯（Valence）——不乏真情流露和信誓旦旦的各種場景。一七九二年一月，《浮布拉騎士》（*chevalier de Faublas*）系列故事的作者魯維（Louvet），見到女人參與國家慶典時衣著樸素，深受感動，曾經說：「我喜極而泣，對自己說：『革命本來就是要讓我們在習慣上洗心革面，而這已經清楚地顯現在我們的夥伴身上了。』」從這項關於道德風俗的觀察和柔和的態度，透出一絲希望。

另一個劃時代的標誌，來自新創於一七九一年十月的立法議會代表向憲法宣誓。這個儀式格外感人。議會元老手持憲法本文，列隊而行，而其他民意代表則將手放在憲法上頭，宣誓效忠。根據羅伯斯比爾（Robespierre）的描述，許多議會成員淚灑憲法文書，並親吻憲法。[19]整場儀式莊嚴肅穆，卻同時帶有強烈的情感色彩。

名聞遐邇的拉穆瑞特之吻（baiser Lamourette），發生在一七九二年七月七日的國民立法議會。在這個事件中，兩個陣營原先勢不兩立，經過神職人員安東尼亞德里安・拉穆瑞特

（Antoine-Adrien Lamourette）的調解，以及要雙方民代互相擁抱的訴求，暫時妥協。議會代表想用浮誇的方式消除會內的對立和歧見，融合左右兩派，亦即激進的山嶽派（Montagnards）和較為溫和的斐揚派（Feuillants）人士，連國王本人也受邀參加這場表現和解的會晤。大革命時期的人對團結有著強烈的執著，在流露情感的行為中，找到消弭分歧的進路。

針對流淚的感性典範，杭哈爾德（Reinhard）提供了另一個例子。他認為這個例子的發生時機始料未及。一七九二年七月八日，格拉維耶（Gravilliers）的代表鑑於路易十六想罷黜巴黎市長沛提雍（Pétion），便帶著一份支持巴黎市長的陳情書前往雅各賓俱樂部（club des Jacobins）。那份陳情書是這樣開始的：「一個家庭聲淚俱下，向您請求讓它的一家之主能夠歸來……」根據當時的紀錄，這些文字好像已經足以構成一幅「無法言喻的感動場景」，催淚效果十足。[20]這些文字營造出的情感圍繞著一個想像中的家庭旋轉，目的不單純是化解政治的緊張。它屬於一個世俗領域的運動，利用各種參照的關係，推崇眼淚的感染力，讓素昧平生的人能對彼此產生情感，尤其是類似親情的連結。

一七九二年七月三十日，提倡起義的桑泰爾（Santerre）領導一群馬賽人和兩百名國民，與聯盟衛隊成員互別苗頭。這個事件發生在巴黎東邊的聖安東尼郊區（Faubourg Saint-Antoine）。他們從那裡起步，搖旗打鼓，唱著《馬賽曲》，浩浩蕩蕩走向巴士底。在巴士底廣場，一千個雅各賓黨人在那裡等候桑泰爾的隊伍，見到隊伍時，雅各賓黨人熱淚盈眶。[21]令人驚奇的是，人們在彰顯起義勢力時，大顯愛國情操，又軍威凜然，卻恰恰因為這些因素催人淚下。也就是說，除了流血衝突，七月三十日的集會參與者也經歷了流淚時刻。在約定俗成的層面上，我們可以觀察到，馬賽人的雄壯威武以及革命英雄引發的傾慕之情，都和吐露情感的模式不謀而合。其實，欽慕的眼淚和崇拜布魯特斯式的英雄主義，屬於同一個語境，假使遇到情緒感染力強烈的場合，也是妥當的因應方式。融合軍威的情感表現因此有不錯的發展潛勢。

這些慷慨激昂的情景非常可觀，米舍雷在八月十日晚間找到了一幅同樣的情景。對他而言，起義事件引發的情緒波動，「完全沒有平息攪擾人心的波瀾」。場景同樣發生在國民立法會議，有一群勝利者闖入議場，其中混雜了瑞士衛隊。有名闖入者發言：

我們監禁了這些促成背叛的不幸傀儡，許多成員丟下了他們的武器。我們對他們採取的武器，只會是以德報怨。我們將他們視同手足。（語畢，發言者情緒激動，投向一名瑞士護衛的懷抱，並且昏了過去。眾民代見狀，紛紛上前解救。）發言者醒轉後，繼續說道：「我必須履行『報復』，我請求議會准許我帶走這個不幸的人，讓我提供他吃住。」

所有人聽完他的慷慨言辭，無不熱淚盈眶。他在公眾場合宣布自己不計較這個陌生人將自己出賣給獨裁政權，而且要將陌生人帶進家裡，展現寬大的和解。慷慨的手勢和感性的表現，在這個和解的場景中合而為一。

在一七九三年七月的利曼（Le Mans），這座城市歷經四十小時的分裂和衝突，經由律師皮耶・菲力波（Pierre Philippeaux）的調解，達成和平協定，讓吉隆特派（Girondins）以及山嶽派黨人握手言和。根據《民族報》（*Gazette nationale*）的報導：「事件發生在城市的廣場，兩萬名民眾目睹事發經過，眼淚潰堤。」[22]對於這起事件的催淚效應，米舍雷頗為震驚，因為言和的兩方人馬原本劍拔弩張，隨時準備好要決一死戰。水火不容的衝突以突如其來的和解收場，顯得極為詭異。在許多不同的場合，類似的情形重複發生。這代表有一種社群的想像在背後運作，一受到眼淚和擁抱的啟動，就會產生作用。法國的公共空間見識過一七八九年的分歧和不睦，卻也在受到這些效應的席捲時，讓這些難以言喻、打斷審議的甜美時刻在此上演，重拾愉悅的融洽氛圍，證明所有人都有高尚的胸懷，暴露紛爭何其愚蠢。

當群體意見被團結意識收服，事態發展因此驟變，就好比激昂的情緒感染人群，讓集體立場瞬間軟化，可說是一種總體的感性，或盧梭稱為「公共意志」（Volonté générale）*的情感表現。這樣的公共意志，目的是要「將自以為是獨立個體的人們，融合成一個社會或政治群體」。

* 英文為 General will，簡稱「公意」，亦有譯為「普遍意志」、「公意志」者。這是盧梭提出的重要概念，指人們做為一個社會群體時的意志，與單純「個人意志的總和」（Volonté de tous，英文為 Will of All，簡稱「眾意」，亦有譯為「群眾意志」者）完全不同。

[23]在我看來，這比較接近涂爾幹（Durkheim）對盧梭此一概念的詮釋。「為了深入了解，我們得下潛到更深的層次，也就是意識較不清楚的地帶，觸及習慣、傾向和道德風俗。」[24]我們不妨做出以下認定，眼淚的蔓延時常能像言辭一樣，點出事物運作的方式，包括人們如何思考社會的連結，具有這方面覺察的人，又是如何歸結出社會的基礎原則，因為他們邁入的社會形式史無前例。奇妙的是，面對個人主義的經歷，大革命下的人們互相交融淚水，與其說是為了消災解厄，不如說是出於原有的道德習慣，因為在風俗中，一個人要與自己的鄰居一同哭泣。於是，就產生了矛盾的情景，人們在創建新社會的同時，眼淚卻潰堤傾瀉。

懸而未決的時刻

古斯朵夫（Gusdorf）非常推崇宣誓的行為，並將它和大革命中其他情感的表現區分開來，因為大革命在根本上是個群眾現象，甚至出現具有宗教意味的共融（communion）時刻，化解對立和緊張，在古斯朵夫看來，裡面沒有太多道理：

感性會隨著時間的消逝而淡化，容許自己從一個極端被拽向另一個極端，四處擺盪，展現的方式從狂喜不已到淚流滿面都是。反觀誓言，誓言驅使時間和空間屈服於一個人格的約束，這樣的人格只向最為艱難的標竿看齊。[25]

可是宣誓和情感的流露往往同時發生，譬如在聯盟慶典的時候就是如此，那樣的時刻懸而未決，彷彿靜止，讓我們很難察覺，反而是要透過記載流淚的文獻去一併觀察。[26]所以，誓言沒有牽涉那麼多人格的自我約束，而是尋求一種結合，這樣的結合超越亡者、生者和未出世的孩子等存在的類別。在這裡，眼淚就不單只是氾濫或過分的表現，而是激情運作的形式，因為激情讓整個群體得以一起陶醉在具有社會認同的時刻中，實實在在地把群體帶動起來。

在思索法國大革命的意義時，康德曾經問過以下的問題：「世界上可有一個事件值得深植回憶，有示範價值，而且預示全人類將不斷地進步？」米歇爾・傅柯（Michel Foucault）認為，[27]康德在找尋的，是一個線索，一個能指出世界一直是這樣運作的線索，所以，時事在發生時也有這些特質，往後的事件也是一樣，因為人們正在經歷一個懸而未決的時刻，過去、現在和未來協力形塑出這個時刻的樣態。對康德來說，法國大革命非常關鍵，但原因並非因為革命的事件進程曲折跌宕，或因為乘著時勢崛起的偉大人物，讓革命有不凡的價值。大革命之所以關鍵的原因，是它具有宏大的可觀性，讓那些參與其中、卻不是主要推手的人，萌生「具有進步意義的同情心，逼進激情。」由於人性具備這樣的道德潛質，所以人民有權利替自己爭取制憲的政治空間。

大革命時期，群眾因為感動而流下淚水。對他們來說，用這樣的方式描述他們的思維，令人拍案叫絕。集體流淚的場景波瀾壯闊，牽動仰慕、善心和同情，而不定時的群眾集會又帶著這些情緒推向新的境界。狄德羅曾經在《喑啞書簡》（*Lettre sur les sourds et les muets*）中說：「熱情出於本質，會藉由情緒激昂的群體傳導和擴散。」淚洗憲法文本的行為，似乎根植於這樣的運動之中。展現社會性的淚水源自啟蒙時代，在這裡被賦予政治意涵，目的並不是要投射一個失樂園，而是要讓人性與社會的觀察更為深刻細緻。用這樣的方式讀取時代的眼淚，也暗示著一種讀取集體運動的方式，有別於古斯塔夫・樂朋*樹立的傳統，因為樂朋將群眾示威視為非理性的波動，透過示威，人們摒除機構與儀式的制度，讓原始的情緒對理性展開報復。在大革命之下，人們流淚的時機有時是不約而同，有時則是遵循一套交流感性的成規，這些眼淚圍繞著制憲的進程，形成社會的連結。

不管是制憲派（les Constituants）、公會派（les Conventionnels）或是雅各賓黨人（les Jacobins），置身國民議會、各自的黨派聚會或在大街上，都會出於感動和仰慕之情流下眼淚。各方民意代表和雅各賓黨人，無疑對那些催淚戲劇和感性小說瞭若指掌。不過，如果將鏡頭轉向巴黎的群眾，或默默無名的聯盟慶典參加者，他們一樣喜歡在公共空間以淚示人，卻似乎透露出一種更廣為流傳的眼淚品味。安德烈・蒙古龍認為，如果法國大革命可說是啟動了感性的探索，原因要歸結於雷蒂夫和梅歇爾的文學作品，他們的文字在巴黎人民的心中引起陣陣漣淌。蒙古龍還表示，一七八九年曾經出現不少標題耐人尋味的年鑑（almanachs），譬如《感性心靈的玩物》（*Le Joujou des cœurs sensibles*）、《感性靈魂的花園》（*Le Jardin des âmes sensibles*）或是《溫柔辯辭》（*L'Apologie de la tendresse*）。

由此可見，這些令人驚奇的眼淚儀式，就算從文學的場域遷徙到了泛文學（para-littéraire）的場域，仍十分神祕。能幫助我們略知一二的線索，正是大革命促成的政治創制，因為這些創制在發生的過程中，融合了人們對如何以切合時局的方式共存共榮的想像。

眼淚的投機客與飲血人

承繼令人愉悅的流淚場景，在演講中運用血淚的意象，在法國大革命期間頗受重視，其中的原因包括這個演講技巧能激發聽眾的憤慨。一七八九年七月十二日，雷蒂夫在描述巴士底日時，用了一個浮誇的修辭點染畫面。他說巴士底「塔樓座落的地基受到多少不幸眼淚的澆灌，滲水濕透」。在抨擊舊體制的沉痾腐敗時，他曾寫道，法官「嗜血殘酷，對眼淚也不放過，尤其

* 古斯塔夫・樂朋（Gustave Lebon, 1841-1931）法國著名社會心理學家，代表作包括一八九五年的《大眾心理學》（*Psychologie des Foules*）和一九一二年的《法國大革命及革命心理學》（*La Révolution Française et la Psychologie des Révolutions*）。

貪財如命。」[28]

法國大革命的激情曾經因為恣意不受控的本質受到批評，但隨後也出現了其他分析，取向比較偏重社會經濟的層面。例如在一七九二年一月發生了糖價波動的危機，記者賈克．勒內．埃貝爾（Jacques-René Hébert）在激進刊物《度申老頭》（*Le Père Duchesne*）中，便用同樣的修辭手法抨擊投機客和囤積居奇者，他們坐擁的華美宅第「混凝土摻雜著窮人的淚水」。[29]賈克．胡（Jacques Roux）為了譴責囤積日常食貨用品的人，將這個意象推向另一個層次，說他們「將人民的眼淚和拮据，放入高利貸的計算表中」。[30]這句話的意思是說，囤積居奇者不但讓人民欲哭無淚，還用他們的痛苦滾出利潤。在一七九三年六月二十五日的國民公會，眼淚的意象在賈克．胡的發言中出現了四次之多，彷彿顯示他絲毫不怕流於冗贅，不計代價地捍衛他的經濟政策立場：

> 難道，那些為自由捐軀的人留下的寡婦在擦拭眼淚時，還要付出堪比黃金的代價購買棉花？[31]

手帕的原物料價格飆漲，經由賈克．胡這樣一說，竟然剝奪了大革命軍眷追悼陣亡兵士的權利。他說雜貨商和銀行家竟敢創設新的債權關係，向「傷心不幸的人索取血淚債」，同時，他也指控保皇黨和溫和派人士是吸血鬼，「在法律的庇護下，用金杯銀器暢飲人民的血淚」。這些投機客和吸取淚水的人做出的勾當，就像遭到感性小說譴責的色誘者一樣。而原本在文學的修辭中，淚水被比擬成一種代價，在這裡受到強化，因為強化的目的，是要譴責利用高物價牟利的人。我們可以很清楚地看見，當時語言既有的修辭形式如何參與大革命時期的論述。

憤慨的激進分子為了帶動風向來進行政治鬥爭，也受益於故事中黑色或恐怖的題材。賈克・胡曾向國民議會的左派強力呼籲：

山嶽派的各位代表，如果各位從一棟建築的三樓爬上九樓*，眺望這座正在經歷革命的城市，你們會見到成群的老百姓衣食短缺，生活拮据，你們會被他們的淚水與顫抖所撼動。

在反革命的派系對窮人吸血之際，與之相對的山嶽派受邀爬上頂樓鳥瞰城市，感受同情和惻隱之心的作用。這個情景曾被梅歇爾寫入劇作之中，可見於《人間，或民不聊生之景》

* 在計算樓層數時，法國地面的樓層計為底樓（rez-de-chaussé），而不是一樓，數字上是零，所以引文中的三樓與九樓分別是中文世界認知的四樓和十樓。

（*L'Humanité ou les tableaux de l'indigence*），光看標題，就能一見端倪。不過，這個邀約也有諷喻的攻擊性，因為它暗指那些民意代表不知民間疾苦。

除了譴責囤積剝削的野蠻勾當，當時也提倡慈善義舉。一七九三年五月三十一日，上馬恩省（Haute-Marne）的行政事務官寄信給當地的財主士紳，信上說：「請杜絕以下惡劣行徑，在支付工資時，請勿將勞工不得不轉手賣出的物資做為勞務報酬，這就好比他們手中僅存的麵包已經沾滿淚水，那塊麵包還要被奪走。」[32]這個意象來自雷蒂夫的文學作品，原先寫的是一個被兒女拋棄的母親，在這裡擴及受雇的眾勞工，目的是要激發資方的惻隱之心。被眼淚泡軟的麵包做為文字的意象，也被修梅特（Chamette）使用過，用以概括貧困潦倒的生活：

> 他因為要負擔沉重的苦勞，直不起腰桿子，注定要辛苦度日。忙到天黑時，他只能走進一幢破茅屋，以一塊麵包果腹，時常沾著自己的淚水吃。[33]

這些場景變成描寫貧困的慣例，讓不少人看了為之鼻酸，也促使革命黨人懲罰那些以困厄的眼淚牟利的人。因此，要做一個稱職的雅各賓黨人，就要成為體恤窮人的感性善人，用法條保護人民，不對一毛不拔的資方手軟，因為他們的行徑十分殘暴。原先描述行善多麼愉快的溫馨論述，因此出現了態度上的轉變，當它陷入激進與溫和派的路線拉扯，修辭目的進而靠向陳情和鬥爭。於是，這些文字在勾勒畫面時，指控的意味越來越濃，譬喻越來越尖銳，因為聽眾必須受到感動，而且也要在哭泣者和引發眼淚的罪人之間，畫出涇渭分明的界線。

在某些場合，不可以哭

一七九二年十一月十三日，雅各賓黨政治領袖聖鞠斯特（Louis-Antoine Léon de Saint-Just）在國民公會發表關於王室不可侵犯論的演說，其中有句話震撼了米舍雷。聖鞠斯特說：「他們試圖激發我們的憐憫之心，過不久，他們就會開始購買眼淚，就像羅馬的喪葬習俗一樣。」對米舍雷來說，這句話點出了他害怕大革命歷史步入的境地，也就是「有一天，當惻隱之心變成開玩笑，那就是野蠻時代的開始。」[34]聖鞠斯特演說的起手式，顯然來自他的古典學教養。他的目的，是要質疑沾染貪腐之氣的惻隱之心。另外，他也運用了天主教教廷從古時候便採納至今的表述，也就是譴責羅馬的喪葬習俗，盛行商業化哀悼。[35]不過，更重要的是，當時的情感典範認為，惻隱之心應該是普世皆準的理念，他顛覆了這個典範。當時存有反革命陰謀一說，讓這個理念站不住腳。如果眼淚可以購買，一個理念便就此破滅。為了國王或王后哭泣，變成意識形態的表述。因為他們的處決而流淚，會揭露保皇派的立場。在分析聖鞠斯特的著作《論共和體制的殘卷》（*Les Fragments d'institutions républicaines*）時，莫娜．奧祖夫（Mona Ozouf）指出這部著作出現公私領域的交雜，有意改變人們既有的生活習性，彷彿要讓人們活在透明的玻璃櫃裡，成為此書受到批判的主因。司法檔案也能證明這個時期公私領域如何交雜。這就是為什麼路易約瑟夫・杜埃梅（Louis-Joseph Duhamel）因為哭泣憑弔王后的死，還說革命法庭是血腥法庭，受到檢舉，鋃鐺入獄。當時出現了一份為杜埃梅辯護的意見書，主旨緊扣基於慈悲指控一個人有罪，是何其困難的事情。這份意見書無疑出自律師或評論家之手：

> 不管罪狀是真是假，落淚示弱的行為只是天性使然，或感性使然，沒有人能主宰天性或感性。這方面的案例比比皆是，許多人就算有充足的理由和動機想殺掉某隻貓或狗，見到那隻貓或狗死去時，仍會落淚不捨。[36]

替杜埃梅辯護的這份文書主張人受到感性的宰制，哲學的思辨和文學的描摹雙管齊下。感性有時源自身體組成的脆弱，不是時時都受到控制，就算它牴觸理智，情形也會是一樣的。於是，指控天性使然的表徵有罪，顯得荒唐無比。而且，這份文書使用貓狗做為範例，並非偶然。就算一隻家畜可能因為種種因素對家裡有害，牠死去時，人們仍會為此掬一把同情的眼淚，更何況是一國之后，她在當時也被認為有害於國家。也就是說，就算不該為自由的敵人流下眼淚，一個模範共和主義者也很難隱忍不哭。而且，天性使然的行為未必表達一個人的立場，於是要對此做出判決，十分困難。

革命法庭為了要處理在巴黎大眾蔚為風行的感性舉止，疲於奔命。在接下來的範例中，革命法庭要面對的，是檢舉民眾的情緒。這些民眾經過一個情緒濃烈的催淚插曲，撤回檢舉狀，而且在事發之後，「在他們的聲明書中頻頻出錯」。事態的驟變，發生在向法庭提告的數小時前。四位男性原先準備好要將證據交給法庭查核，卻被其中一人的妻子說服，說他們這樣做，會害死被檢舉人：

他們得知這個命運之後，大為震動，也驚恐不已，紛紛聲淚俱下，一片哭天搶地。他們感到十分懊悔，不想要無意間成為害死鄰居的兇器。

這群檢舉人因為大發慈悲而嚎啕大哭，哭完後便拒絕告發這對他們天天見到的夫妻。革命法庭很難明察事件的來龍去脈，結果，列席被告的人，反而是這群想檢舉又反悔的民眾。

在這場事件中，我們能見到相互矛盾的倫理訴求，「對他人的命運懷抱惻隱之心」，這樣的做法承接了啟蒙時代的論述，卻也違逆革命立場堅決的基本教義派，因為徹頭徹尾的革命路線在對抗自由的敵人時，毫不留情。這件事也證明當政治在日常生活中興風作浪，會如何干擾人們讀取情緒表徵的方式。

不過，這並不表示大革命極端的感性，和革命分子展現出的「極度恐怖」融合了。畢竟，將流血與流淚連結在一起的文化傳統行之有年。從大革命體制進入督政府之後，許多人在記敘遭遇時，對大革命爆發前的諸多社會氛圍抱持反感，像是樂觀的態度、容易受到感動的性格，以及對新社會的嚮往，因為經歷一七九三到一七九四年的恐怖統治之後，這些社會氛圍似乎有可能讓情況變得更糟。這份失望和新的現實態度互相結合，重新檢視烏托邦的概念和情感帶來的愉悅。反革命的理論家對此大作文章。在時序上更靠近我們的樂諾博（Lenoble）以宗教信仰的角度*延續了這方面的理論分析：

> 「天賦自由」的觀念衍生出了革命法庭（tribunal révolutionnaire）和救國委員會（Comité de salut public），因為「至高的存在」（Être Suprême）和自然的宗教觀讓斷頭台有了信仰基礎，讓一切展現在流淌的眼淚中，溫情的淚水。原因在於，慈悲就像善良一樣，都屬於人的本性，而且美德一定會贏得最後的勝利。盧梭思想的情感和宗教性，讓伏爾泰的尖酸筆調充滿炸藥，沒有什麼比這段歷史更適合闡釋這件事了。[37]

樂諾博在詮釋啟蒙時代思想和眼淚的意涵時，將這些對象和恐怖統治（一七九三年—一七九四年）期間流出的血兩相比較，在這裡血淚結合，甚至變成愚蠢行為的表徵，又因為淪為血腥歪風，應該敬而遠之。大革命下的人們參與情感典範的方式五花八門，有的人會採信自然神論的感動，或同時秉信惻隱之心的道理，但這些情感有時候與大時代的要求互相牴觸，也和當時非黑即白的立場唱反調，而且鮮明立場的支持者大有人在。關於這點，蒙古龍提到了執勤民代的情感作秀，和救國委員會成員殺人無數，讓恐怖統治之下的法國社會哀鴻遍野。他劍指勒奎尼歐（Lequinio），因為這個人在處決政治犯前，會「流下鱷魚的眼淚」。

在法蘭西第一共和紀元二年的霧月十二日[†]，這個惡名昭彰的勒奎尼歐曾經寫過一篇文章，題為〈論快樂〉（Du bonheur）。這篇文章看起來承繼十八世紀以降談論快樂的悠遠傳統，但在許多地方有所不同。它詳加記錄了革命黨人展現的種種衝突，充滿盧梭式的感性精神，同時又察覺自己的行徑受到旁人批評。勒奎尼歐在文章中推崇安慰他人的不幸能獲得的快樂，不過，他還加了段挖苦的觀察：「甜美的淚水總是能澆灌人做出的善行，而善行能在暗中報復惡人的不義，為受到欺瞞的大眾匡正視聽」。雅各賓黨人崇尚的德性面臨各界的不諒解，勒奎尼歐提出了一個解決方案。他認為：人們應該要尋求內在的快樂，內在的快樂要「消弭自我」，進而去愛別人。勒奎尼歐帶著這個嶄新的觀念體系，描述了許多奇異的精神狀態。如此一來，他見證

* 樂諾博被引用的著作出版於一九六九年，故在時序上比較靠近當代。

† 法蘭西第一共和國在一七九三年十月，啟用現已廢除的「共和曆」，目的是要和既有的天主教曆法與節慶切割。霧月（Brumaire）對應到一般月份的十月二十二日到十一月二十日。

了他人的痛苦，苦人所苦的同時，卻無法採取行動，在痛苦中甚至產生甜蜜的印象：「人一旦消弭了自我，不但能享受自己的欲望，也能享受悔恨。他會熱淚盈眶，因為憂患天下而流出的淚水會變成一種愉快的體驗，因為他發現自己由衷冀望他人快樂，就算無能為力，仍為此感到滿意。」這些滿是衝突的說詞，點出了一個想要解圍的意圖。當文章作者發現「一個社會可以變好，但卻沒有讓每個個體在那個社會中找到快樂」，他試圖保留感覺良好的可能。勒奎尼歐的論點可以被稱為「自我消弭的歡暢」（jouissance-abnégation de soi）*，他感受到政治密謀對人心的摧殘，同時在博愛的胸懷中找到確定的感覺，這樣的心境完全展現眼淚的品味根基穩固之後，發展到最後的悲劇樣態。

論及民主革命以及革命衍生的「對他人感到的不確定」，馬賽爾・高榭（Marcel Gauchet）和格拉迪斯・詩偉恩（Gladys Swain）寫下了以下評論：

> 從十八世紀跨向十九世紀時，這會是個值得探討和剖析的問題。這些關鍵的轉變，牽涉預先規範好的人際連結遭到瓦解，而當一個原本頗為野蠻的人際互動空間得到解放，連結的瓦解又會有什麼樣的意義，值得深究。[38]

在十八世紀和十九世紀之間，只要一個領域涉及眼淚，都會進入重新分配的過程。在那個時候，溝通的典範從缺，或發生質變，含淚闡發的夢想遭到嘲笑，感性和眼淚的價值，則在文學作品和私人札記中被重新詮釋。對某些人來說，這些轉變分明是針對啟蒙時代典範的改弦易轍，同時也想和革命的後果分道揚鑣。種種斷裂也發生在無意之中，以及更廣泛的層面，譬如溫柔感動的情緒蕩然無存，人們不再共享淚水，重新檢視獨處的情緒狀態以及示愛的言辭，和個體無法挽回、彼此分割的現實互相對撞。

法國大革命是許多思想典範和行為模式的轉捩點，現在需要加以分析和評價。大革命造成了一些創傷，也讓不少文人有理由撻伐承接自十八世紀的流淚傳統，但若提升視角，越過這些事件和爭端，大革命也替思索親密關係、個體和自我表現的方式另闢蹊徑。這些觀念都在那時歷經轉變，似乎都和民主的革命息息相關，也和個人主義的抬頭有所關聯。這個現象超出意識形態陣營的分界，是一場有人類學意義的轉變。

* 在精神分析學的脈絡中，法文 jouissance 的通用翻譯為「絕爽」，但此處的時代脈絡比精神分析的出現早了至少一個世紀，雖然在意趣上有共通之處，但不使用這個翻譯，避免回溯的混淆。

從莊重矜持到淚眼乾涸

De la pudeur à l'aridité

第二部

第一章　朝向新的感性

離開街頭和革命的群眾，並且回到文學，就像換了個宇宙。但是，如果要研究十九世紀初文人倡導的感性新典範，卻對法國大革命和經過大革命解讀的啟蒙時期置若罔聞，是行不通的。那些文人孤身伏案，思索一般思維望塵莫及的議題，尋覓重新感覺的可能，掂量文化遺產壓下來的重量。書寫的行為和表述政治立場有同樣的立足點，至關重要。於是，這樣的來龍去脈產生出新的文學主體性，也讓人們用新的方式去看待眼淚，用浪漫主義的視野看待眼淚。

瑟儂古的見解

一七九九年，法國作家瑟儂古（Senancour）出版了《漫想人原始的天性》（*Les Rêveries sur la nature primitive de l'homme*）。一直到這本書付梓之前，瑟儂古都獨自生活，漂泊不定。對這個生於一七七〇年的孤立作家而言，大革命是一場大斷裂，但他並沒有像新天主教派的信徒一樣，將自己浸淫在基督教的傳統，並譴責大革命的遺緒。他的世界因為大革命除魅（désenchanté）*，遠方不再有彼岸或任何超越性（transcendance）。所以，他只想思索人的本質，他獨自穿越阿爾卑斯山，去發現如何用新的方式接觸感官刺激。這需要爬梳出一種特殊的自我關係，尤其是要「自我克制」（se circonscrire）。

瑟儂古是一個承先啟後的人物。他的哲學關注上承十八世紀，因為他的思想接近盧梭，但在描述靈魂狀態時，卻又像是個浪漫主義的先行者。他的路線很像觀念學派的思想家（Idéologues），試圖在大革命之後思考人的狀態。但更重要的是，瑟儂古想要揮別感性的傳統觀念，另起爐灶，《天馬行空之想》（*Les Rêveries*）便是這方面的成果。在他看來，「感性」（sensibilité）在傳統上充滿衝突，而且十分接近「情感」（sentiment）：「這份善感被稱為情感（sensiment），因為我們用這個稱呼來替換各式各樣的東西，但其實這份情緒最適合被稱為「感覺狂」（sentimanie）」。[1] 瑟儂古嚴厲駁斥對感覺的瘋狂追尋，並將之視為十八世紀末的弊病，他很明顯地開闢了新的思考領域。他區分了兩件人們時常混為一談的事情，譬如狄德羅也這麼

* 「除魅」（法文 désenchantement；德文 Entzauberung）是社會學家馬克斯・韋伯（Max Weber）在《新教倫理與資本主義精神》（*Die protestantische Ethik und der Geist des Kapitalismus*）提出的觀念。除魅指的是歐洲社會因為科學革命和工業化的緣故，改變了人認識和看待世界的方式，並對物質制度各方面的「進步」有著極大的信心，讓宗教、迷信與魔法在社會上的影響力逐漸式微。

做過，也就是受到感動的能力和接收感覺的能力。對瑟儂古來說，感性（sensibilité）衍生自官能主義（sensualisme），也就是接收感覺的能力經過發展的結果：[2]

> 感性並非只是溫情或痛楚，而是高組織力的人被賦予的一項能力，這項能力讓他能接受深刻的印象，包含所有刺激人類感官的事物。真正感性的人，並不是那些受到感動或嚎啕大哭的人，而是當旁人覺得一件事不足為奇，感性的人卻心有所感。[3]

於是，感性的人並不是任由感動擺布，而是具有超凡的感官敏感度，而且能組織自己收到的感官刺激。在這裡，感性牽涉的不再是溝通的典範，而是探索人的知識。在這一點上，瑟儂古的思想與當時的觀念學者不謀而合，將感官視為一切的出發點，並從中發展出一套教育系統，認為形成觀念之前，要具備觀察經驗的基礎。對當時的哲學家德斯特·德特拉西（Destutt de Tracy）而言，「思考始終是一種感受，除了感受之外，別無其他。」從這句話，我們更能了解瑟儂古對感性的定義，以及他為什麼要和情感（sentiment）進行切割。感受是獲得知識的行為，所以需要組織感官經驗，而情緒會讓這件事窒礙難行。於是，感受並不是多愁善感。同樣地，瑟儂古對於眼淚的時代品味進行冷處理，不帶絲毫好感：「感性的人應該要偏好冷漠桀驁的人，勝過多愁善感的人。」[4]瑟儂古對冷漠的禮讚和先前的觀念分道揚鑣，因為先前的觀念認為，感性的基本條件，是見到他人的苦難會於心不忍而落淚，或是心有戚戚焉。為了要獲得更為「優越」的見解，瑟儂古的思想將品德和社會的觀點擱置到一旁。

在瑟儂古出版於一八〇三年的書信體小說《奧伯曼》（*Obermann*）中，瑟儂古大力駁斥耐人尋味的「感覺狂」：

> 對於什麼是感性之人，我們的想法都太狹隘了，結果讓這樣的人物顯得十分荒謬。我看過人們如何用同樣的方式讓女人顯得荒謬。有的女人會因為寵物鳥生了病而哭泣，見到鳥受傷流血便昏倒，聽見某些字眼便全身顫抖，像是蛇、蜘蛛、掘墓人、天花、墳墓和衰老。[5]

感性的人和這些三八的女子太過相似，在情感的波動上小題大作，聽見尋常的字眼就心驚膽跳，偏好幻覺勝過現實，喜歡駢麗的辭藻勝過平實的話語，愛好綾羅的輕柔勝過陽剛的硬挺。瑟儂古在提倡新感性的同時，也想要對語言進行改革，淘汰掉許多承繼自田園詩（la pastorale）傳統的陳腔濫調。在早於《奧伯曼》的《觀察》（*Observations*）中，瑟儂古聲明自己的風格不會沾染「賣弄文章的窠臼，其中在筆者看來最難以苟同的，就是已經被用過好幾百萬次的老話」。他舉出下列範例：「綠綠的草地、藍藍的天空和閃閃發光的流水」還有「他的眼淚如洪水潰堤，痛哭流涕，淹沒在場的人」。[6]於是，眼淚的陳言套語，包括誇飾和可供分享的性質，甚至是蘊含其中的情感信號，都遭到封殺。瑟儂古所謂的感性之人，想要掃除陳腔濫調，追隨盧梭的腳步，並依循觀念學派的思想，用新的方式書寫。而這樣的基本認知之一，就是將感性的表現視為風格的議題。

這也讓人能用不同的方式看待生活和不幸。當時奧伯曼有個朋友剛剛過世，他無法悼念這個品德高尚的人並為他哭泣，因為活著對這位朋友而言，只是受苦：

我並沒有說，為了並非我們犯下的罪惡，或是為了陌生人遭逢厄運而難過流淚，是柔弱的行為。但這次去世的，是我們熟識的人。他死了——這沒什麼，誰不會死呢？他總是那麼不快樂，那麼哀愁，活著對他來說，沒一天有好處。一直以來，他都在吃苦；現在他人已經不在了，那就解脫了。[7]

傳統上，無論是見到哪個人死去，因應之道或描述的方式，都是透過悲憫與眼淚。但現在，這些手法都不敵個體生命何其荒謬的見解，因為那段生命只包含悲傷和痛苦。認為活著本身就是受苦的想法，完全扭轉瑟儂古和情緒表徵之間的關係。人的存在沉浸在幻覺和苦難之中：

天意讓每件事物顯得宏偉盛大，我著實佩服。但是就拿人來說，人活著，就像是栽入一堆裁剩的紙屑，在思想上是個神，在尋歡時是條蟲——我們無不是把小房子當神殿住的朱比特，把裝熱湯喝的木盆當作供奉的香爐，自以為在奧林帕斯山上作威作福，直到被最凶的獄卒賞一巴掌，才回到現實，好讓我們親吻雙手，用眼淚沾濕發霉的麵包。8

瑟儂古思想的出發點，是一個關於快樂的觀念的幻滅，從十八世紀到法國大革命這段期間，是這個觀念的輝煌時期。感性的人不受虛榮心的牽絆，因此能把真理看得更清楚透徹。為了達到這個境界，需要具備優越的理解力，而優越的理解力，並非人人皆有的特質。對瑟儂古而言，為了找到快樂，人必須成功驅散想像力的海市蜃樓，努力「限制自己，以便完全掌握自我」。所以，他著重畫出自己的界線，留守其中而非自我膨脹，要專心致志，而非隨著心中的鴻鵠展翅飄飛。

為了邁向這樣的心境，瑟儂古認為要自我修煉，學習駕馭各種會招致過分行為的衝動，因為這些衝動對明辨事物的關係有害。於是，新型的感性會創造出新型的人：

我想出一種「中庸」的道理，去面對所有使我們感動的事物，消化瞬間凝聚在一起的衝突感受，養成駕馭情感的習慣（因為我們本來受到情感的駕馭），找到靈魂的重心，直

> 探思想深邃之處，迎向另一片開闊，享有各種不為人知的感受，因為自然法則讓這種祕密的感受跟顯而易見的現象相對。中庸的道理讓心靈在面對各種攪擾時，能無入而不自得，它講的是一種混合，一種專屬深度感性心靈的和諧。感性之人在他能力所及的範圍之內，能感受到所有人可以觸及的體驗。他處於中庸之道，只有他能在歡愉中的闌珊遇見憂鬱，在苦難的罅隙窺見一絲恩典。[9]

瑟儂古著眼的問題，不完全像十八世紀關於快樂的論述，只關心如何避免讓激情與情緒的氾濫影響理想的生活，它同時關心如何發展一套屬於人的知識。用中庸之道自我修煉，能讓人掙脫情緒的擺布與激盪，深入探索事物的關係，因為這些關係在一開始並不顯而易見。這樣的修煉能提升自我控制，讓人面對靈魂的波動時，懂得如何隨遇而安。

這樣一來，我們便曉得為什麼瑟儂古在寫作時，選擇了個人色彩濃厚的小說，也就是成長小說（roman de formation），以便探索奧伯曼的心路歷程。奧伯曼是個感性的人，曾歷經滄桑、厭倦（ennui）和存在引發的荒謬感。他找尋的心靈深度難以抵達，因為旅程涉及內在世界的平衡，這樣的平衡能讓他理解的世界更為開闊。這個人年紀尚輕，卻具有高人一等的洞察，付出的代價是了解人類最慘烈的命運。到了某個階段，他語帶苦澀地描述心靈狀態：

> 夜已經深了。我將慢慢引退，信步而走，煩悶難解。我想哭但是哭不出來，只能打顫。原初的日子不再，我徒具年輕時的困擾，卻沒有任何慰藉。在蹉跎光陰的青春中，我的心曾經是一團烈火。現在，它因為燃燒而疲憊，枯萎乾涸，彷彿邁入冷卻年歲的倦怠無力。我心中的火還沒受到撫慰便被踏熄。有些人以憂思為樂，但這對我來說都已是過去式：我沒有歡愉，沒有希望，沒有平息，我一無所有，流不出淚。[10]

到了這個時代，我們時常能見到人們用欲哭無淚的狀態來表達自身的憂慮不安。在這樣的狀態中，人好像無法超越現有的痛苦，被厭倦擊垮，無法穿越這片泥淖，找到寧靜的淡漠。這樣的拉扯讓人同時太衰老又太年輕，太敏感也太麻木，還受到眼淚乾涸的威脅。當那時的人提筆寫作，他們寫出的時代困擾有著這樣的風貌。

瑟儂古帶我們走向一種新的感性，帶著非常充分的理由，和既有的定義決裂。多愁善感已經不合時宜了，包含淚眼汪汪直抒胸臆的表白、共享的眼淚和甜美的感動，這些都被視為女人荒唐的弱點。見到陌生人遇難，心生憐憫並流淚的舉動，再也不受到言論的保衛，因為塵世浮生沒有比死亡好到哪裡去，一切都是幻覺和浮華不實的表象。感性的靈魂因為這些洞見，困擾不已，卻再也得不到眼淚的撫慰。

只有秉持中庸之道的自我修煉，能引導高人一等的靈魂去品味細膩的情感，亦即「歡愉中的憂鬱，以及苦難中的恩惠」，這種參差的對照和淺白單向的情感形成對比。參差的對照用不過火的方式表達真正的感性，它具有的孤獨也不被聲色犬馬的表象侵擾，並且不尋求共享的可能性。

我們無法忽視這樣的一個思想家，他生於十八世紀，經歷法國大革命之後，重新界定感性的組成部分，因為原有的感性在大革命之後蕩然無存，就算還有，也和承繼啟蒙時代的感性觀念大相逕庭。瑟儂古並非單一的案例。他的同時代人，來自不同的意識形態背景，同樣面臨了類似的問題。好比拜朗胥（Ballanche）、約瑟夫・德邁斯特（Joseph de Maistre）和夏多布里昂（Chateaubriand），這些作者的出發點牽涉比較多的宗教關懷，以及斯戴爾夫人（Madame de Staël）、班傑明・康斯坦（Benjamin Constant）甚至斯湯達爾（Stendhal），他們的文字都印證了思想和行為模式，隨著時代更迭而發生轉變。隨之誕生的，是讀取情感語彙的新方式，另一種形塑感性的觀念，根本上牽動到他我關係的深度變革。他我關係的深度變革發生在幽微但長遠的面向，啟動一種具有人類學價值的變遷，改變了公領域和私領域的關係，以及男性、女性的角色分配。

由於瑟儂古在立場上和啟蒙時代的思想家非常接近（我們時常將瑟儂古視為盧梭的傳人，因為瑟儂古和盧梭一樣鍾情於阿爾卑斯山的湖光山色和孤高的獨行），他如何扭轉啟蒙時代的觀念因此別具意義，也在眼淚地位的轉變過程中，扮演不可忽視的角色，因為他的言論具有極高的參考價值。不管是傳達感性的新觀念，還是刻劃靈魂的狀態、厭倦或翻轉私密情緒的存在荒謬，瑟儂古展現煮鍊文字的獨到功力，寫下的文字是極為有力的見證，就算在當時沒有被廣泛閱讀，仍然發人深省。

基督教痛苦主義的認同與法國大革命的教訓

對啟蒙時代哲學的質疑，啟動了一股天主教思想的新潮流，讓天堂再度熱鬧起來，賦予痛苦和靈肉二元觀念的嶄新意涵。哭泣重拾宗教意義，和先前我們探討過的觀念領域有根本上的不同。哭泣的能力得到精神層面的昇華，這個面向在浪漫主義中至關重要。

提倡「越山主義」（ultramontanisme，持該立場者簡稱 les ultras）*的思想家約瑟夫·德邁斯特是大力駁斥法國大革命的人物之一。他反轉感性價值的方式十分特殊，力倡回歸神聖的旨意。相關的文獻語調尖刻，甚至非常挑釁。同時，他也利用人性本善的道理將立論推向極致，但歸結出來的道德訓示常呈現矛盾：

* 「越山主義」源自拉丁文 *ultramontanus*（*ultra-* 意為「越過」，*montanus* 是「山的」），是天主教中強調教宗權威至上的立場，它「越過」山脈的意思，指的是阿爾卑斯山以北的教會成員，將目光望向山脈以南，向梵蒂岡的教宗尋求指示。

那個負責行刑的男人，他何德何能執行法律？人生而具有道德心，而且慈悲為懷，生來是為了愛，真摯地為別人哭泣，彷彿是為了自己的事而哭，也在哭泣中找到樂趣，還發明了催淚小說讓自己邊看邊哭。最後，人還得到一項承諾，他假使因為不公不義而流血，每一滴血，人們都會幫他討回來——履行這項承諾的方式，是鬥爭。〔……〕鬥爭在本質上是神聖的，因為鬥爭是世界的法則。

德邁斯特在一八二一年《聖彼得堡之夜》（*Soirées de Saint-Pétersbourg*）的第七則訪談中，寫下這樣的結論。為了品德、慈悲、惻隱之心與文學或哲學主題而哭所帶來的樂趣，因為面對戰爭的殘暴*，被浩劫的虛無狠狠賞了一巴掌。戰爭標誌著人間正受到邪惡的主宰。這樣的天意論（Providentialisme）讓在浮生追求快樂的人類意志，顯得不合時宜，包括那些受到期盼的眼淚，經過文化的薰陶與琢磨，還變成人際關係的基礎條件之一。為了解釋王權垮臺帶來的創傷，有些人將這些遭遇視為天意的試煉。人類必須替錯誤和原罪贖罪，這件事被革命黨人的起義添上神祕色彩，也因此再度受到重視。感性的革新於是也牽涉史觀的轉變。

這一串思想潮流的質疑，傳承自啟蒙時代和法國大革命的觀念，重新檢視基督教理論中關於受難的論述，因為當時反革命人士喜歡透過服喪和受難的符號，在新時代中表現感性的格調。國王的駕崩被視為重大的失去和褻瀆，加上命喪斷頭臺的無數亡靈，仍然使人泫然欲泣。

拜朗胥曾在一八〇八年表示：「沒有什麼比眼淚還要真實」。人經過抵罪贖過的受難，要走過一段恢復期，拜朗胥的言論可以被放在恢復和調適的語境中討論。這方面的基督教傳統受到重新檢視，他的意見和更新的基督教觀念同路，反對啟蒙時代帶著樂觀態度追求快樂的浮華不實。拜朗胥的文字也闡述了眼淚的價值之所以改變，其背後蘊含的邏輯：

> 我們缺乏丈量每個人幸福與不幸程度的尺規。苦難和貧窮與富人同在，本世紀快樂的人無法自外於深沉的悲傷，只有窮人不清楚那樣的悲傷是什麼。我們只看得見表象，而祕密與夾藏在內裡的事物則悄悄溜走。笑裡時常藏著痛，快樂有時也是嚴肅的，基督之淚†品種的紅酒何其甘美，卻要在維蘇威火山的邊坡上成熟。如果我們領悟，比起享樂，人生更適合受苦，就不會對人生的苦難大驚小怪了。人的心相一幕幕映出他的心之所向，卻忘了要如何過活。人生中只有痛苦是重要的，沒有什麼比眼淚還要真實。[11]

* 基於此處引用的著作成書於一八二一年，合理推測內容所指的「戰爭」，除了法國大革命引發的階級鬥爭，也可能包括席捲歐洲的拿破崙戰爭，發生年代介於一八〇三年到一八一五年之間。

† 基督之淚（Lacryma christi）是維蘇威火山的特產葡萄，釀出來的酒釀紅甘美。此句文意描寫險惡的境地生養豐饒珍貴的物產，就像痛苦蘊含快樂。媸妍美醜或善惡的詩意並置，可以對照瘂弦〈如歌的行板〉結語：「觀音在遠遠的山上／罌粟在罌粟的田裡」。

思索快樂的哲學崩塌之後，當時的社會踩在快樂哲學的瓦礫堆上，加上拜朗胥的思想，發展出新的觀念。這個觀念認為，每個個體都有神祕且不可參透的命運，其中的機妙是任何表象（例如財富）都無法概括的，甚至還有可能讓人誤解命運。

人類的知識範圍僅止於外在的表象，顯示了人的不足。一切都隱藏在私密幽微的內裡，而我們卻去不了那裡。在這裡，私密幽微除了時常連結到宗教經驗，也表示人只能察覺情緒的外顯形式，因此深度誤解了同類的真正情感——笑容有時候是遮掩痛苦的強顏歡笑，看在人們眼中，卻不知道。快樂也未必非得是雀躍和舒張的樣態，快樂可以有快樂的冷峻，有自己的私密性，可以帶著一絲嚴肅和對痛苦的覺察，因為痛苦和我們是最為親近的感受。

具有贖罪意義的受難被稱為「痛苦主義」（dolorisme），我們由此可以知道，痛苦主義如何在這個時代回鍋，並再度受到重視。外在的表象一旦被譴責為浮華不實，所有參考的憑據都因此動搖，眼淚便成為唯一吐露私密真相的媒介，也是每個人因為存在而感到痛苦時，唯一實在的感受。

夏多布里昂也因為王后的駕崩而哭泣，他曾表示，那樣的悲慟是「再多的眼淚都無法排遣的回憶」[12]，法國人民至今都還無法釋懷。基督教的修辭時常出現在夏多布里昂的文字中，因為他持續提及世界如何承擔痛苦的重量，死亡如何無所不在，讓個體的愉悅顯得荒謬：「在我們活著的每一分鐘裡，露出笑靨的每分鐘，都有六十個人死去，所以就有六十個家庭為此顫抖與哭泣。」[13]只有基督教信仰能提供慰藉，它「呈現出來的人間，總是泛湧淚水的峽谷，只有在墳墓才能找到安息之所。」[14]夏多布里昂在寫作時，偏好典出《聖經》約伯記「眼淚峽谷」（la valée de larmes）的意象，構成一幅蒼涼的風景，人在其中終日哭泣，直到救贖降臨。但如果人在塵世的存在條件真的註定要以淚洗面，當時的社會儼然是箇中原因之一。夏多布里昂代表作《熱內》（René）的同名主角在回憶自己的青春時，便曾說：「唉！這個社會每小時就挖出一座墳坑，讓人愀然淚下」。[15]這個言論呼應時代，因為摧毀快樂的不只是對世界的偏差認知，整個社會都有責任，因為社會讓個體消受諸多磨難。

真正受苦的體驗，非常接近拜朗胥的斷言「沒有什麼比眼淚還要真實」。這句斷言背後的觀念，來自私密幽微的個人經驗，透過這些經驗，人們體受真正的人生苦澀，符合新天主教痛苦主義的思維。在小說《熱內》中，熱內的妹妹艾蜜莉決定成為修女並不告而別，熱內因為再也見不到艾蜜莉而傷心欲絕，哭了出來。但他卻在哭泣的同時，感受到奇異的愉悅，他說：「噢，朋友們，我現在知道，為了意料之外的壞事而哭，是怎麼一回事了！〔……〕在傷心欲絕時，我甚至發現一種意外的滿足。我也暗自竊喜，因為我察覺痛苦不像樂趣，會有消耗殆盡的一天。」這段話的意思是說，想像中的困擾雖然能以苦澀的淚水填充虛無，但真正的愁苦有著更深的意涵，讓人在愁苦的同時邁入一種完滿的境界，也能感受到淚水的溫柔。

夏多布里昂透過數本小說充分發展這些愁緒綿綿的意象，因為情節境遇的不同，有不同的著墨點。譬如在《阿塔拉》（*Atala*）中，盲眼的印第安人夏克塔斯（Chactas）雖然眼殘，但上墳憑弔時仍會泣下沾襟。他說：「人可能眼睛看不見，但他還是哭得出來。」[16]夏克塔斯講述的人生故事有許多地方賺人熱淚，因為他歷經的滄桑令人鼻酸。*「從他開口追述人生開始，說到這裡時，他不得不停下來。泣不成聲，只剩斷斷續續的隻字片語。」[17]夏多布里昂不像瑟儂古，他不排斥常見的修辭，對誇飾淚水的言語來者不拒，但他專注描寫的內容，卻緊扣塵世滄桑的傷痛。†十字架成為《阿塔拉》中生死分離的符號：

> 「這就是阿塔拉的十字架」，他叫了出來，「這就是命運多舛的證明。熱內呀，我的兒子，你看得見，但我卻再也無法看見了。告訴我，經過了這麼些年，墳上的黃金有損害嗎？你見到我流下的淚痕了嗎？」[18]

只有在宗教的痛苦主義中，眼淚還可以有意義。勒薩奇修士（Abbé Lesage）對《阿塔拉》充滿批判的態度，認為書中的神父歐博睿（Aubry）有「戀淚癖」（lacrymophile）[19]，而且，他也覺得夏多布里昂書寫眼淚的方式，對他的讀者而言太過火了，因為他們早已厭倦那些和十八世紀文學牽扯不清的簌簌淚珠。

美學的情感

就算夏多布里昂筆下的人物時常哭泣，但在讀者身上引發氾濫的情緒，並非他的本意。其實，在《阿塔拉》的序言中，他甚至駁斥文學寫作中催淚和渲染感情的積習：

我要加上一點：我的目的並非大肆催淚。在我看來，這是一個危險的錯誤，但是這個錯誤被許多人推舉過，像是伏爾泰先生，讓大家以為能大肆催淚的書就是好書〔…〕一個人讓靈魂備受煎熬，不代表他是個大作家。只有優美的詩篇才能引發真正的眼淚，其中含有多少溫柔，就含有多少哀愁。[20]

* 在《阿塔拉》中，夏克塔斯因為一場部落衝突失去父親。他出逃到佛州，成為一名西班牙人的養子。數年後，他在返鄉途中被敵人的部落俘虜。夏克塔斯被一名印第安與白人混血的女孩阿塔拉解救，逃出敵人的部落。在旅途中，夏克塔斯發現阿塔拉的生父是自己的養父，然後遇到一名神父的接待留宿，受到愛情和宗教的感動。夏克塔斯和阿塔拉相戀，但阿塔拉曾經許下獨身的誓言不能婚嫁，最後服毒而死。

† 在《阿塔拉》中，夏克塔斯因為阿塔拉的緣故皈依基督教，所以宗教情懷在故事中的地位不容小覷，讓塵世浮生和基督教義中的後世及永恆形成對比。

夏多布里昂這席話，抬高了美學情感的地位。而且，崇「美」（le Beau）而發的淚水之於十八世紀劇場觀眾席的喝采，或是同世紀暢銷作家與讀者群之間的關係，都不一樣，就像有教養的品味和多愁善感或催淚需求有所不同。當時極具代表性的文學批評聖博夫（Sainte-Beuve）曾這樣描述過夏多布里昂：夏多布里昂如果興致來了，會不顧自己的名聲，宣稱自己哭泣的理由除了仰慕之外，別無其他。[21]如果要找到更妥帖的說法，不妨參考下列表述：

只有眼淚才能潤濕七弦琴的琴弦，並讓琴韻雋永。繆思是天仙神女，永遠不會讓愁苦的醜態扭曲音容，假使她們哭泣，那必定是出自美化自己的祕密心機。[22]

夏多布里昂對仰慕之淚的嘉許，並非前無古人。這個態度跟十八世紀推崇布魯特斯手刃凱撒的英雄主義互相吻合。在那時候，一則故事動人程度的深淺，取決於沙龍聽眾的流淚情形；一部悲劇的演出價值，取決於觀眾席哭泣的場景。*然而，為了要在情緒上攪亂一池春水，說故事的藝術無法跟故事的內容壁壘分明，劇作家本人好像也很難跟他描繪的品德愛憎切割乾淨。話雖如此，人們在此時把最高的敬意留給藝術本身，而非藝術表現出來的英雄佳人。也就是說，最珍貴的眼淚，是獻給繆思的眼淚。這些態度的丕變，顯現一股在十九世紀逐漸成形的新潮流：人帶著對藝術的仰慕和愛而哭。

夏多布里昂將這股潮流跟另一個觀念合而為一，也就是藝術家個體命運的神聖化，他結合兩者的手勢花俏，近乎忸怩作態，形成和拜朗胥的深沉內斂最大的不同。我們都知道夏多布里昂多愛在《墓外回憶錄》（*Mémoires d'Outre-Tombe*）展現孤獨的感受。[23]他在聖馬洛[†]臨海的礁石選好了走位的布景：

> 魂牽夢縈之際，如果海風替我捎來啟航船隻的砲聲，我會顫抖，眼眶泛淚。[24]

如果夏多布里昂偶爾沉湎於眼淚語彙的戲劇性，跟著氾濫的情緒隨波逐流，他開展的情緒通常威風凜凜，講的是光榮功勳。他這麼做的目的，是要揮灑天才（Génie）的情感跨度，和他的親身經歷有關，也是他透過書寫卻顧所來徑的方式。就算夏多布里昂對中庸之道不屑一顧，

* 某些讀者可能會覺得此處的立論跟前一段的說詞矛盾，既然十九世紀初對眼淚的解讀要跟十八世紀劇場切割，怎麼又跟十八世紀沙龍閱讀和悲劇演出有類比關係？可行的解釋方式是，前一段指的「十八世紀劇場」講的是大眾取向的感傷劇情，而沙龍閱讀和悲劇則屬於教養層次較高的涉獵和娛樂，有階級和受眾族群的細微差異。以古代歷史（如古羅馬）為題材的戲劇，屬於後者，具有一定的教育門檻才能聆賞。

† 聖馬洛（Saint-Malô）是法國西北布列塔尼的臨海城市，舊時是重要海港，許多航海探險（包括美加）的船隻從這座城市啟航。夏多布里昂出生於此。

他和瑟儂古的雷同之處，在於他們書寫的感性，都不是等閒之輩能領會的。

只要慷慨的激情源自藝術家的靈魂，就算這份激情一經吐露，便和講究中庸收斂的道理互相抵制，它還是可以與之共處。於是，浪漫主義狂飆的激情，諸如暗處壁龕流下的洶湧淚水、獨哭斷腸的蕭索，或面對大自然風起雲湧的激動呼應，在諾爾貝．伊里亞斯看來，都必須仰賴自我克制，才可能對比出意義。這跟先前中產階級劇場的感性美學相比，內化的程度更加深入。如果沒有這份見解，就一頭栽入文獻的分析，便會出現這樣的狀況：人們時不時得接受表面上看起來兩相矛盾的價值，才能好好觀察現象，歸納出個結論。兩相矛盾的原因是，其實引發眼淚的慷慨激情和收斂眼淚的中庸法則，兩者來自相同的運動，衍生自相同的想像體系，這個體系重新界定了親密關係和「公眾」的意涵。

在某種程度上，十九世紀前半葉的文學活動，看起來像是跟中產階級的生活方式唱反調，有時甚至擺明了用「恐布爾喬亞」（bourgeoisophobe）的宣示來自我妝點。文學因為對自我克制和虛偽的親切產生反感，所以揮灑激情，同時也涵蓋對人格的肯定。於是，私密的淚水和個人煎熬，透過出版公諸於世，纏綿繾曲占據私人聚會、沙龍、咖啡館與劇場的話題版面，又經過書刊的印行廣為流傳，在鄉下小鎮和中產階級的家庭裡引發公憤，招致不接納的指指點點，參與了整場肯定個人情感的運動。

藝術家的困擾和心靈危機，透過出版，跨越了「私領域生活的門牆」——這個說法是貴族外交家達烈宏（Talleyrand）根據作家斯湯達爾發明的——以非常特殊的方式追尋個體的親密性。當然，這還是仰賴個體必須有卓爾不群之處，而且也有意願透過札記信件展現他或她的主觀世界。而這樣的書寫風格，在十九世紀初蔚為風潮。有時，作家透過對周遭的世界宣戰，將個體與社會的關係變成寫作關注的主要議題之一，同時反映新的社會對立模式。讀者不必像浪漫主義詩人一般生活，卻可透過閱讀，見證個人精神世界的喜憂苦樂。作家一旦掌握了閱讀的曝光度，便能進一步推廣這樣的群我關係，來往於不為人知的私密生活，和內在世界的幽微祕密之間，一窺個體內心真正的樣態。於是，對某些人來說，隱匿的事物不斷地伺機浮現，好像為了要替新的議題開拓存在的空間，就要持續不輟地書寫它。

溫柔淚水的憧憬，以及感性交流的遺緒

我們可以發現一件有趣的事情，先前針對十八世紀勾勒出的感性交流模式，在進入十九世紀時，開始以平行甚至是地下化的方式運作。一旦踏出了決意和啟蒙風格斷絕關係的作家圈，那些至今默默無名的作家，似乎在啟蒙時代的遺緒中找到適恰的表達管道，描寫他們的憧憬和心靈世界。

如果我們去讀亞格利科・佩迪伽（Agricol Perdiguier）的《回憶錄》（*Mémoires*），其中關於

工業時代早期工匠的描寫，展現了盧梭的精神典範如何長存世間。當亞格利科獨自面向大海，他經歷了美妙的主觀感受：

> 我被吸了進去！〔……〕我再也不是血肉之軀，只剩思想，只剩感覺。我的心大受感動，靈魂在大化之中迴盪，旋轉。我的淚水奪眶而出，我哭了。但這是為什麼呢？我既悲傷又歡喜，備受煎熬，卻又陶醉於煎熬之中，不能自己，好像嚐到天上人間的滋味，淪肌浹髓。我的快樂無以度量，無以名狀。[25]

當言語對描摹靈魂激盪的狀態一籌莫展，只剩下眼淚可以抒發當下的感受，因為眼淚將活著感受到的憂樂雜揉在一起，將存在感帶來的痛苦與愉悅兩相結合，又同時描寫工匠身體的不支和自我陶醉，讓佩迪伽光回憶起來，就重現當下的感動。這樣的自我發現擺盪於悲傷和歡喜之間，感情的抒發於是打開了自我的內心場景，也呼應盧梭淚痕猶新的狂喜，或是利涅親王獨行時盪氣迴腸的體驗。[*]人們在描寫獨行的心得時，有時會加入人心善良的感悟，這些感悟同時會讓人留下溫柔的淚水。佩迪伽描寫過一幅動人的情景，綻放出善良和慷慨的光輝。有次，他在海上航行，同船的裁縫向大家表示他付不出旅費。鑑於船家不肯通融，一個賣柳橙的水果商人替倒霉的裁縫支付旅費：

船家見狀，發覺自己心軟了下來，好像有些什麼揚了起來，散發高貴的氣質。船家向出手代繳旅費的年輕人說：「錢你留著吧！你沒有餘裕這麼做。」我看了深受感動，熱淚盈眶。整艘船瀰漫著一種滿足，好像所有的靈魂都靠得更近了，找到一種契合。看哪！如果我們願意，這個世界會變得多快樂美妙！[26]

這個舉動展現出的人道精神，讓在場旁觀的人無不流下感動的淚水，別具凝聚力的暖心善行，也呼應十八世紀文學戲劇中常見的助人劇情，讓佩迪伽夢想一個更好的世界，脫離「人不為己，天誅地滅」的囿限。他盼望普世的和解，但其實他這樣寫作的真正原因，是因為不想見到兄弟會的成員反目成仇，為此他曾經十分痛心。法國工匠協會（Compagnons du Devoir）曾和個體戶工匠發生衝突，導致一個名叫波塞宏（Beauceron）的人喪命，這件事讓佩迪伽非常難過。佩迪伽這樣寫道：

曾經有個叫做波塞宏的人，他前一秒還在想著媽媽，替未來的發展打著如意算盤，但鮮血從他的傷口汩汩流出。見到此情此景，我說不出有多驚愕。我的眼眶和心中漲滿淚

* 參見第二章。

> 水，鮮血和屍體深深烙印在我腦海中。[27]

波賽宏荒謬的橫死，讓佩迪伽深受衝擊，讓眼睛和內心都淌著淚水。他也因此矢志要讓鬩牆的兄弟握手言和。

在佩迪伽的作品中，另一個值得注意的特徵是他的政治情感。他曾經把一片來自聖赫勒納島的柳葉分享給一個旅館主人，那片柳葉曾經庇蔭拿破崙的陵墓：

> 瞧那旅館主人開心的，都要飛上天了！他親吻了那個獨一無二的遺物一百次，帶著歡喜和溫馨哭泣。他感動得不能自己，我和他共享那份雀躍。[28]

到了法國的復辟時期（la Restauration），民間的拿破崙崇拜似乎時常讓人感動落淚。在這個語境之中，分享情緒別具政治意涵。佩迪伽喜歡展現他如何容易受到感動，他想讓人知道自己的眼淚帶著雀躍的動能。他在著作的尾聲敘述自己回到出生村莊的情景。對一個旅居各地的工匠而言，回歸格外重要，也因為這樣，佩迪伽在這裡捍衛眼淚的價值：

> 那天多麼的好！那天有著喜極而泣的淚水。因為觸景生情，眼淚便冒了出來，奪眶而

出，沾濕了稿紙。最為深沉的大悲大喜有著同樣的抒發方式，有著同樣的語言——是眼淚！是眼淚！[29]

歸鄉觸發的回憶帶著各種大悲大喜，讓佩迪伽泣涕如雨，流下的眼淚浸濕了書寫回憶錄的稿紙。

另外，經過文學批評和哲學家賈克・洪席耶（Jacques Rancière）的分析，我們有機會見到一群懷有豐富憧憬的勞工夢想家（ouvrier rêveurs），他們的抱負時常讓人想到年輕時的盧梭。盧梭原先是個來自日內瓦的小學徒，後來成為文人。我們也能找到作家芬內隆的影子，芬內隆代表了十七世紀書寫眼淚的感性典範，到十九世紀仍保有一定的影響力。十九世紀初的教育家約瑟夫・賈柯多（Joseph Jacotot）做為「知性解放」（émancipation intellectuelle）觀念的創始者，曾經說無產階級的勞工「只要對自己存在的尊嚴有所覺察，都應該向《忒勒馬科斯歷險記》學習*，接觸凱呂普娑（Calypso）的悲嘆，裡面蘊涵學習一切和表達一切的祕密。」[30]

* 雖然此處引述的《忒勒馬科斯歷險記》可能是十七世紀的改編作品，但古希臘的荷馬史詩之所以被認為有推廣教育和培養個體意識的價值，是因為《奧德賽》的同名主角奧德賽在特洛伊戰爭結束後，接著踏上漂泊十年的歸途，被視為個體汲取人生經驗，見識風浪，並把說故事琢磨成人生藝術的典範。荷馬史詩做為西方文化經典，因為語言門檻和文化傳統廣博的緣故，長期以來是菁英養成的必備教材，在此被提倡為無產階級解放的教材，值得注意。

這之所以重要，是因為如果一個人要重新掌握自己存在的意義和方向，必須先找到言詞表達和書寫的管道，養成自我學習的能力，才能獲得解放。勞工如果學習了這套知識和技巧，便能訴說自身的坎坷遭遇，並期望得到共鳴，分享甜蜜的淚水。如此一來，敘述與傾聽經驗引發的淚水，蘊含痛苦，也會帶來愉悅。這是為何家具木匠布瓦西（Boissy）鼓勵他的兄弟要從「篳路藍縷的艱辛淚水」出發，走向「我們享受的淚水」，因為這樣的境界表彰人性有愛，向未來投射快樂的承諾（promesse du bonheur）。[*31]十九世紀前半葉的政治與經濟理論家聖西蒙（Henri de Saint Simon）認為，工業化和科學進步的社會為了保持活力，必須找到新的組織架構。他的思想引發的追隨者形成了聖西蒙派，成員被稱為「聖西蒙派分子」（saint-simoniens）。他們對無產階級形成一股吸引力，讓勞工書寫的自白與信件，含有豐富的眼淚意象，衍生自他們的愁苦遭遇。一個名叫吉雍（Gilland）的人曾這樣寫道：「你問我現在過著什麼樣的生活，就是這樣過，總是這樣。此時，殘酷的自我追求和反求諸己使我哭泣。原諒我幼稚的虛榮心，但打鐵好像不是我的職志。」[32]這裡的自我追求，說的可不是浪漫主義式的悔悟，而是工匠對技藝與職業受到剝奪的覺察。要表述這樣的感受，並不容易，若要講出來，也很難不沾上虛榮的色彩。

吉雍在一篇題為《不被理解的人》（*L'Incompris*）的短篇故事中，寫下一個孩子懷抱詩興，但卻因為待在工作坊艱辛難熬，感到傷心：「晚上，我累到沒有睡意，我因為幻想破滅而哭，就像遭到放逐的人為家鄉的太陽而哭。」[33]故事的主人翁是個寫作的鎖匠，覺得自己的人生彷彿遭到放逐，貶謫到無產階級的生活，牢牢綁死在工作檯，但他又憧憬揮灑靈魂和精神的生活，因此悲從中來，熱淚盈眶。高尼（Gauny）便曾評論，這才是真正的痛苦，「來自民間百工，日復一日，在工作坊的苦勞艱困中討生活，精神和肉體受到金錢財務的摧折，被漫長的工時、工作的乏味與瘋忙折騰得不成人形。」不管浪漫主義的訴求有多美，如何替眼淚增添光澤，高尼壓根不相信浪漫主義文學的眼淚：「查爾德．哈洛[†]、奧伯曼、熱內，承認你們的煎熬其實香氣四溢吧！回答我：在那些漂漂亮亮的憂鬱裡，你們是不是根本逍遙得很？」[34]上述的人物都是名門子弟，享有自由的精神生活，不受勞動生產結構的囿限，承受身體與精神嚮往的拉扯，因此能從事藝術創作。即便如此，他們未必能時時取得讀者的認同和共鳴，尤其是那群親身經歷靈肉放逐的人。也因為如此，我們更能理解為何這些工匠重啟盧梭的抒情典範，以便描摹生活遭到連根拔起，以及憧憬文藝的渴望。就算浪漫主義的運動和他們同處一個歷史時代，他們卻對浪漫主義的痛苦冷感或反感。

* 「美是快樂的承諾」（La beauté est une promesse de bonheur）是十九世紀作家斯湯達爾的名言，典出一八二二年的《論愛》（*De l'amour*）。

† 查爾德．哈洛（Childe Harold）是英國詩人拜倫（Byron）的成名遊記敘事詩主角，出自《查爾德．哈洛的朝聖之旅》（*Childe Harold's Pilgrimage*）。查爾德．哈洛、奧伯曼與熱內都出自較高的社會階級，甚至家世顯赫，與此處關注的無產階級形成階級的緊張關係。

當百工匠人接觸聖西蒙學派的信條，並且大受感動，彷彿替有志難伸的人生苦澀找到了答案。巴桑（Bazin）接觸到聖西蒙學說時，起初帶著玩世不恭和一絲好奇，「驚詫的同時，恰好眼眶溢出淚珠」。他為了替自己辯解，虧自己「一時心軟」，並覺得那些推廣的講者「都是些學究，但都是些偽君子」。[35] 不過他最後還是心服口服，並且得到愉快的聽講體驗。[36] 聽講的勞工之所以會有這樣的態度，是因為在採信提倡社會主義的學者，並接受新的社會共處模式之前，他們既期待獲得感動的甜美淚水，又害怕受傷害。懷有社會博愛的言論闡述的，其實就是對情緒感動的渴望，以及想要交流淚水與知識的態度。著名的科學家與政治家哈斯拜*在描寫醫生如何積極參與社會運動並走向人民時，說這群醫生除了傳播知識，也引發「激賞認同的淚水，比喜悅的淚水還要甜美」。[37] 融洽的社會氣氛，就此成為無產階級和中產階級交會時的潤滑劑。

在這些友愛的交流中，人們滿臉淚痕地沉浸於聖西蒙社會理論的和睦關係，我們應該同意洪席耶的解讀，認為這樣的社會形態促成了「一種人民的物理運動，帶著人道主義的波長與流體動態」嗎？[38]

十九世紀前半葉的勞工講述著另一種疾苦坎坷，也就是工作造成的自我放逐，對眼淚交流的憧憬和未來快樂的承諾，以及這些問題被看見、傾聽、分享之後形成的理想交會與感觸。他們深受人本和天賦的慈悲心這些觀念的影響，反映出啟蒙時代的傳承（尤其是法國大革命的流淚行為模式，以及公眾空間的感性溝通模式），這和浪漫主義發展出來的內心煎熬涇渭分明。

男人與女人：新的親密關係

斯湯達爾、班傑明・康斯坦和傑爾曼・斯戴爾（Germaine de Staël，即斯戴爾夫人）寫作的時代和新天主教痛苦主義的作者相同。雖然他們對啟蒙時代的哲學自有一番見解，也從中汲取智慧，但並沒有強烈反彈啟蒙時代的哲學傳承。在法國大革命的時候，傑爾曼・德・斯戴爾站在父親的身旁哭泣。斯湯達爾年紀輕輕，卻是個早熟的共和主義者，會忘情到哭喊「不自由，毋寧死」（Vivre libre ou mourir）這類的口號。在小說和札記中，他們鮮少駁斥十八世紀的感性，和當時淚眼汪汪表現快樂和感動的方式。也就是說，他們的表述方式不再是鏗鏘清楚的宣言，讓我們需要用更謹慎的態度，去觀察表達情緒的方式和符號如何變遷。在這個時候，變遷發生的形式非常細微。這是為什麼我們需要搜羅自傳或小說的敘事，去觀察特定的事態或劇情如何上演，尤其要注意作家在處理公私領域問題、男女性別角色時，採用什麼樣的新手法來呈現眼淚。在我看來，這時的眼淚書寫最大的特徵，不在於蓄意和舊有的感性典範切割，而是引入新

---

* 弗蘭索瓦文森・哈斯拜（François-Vincent Raspail, 1794-1878），法國化學家和社會主義政治家。哈斯拜主要的主要科學貢獻在於細胞理論的創建。他是燒炭黨（Carbonari）和兄弟會成員，曾在一八四八年參選法國第二共和總統，排名第四，輸給拿破崙三世。巴黎有哈斯拜大道（Boulevard Raspail）和同名地鐵站紀念此人的成就和貢獻。

的寫作技巧，營造細膩的差異。讀取眼淚變成一個關鍵的議題，因為它變得不是那麼淺顯，而且容許多樣的詮釋可能性。在這時的文獻中，分享眼淚的方式，並非透過一個讀者觀眾可以立即獲得享受的聆賞場合，而是要透過一層一層的觀察和解碼，在不同意義之間穿梭擺盪。經過這樣的發展，人們在讀取眼淚的時候，還要穿透在當時頗為嚴明的行為規範，也就是要人在儀態舉止上收斂克制。所以，讀取眼淚也是他者行為的解讀。

此時，新文類和新的書寫類型諸如札記受到發展，也讓眼淚的問題更加複雜。在法國大革命之後的時代，札記的書寫格外具有代表性，因為札記透過各種哭泣方式的描述，展現觀看自我與他人的嶄新方式。眼淚的文字分析對象包括作者本人或和作者相處的人，發生在一天之中比較私密或具有個人意義的時刻，或是在札記裡成為解讀他人心態的段落，讓分析的內容耐人尋味。另外，寫札記的習慣也彰顯了重要的多重關係，牽涉私生活、作者的親密關係和透過文字的自我表達（l'écriture sur soi）。這些關係在十九世紀都歷經了顯著的轉變。如此的關係網絡也牽涉對他人的觀看，以及被他人眼光檢視的意識。[39]

至於在自傳寫作的範疇，由於自傳寫作常常築起一層層彰顯或修改的濾網，讓人難以找到方向感。例如當斯湯達爾長居米蘭時，因為仰慕義大利文化，整個夏天都能在當地的沙龍聽人們用米蘭方言交談，讓他十分享受。又加上他有個心儀的女子名叫梅遜德，他朝思暮想，呼吸吐納都是「對梅遜德的意思」，讓當時的他一回到（他稱為）可愛的房間修稿，便會「就著《論愛》的稿子熱淚盈眶」。這件事有很多層次可以討論。根據他的說法，他說在書房獨自流下的淚水之所以帶來愉悅，原因來自單戀的哀愁，也來自替新書《論愛》修稿。為什麼他要在另一本著作《自私回憶錄》（*Souvenirs d'égotisme*）描述這件事呢？作家濕潤的眼眶模糊了各種文類的寫作（散文與自傳），將回憶與人生互相融合，讓不同的文本、回憶與人生形成精彩的多層結構*，讓不同層次的內容互相指涉，不讓眼淚的意涵流於形式。這就好像在玩文本的捉迷藏，讓文字產生多重的觀點。

察言觀色，觀察自我

文學批評傑哈．熱奈特（Gérard Genette）在談論斯湯達爾小說中的戀人如何打暗號傳情時†曾經說：「斯湯達爾式的戀愛意趣橫生，在眾多的意象中，首先是一套交換符號的系統〔…〕

* 此處「多層結構」原文為 palimpseste，原意為羊皮紙。由於古時製紙不易，重複使用羊皮紙的時候，要先擦去舊有的內容，並寫上新的，但舊的內容會因為擦拭不完全而在字裡行間透露出來，形成多重圖層的視覺效果。在文學批評中，「羊皮紙」（palimpseste）被當成一種多層結構的譬喻，賦予同一個媒介多合一的層次。

† 打暗號的戀人指的是《帕爾馬修道院》（*La Chartreuse de Parme*）的情節，主角法布里斯（Fabrice）受到監禁時，曾透過牢房窗口和典獄長的女兒克萊莉亞眉目傳情，並私下傳訊息。另一個情節是法布里斯的姑媽試圖營救他，在外打信號互通消息。

也就是說，情感幾乎是出於根深柢固的迷信，自然而然要牽涉一種密碼學。」[40]在日記裡，斯湯達爾日復一日地記載他心儀的女子眼角何時透露眼淚的蛛絲馬跡。哪怕是一個藏住眼淚的小動作、輕拭淚水的匆匆一抬手、紅眼或甚至是「似曾哭過」的表情，[41]都表示他的愛得到了回報。但這些信號既複雜又薄弱，無法讓他放心相信對方的意思千真萬確。也許，這就是驅使他鉅細靡遺地記錄各種曖昧景象的原因之一，好比以下的例子：「要走之前，她好像軟化了。她甚至眼角噙著淚水，但我根本不相信她是認真的，也不相信那些淚水是為我而流的。」[42]這些眼淚的蹤跡引發兩個問題，也就是眼淚是否真誠，以及流淚的對象是誰。他不知道該做何感想，所以他各式各樣的推敲與詮釋，變成他的札記內容。有個他在札記中稱為帕爾菲夫人（Mme Palfy）的女子和他在一起的時候眼眶泛紅，又會在做勞作時躲起來，或告辭暫離，暗自哭泣。斯湯達爾熱切追尋愛的信號，但同時故作鎮定，也會偽裝，像是藉故和孩子玩遊戲，以利監視心儀的女子，蒐羅「快樂的眼淚」。[43]他搜索的淚水具有不凡的價值，不但顯示情場局勢對他有利，也是愛情如假包換的證明。

但是，女人能玩弄狡詐的淚水，梨花就算帶淚，芳心未必真誠。關於這點，斯湯達爾並非渾然不覺。他在二十歲左右愛慕一個名叫梅蘭妮（Mélanie）的年輕女演員，梅蘭妮便會在表現情感時耍手段。「她確實被我的溫柔打動了，不過，有件事我想稍微責備一下——但是，哪個女人不是有那麼幾分心機呢？她被打動歸被打動，說起她爸爸的時候，明明眼眶乾燥，還提起手要擦。」[44]梅蘭妮假裝的手勢無法讓斯湯達爾開心，也抹煞了眼淚可能產生的效果。問題不在於這會讓斯湯達爾質疑梅蘭妮的心意，而是矯揉造作並不自然，也讓心意流於泛泛。但如果女人的心機不是操作常人認知中的勾引伎倆，那又會是什麼呢？有天，斯湯達爾告訴梅蘭妮他願意為了她放棄一切，這席話讓她感動涕零：

> 她別過頭，面向窗外良久，不讓我見到落淚的面影。接著，她請我把她的手帕遞過去。手帕不在房裡，我便去客廳裡找，只是客廳裡的人漸漸多了。我不敢擅自擦去那些動人的眼淚，我錯在看見的第一眼。但也許在懂得諒解的人眼中，我的決定是對的。[45]

這個房內的分鏡非常精彩，讓斯湯達爾心神蕩漾，因為他怕打斷梅蘭妮楚楚動人的哭泣，所以克制自己不要去擦乾她的眼淚。有鑑於此，他將自己跟那些被稱為「躁進」（de caractère forward）的人區分開來，只要有機會接近女人，躁進的人都不會放過。常見的男性論述是，梨花帶淚的女子就像成熟的果實，等待摘採，這點他心知肚明。但斯湯達爾偏好享受在自己的感性世界裡，女人的吸引力和愛情帶來的諒解使他陶醉，而這些都來自淚水的芭蕾舞。他持續在接下來的札記中推敲梅蘭妮的心意，這件事在接下來的內容中愈發重要：

她哭得很頻繁。但這些淚水顯然來自她的笑靨，因為看見了使她高興的人事物。她因為覺得我人很好，所以哭了。她別過頭哭，我跟她說了一會兒話，直到她叫我幫她拿手帕。她的靈魂就好比發生液化現象，在這個現象中跨越到分界，就像騎士德格魯聽見曼儂跟他說起她在紐奧良的小屋時的感受一樣。

透過梅蘭妮的淚水，斯湯達爾的思緒深陷在她的靈魂世界，令人不可思議。她哭成一個淚人兒，好像連帶整個存在都要化成水。只有憶起文學作品能在這裡引起作用，普列沃斯的小說是斯湯達爾仰慕的典範，讓人瞭解靈魂在人生中有著的美麗和寬慰。為了描寫梅蘭妮梨花帶淚的神采如何讓自己神魂顛倒，唯有向十八世紀的文本汲取養分，斯湯達爾才能找到表述感受的方式。

在這段札記中，眼淚做為受到引頸企盼的信號，帶來諸多困擾和驚嘆，來自微笑後的喜極而泣，好像純粹的喜悅突然閃現，帶來驚喜。斯湯達爾在《論愛》裡曾說，眼淚是笑靨的極致。[46]而《論愛》極為重要的觀念「結晶」（crystallisation）也和這個觀念息息相關。

不管是在大自然還是藝術品之中，見到絕美的事物都會令人想起愛戀的人，剎那之間就會想到。這就像薩爾斯堡鹽礦*的結晶原理一樣，凡是美與崇高的事物，都和我們所愛的人具有的美有共同之處，在瞬間發現這些共通點，讓人熱淚盈眶。這也是為何對美之愛和愛本身相輔相成。47

於是，解讀愛情的信號在斯湯達爾的愛情觀之中，成為美學的追尋。

斯湯達爾和同時代的人共享對美的喜愛，這一點他算是箇中奇葩，因為他不會放大苦痛和悲傷的淚水，反而去追尋快樂的眼淚。在這一點上，十八世紀的文人寫下的作品，會是斯湯達爾的理想藏書。他從十八世紀文學汲取的泉源，包括表現感性的方式，但他同時用自己的方式，重新詮釋了兩個啟蒙時代的觀念，也就是快樂和自然。他追求快樂，尋覓純真（le naturel）。驚喜帶來喜極而泣的眼淚，而驚喜的發生時機十分脆弱，是對美的愛和愛情兩者的交匯。而斯湯達爾對惺惺作態的厭惡，讓他在苦苦尋覓一片真心時，抱持極為嚴苛的標準。

斯湯達爾深受觀念學派中心思想的影響，筆記詳加記載他對觀念學派思想家諸如德斯特・德特拉西、皮內爾（Philippe Pinel）以及卡巴尼（Georges Cabanis）的見解，讓他發展出敏銳的

* 斯湯達爾曾經造訪薩爾斯堡附近的古老鹽礦產區（la mine de Salzbourg），在礦坑地道中參觀鹽晶如何增生和形成剔透的結晶。這個現象成為《論愛》一書中關於愛情的比喻。

觀察力。藉由這些思想家的著作，他建構出如何觀察和描摹情感的寫作觀念。[*]因此，他觀察女人的方式也和其他人有所不同。有一次，他在沙龍待了一天，在書中寫道：「是我的話，我總是會回到物理的法則上。神經的液體流過男性的大腦和女性的心臟，因此後者比較敏感。」[48]女人的善感讓他頗為困擾，於是他訴諸當時的醫學理論，將困擾置入自然現象的框架內。當時，人們剛發現電流的效應不久，醫生便將關於電的知識應用到人體上面，發展出「精神液體」的觀念，和電磁效應有相似之處。做為一個醫生，卡巴尼認為感性在作用時，就像一份數量維持不變的液體，在身體的管道系統中起伏流動，並在進入身體中樞時流量下降。[49]而當時的精神醫師（aliénistes）則認為大腦是智力和情感的樞紐，但一個人脾氣的靜躁，卻是腸胃系統的管轄範圍。這套觀念其實反駁有機體說（organicisme）對瘋狂的認知，因為有機體說認為大腦受損會導致瘋狂（folie）。而這套觀念也才能解釋為什麼發瘋的人脾氣陰晴不定，但理智清楚，卻又對原本應該親近的人冷淡以對。只有在和原先親近的人重逢，而且感動落淚，發瘋的人才能回歸正常。[50]這是為什麼如果要解決生理問題，有時候可以借助情感的方式，「喜悅、哀傷和所有會引發哭泣的情緒，在精神失常中至關重要」，精神醫師艾斯奇洛曾這樣說。[†]但是，斯湯達爾在這些出名的物理法則上添加了性別差異，也就是以男性的大腦和女性的內心來區分個體脾氣的差異，但當時的精神醫師認為腸胃才是情緒衝動作用的發生地。斯湯達爾將性別化的身體，想像成兩兩不同的情緒地景，將自己和女性做出區隔。他運用譬喻將心臟視為女人感性流動的所在，從而轉化了他所依據的基本觀念的理論。

斯湯達爾除了是女性心靈液體的探索者，以及沙龍女子的觀察者之外，也對女人的洞察力讚嘆不已，尤其是當她們緊扣某些關鍵的細節，展現出其不意的聰明，使他眼睛一亮。可是，他轉瞬又失望了，因為「她們容許自己因為一件大不了的事情感動落淚」。[51]於是，斯湯達爾眼中的女人雖然一方面具有洞察力和品味，令人刮目相看，但她們的善感易哭讓他無法恭維。一個女人如果愛好美的事物，會在表現感性時具備更高的複雜度。但整體來說，女人的心機和多愁善感，讓她們的眼淚縱使風情萬種，仍因為受到生理結構的宰制而流於庸俗。因此，人們會用精神醫師描述精神病患的方式描述女人：儘管女人也講道理，但還是受到情感的牽制，就像瘋人被瘋人的激情束縛。由此，我們也能見到斯湯達爾如何透過札記中來源廣泛的論述和參考體系，建構出別出心裁的感情觀。在書寫女人時，他的視角從察言觀色的情人走向診療的醫

---

* 十九世紀作家如巴爾札克（Balzac）和斯湯達爾（Stendhal）之所以認為寫作可以透過角色塑造、心理分析和各方面的描寫，建構出關於人的知識（science de l'homme），很大一部分來自觀念學派思想的影響。詳見 Claire Barel-Moisan, 'Balzac, Stendhal, les Idéologues et les sciences', *Le moment idéologique: Littérature et sciences de l'homme*, ed. by Yves Citton and Lise Dumasy (Lyon: ENS Éditions, 2013), http://books.openedition.org/enseditions/2567.

† 艾斯奇洛（Jean-Étienne Dominique Esquirol, 1772-1840），法國著名精神醫師，巴黎東南郊區夏隆東（Charenton）的精神醫學中心以他命名，附屬精神病院歷史悠久，曾經收治薩德侯爵（Marquis de Sade）。

生，不讓自己完全沉湎於情人梨花帶淚的丰姿。從近到遠，從驚奇的啞口無言到紆尊降貴的俯視，斯湯達爾文字蘊含的意象五花八門。他曾經在札記中說：「有件事值得注意，靈魂好像只有變動的狀態，沒有靜態的內質。哭泣男子的喜悅位在何處？哪裡都不是，這是個狀態。」[52]諸多精神狀態的發現，通常是在獨自品味尋思之時，這些狀態既非善良的本性，亦非品德操守，和十八世紀對眼淚的關注非常不同。這些主觀的時刻、快樂的承諾或甜美的憂鬱，都處於變動狀態，稍縱即逝，無法代表靈魂的品質。流淚的快感不會帶來道德上的改變，而是在轉瞬即逝的片刻裡，帶來曾經活過的感覺。也許就是因為這個緣故，斯湯達爾在札記中觀察和記錄自己，描寫自己曾經有過的情感狀態，彷彿是想要誌記那些可能愛過他的女人。於是，靈魂的變動和釋放出的微弱信號（諸如喜極而泣的罕見淚水）都成為書寫札記的動機，目的是要不斷地嘗試解碼，在既定的生理現實和各式各樣的社交俗套中，發掘一片真心。斯湯達爾想在藝術和人生中找到快樂與純真，而他藉由細讀人際溝通的信號和自我觀察，並實踐在札記的書寫中。

班傑明・康斯坦的不安

班傑明・康斯坦在自傳和札記中，對紅粉佳人的淚水表達過有趣的見解。他對一個名叫夏洛特的女子情有獨鍾，在自傳中將她稱為賽希兒。賽希兒因為前夫「專橫強硬」，所以離了婚。

班傑明．康斯坦見到「梨花帶淚的年輕女子」[53]，便會於心不忍，牽腸掛肚。賽希兒再婚之後，成為班傑明．康斯坦的情人，因為他當時對於是否要娶她躑躅太久，錯失機會。他在貝桑松（Besançon）和她安排了一個幾乎不可能奔赴的約，兩人相見時都很狼狽慌亂：

> 我們的狀態很糟。在顧左右而言他之際，我們原本都強忍淚水，想互相隱瞞，卻察覺淚水不聽使喚，流了出來。突然，賽希兒昏了過去，我怎麼樣都無法使她轉醒。[54]

這些不快來自一些誤會，隱忍的淚水隨著無關緊要的對話而潰堤，讓賽希兒無法承受，所以暈倒。這樣的脆弱讓班傑明．康斯坦感觸良多。在整段戀曲中，可憐的賽希兒（或夏洛特）終日以淚洗面，不只是因為新的丈夫和她所託非人的抉擇，也因為班傑明．康斯坦優柔寡斷。班傑明．康斯坦除了感觸良多，也十分激賞這個哀傷女子的內斂：「她從不抱怨。我看過她哭，但從來沒聽過她怨天尤人。連我最小的心願她都樂於實現，經過長年的犧牲，她變得加倍溫柔，加倍有耐心，而且加倍地遷就。」[55]夏洛特的哭泣沒有聲息，也沒有怨懟。她的文靜屈從和內斂的眼淚，與班傑明．康斯坦的另一個情人斯戴爾夫人形成鮮明的對比。在班傑明．康斯坦一八〇三年三月八日的札記裡，他說：「一幕接著一幕，困擾接踵而至。三天了，傑爾曼還在生氣，對我降下各種指控、淚水和責罵加之於我，我從無所謂到被惹火，又從火氣上頭回到無所謂。」[56]班傑明．康斯坦批判會把事態弄得不好看的女人，因為她們沒有耐心，而且會縱聲大哭，還邊哭邊罵。他的方針是退避三舍，能退得越遠越好，圖個耳根清靜。所以，在一八〇四年八月三日時，他寫道：

和碧昂戴塔（Biondetta）（碧昂戴塔是斯戴爾夫人的綽號之一，取自卡佐特（Cazotte）寫的《戀愛惡魔》（*Diable amoureux*），指的是愛上卡佐特的魔鬼。）一塊兒吃飯。我心情不錯，但她心情不好。她責備我，我一開始非常不耐，但後來轉念一想，其實是我自己舉棋不定。事情過了之後，我們在分別時沒有哭，也沒有吵架。目前，這是我們最平和親近的狀態。[57]

為了規避情人的眼淚，班傑明．康斯坦知趣地求和，所以偃旗息鼓，但結果對兩人關係的進展，也沒有好到哪裡去。

在這兩個女性人物之間，一邊是溫柔遷就的夏洛特，時時哭泣卻不聲不響，另一邊則是傑爾曼，哭罵爭論樣樣來，面對這兩種在戀情中共享的眼淚，班傑明．康斯坦顯得非常抽離。這些哭泣時常讓他不明就裡，有時候情狀悲慘，有時候庸俗日常，讓情人之間的牽扯接受時間和各種遭遇的打磨洗鍊。然而，在家裡或私下哭鬧的女子濫用了眼淚，在男性想像中成為棘手的河東母獅，讓逆來順受的女性典型出落可人。在一八〇六年十月的札記裡，班傑明・康斯坦寫下他對夏洛特的愛如何與斯戴爾夫人的不一樣：

> 她衝動自私，凡事只想到她自己，和夏洛特的文靜、端莊和謙遜一比，落差好大，讓夏洛特珍貴了一千倍。十年來，我受夠了男人婆鐵腕的桎梏，真正有女人味的女人使我陶醉，魂牽夢縈。

這兩幅側寫展現了班傑明・康斯坦夢想中的女人眼淚為何。他並不是那種會因為女人哭泣而感到厭煩的男人，但他受不了帶有權力欲的鬼哭神嚎。他透過反襯寫出哪樣的眼淚切合心意，也畫出了忍受範圍的界線。

不過，班傑明・康斯坦特別容易為斯戴爾夫人的文字而感動落淚，畢竟，他們還是有兩情相悅的時候。他在一八〇四年十月五日的札記裡說：「讀了一段蜜奈特（Minette）關於她父親的書，無法不感動落淚。那些文字具有某種真摯的感性，洗鍊脫俗。」[58]班傑明・康斯坦獨自閱讀一個女人回憶父親的文字，讀到心動流淚。如果那還不是最溫柔的淚水，什麼才是溫柔的淚水？那個女人就是斯戴爾夫人，雖然她對班傑明・康斯坦而言是個困擾，而且他不是沒有分手的念頭，但他還是無法離開她。在斯戴爾夫人的書中，他找到一種赤忱，不矯揉造作，直抒胸臆。那份感動就像斯湯達爾追求的真摯，只有去除矯飾才能讓言詞動人。在這篇哀悼的著作中，斯戴爾夫人表露真情，和她平時讓班傑明．康斯坦受不了的大鳴大放判若兩人。在閱讀這本書而落淚時，班傑明．康斯坦被內克爾先生的逝世觸動，也被內克爾之女的追思感染。這再三顯現斯戴爾夫人的文字藝術蘊藏著她平常不為人知的奧妙之處，也就是動人的赤忱。

對班傑明．康斯坦而言，內克爾之死也觸及他身邊許多人的內心世界。所以，在一八〇四年四月二十六日，有位公爵上門向斯戴爾夫人致哀，班傑明．康斯坦寫道：「昨日跟造訪蜜奈特家的公爵道別。他悲從中來，淚流滿面。他是那種人稱硬漢的人。」接著，他又繼續解釋：

> 拜訪公爵。其實，人們眼中的硬漢往往比外放多情的人還要敏感。他們外表強硬，因為底下包藏著一片真心，讓他們受苦。其他人沒有必要武裝自己，因為他們的感性輕薄隨便。[59]

最顯而易見和位處表象的事物，映照出來的只是無足輕重的單薄感性。而性情中人雖然外表罩著一層鎧甲，被旁人誤以為嚴厲不好相處，其實是在保護飽受摧折的內心，只會在罕見的時刻坦露出來，而悼亡的時刻便是其中之一。

班傑明．康斯坦在談戀愛時，一旦被絕望的感受侵襲，就會哭泣。在這裡，我們能回顧他和茱麗葉・雷加米耶（Juliette Récamier）有過的傷心往事。他對她動了心，在她面前不禁眼淚潰堤。一八一四年九月十七日，他寫道：「和茱麗葉在一起的時候，我無法控制自己。我好像把整個人都倒了出來。抽搐的痛楚，淚水。這對我的人格是多大的損害！這將如何結束？它必須結束。」[60]戀愛帶來的陣痛席捲他整個人，幾乎造成病態的影響，讓他哭到抽搐作痛。同時，就算他為了避免更糟的情況發生，即時離開現場，他還是對這樣的自己和油然而生的情緒反感。接下來的幾天，他行號臥泣，日夜獨處，「滿口譫妄」，他這樣記錄。九月二十七日，他見了茱麗葉，那天的札記說：「面對她，我哭得不成人形。她出於憐憫，有點感動。」[61]但是，他察覺到茱麗葉「對我們的關係頗為介意」，但他「時時失魂落魄」。每天早上起來，他還是以淚洗面。

所以，不只是女人會採取眼淚戰術。班傑明・康斯坦為雷加米耶夫人牽腸掛肚，時時嘆息，思忖著該怎麼做才是上上之策。他在札記中計劃巧妙的戰術，能有這步進展，是因為有情敵出現：

> 德弗邦先生（M. de Forbin）似乎對我取得的進展感到很受傷。但鑑於他在茱麗葉的腳下哭泣，我估計茱麗葉會退一步。我不妨好好當她的支柱，讓她不要不開心，除非有必要讓她受到比較大的痛苦攪擾。但必須牢記，痛苦對她來說，只會起一時的作用，雖然有時候有其必要，但後果常常不堪設想。

所以，男人在女人膝下泣不成聲是有可能發生的，只是他不能濫用這個行為的額度，以免讓女人心生厭倦。班傑明．康斯坦努力控制自己的情緒，以便根據茱麗葉的個性伺機利用情緒，也避免走向濫情。十月四日，他決定想辦法鎮定下來：「我得想辦法靜下來。我禱告過，哭過。禱告其實有安撫效果。噢，慈悲的神呀！謝謝祢。如果可怕的痛苦再度浮現，我會禱告和哭泣到它消散為止。」[62]所以，班傑明．康斯坦儘管被痛苦淹沒，但在禱告中找到了有用的鎮定劑。伴隨整個過程的眼淚像是一種抒發，似乎和先前哭出來的眼淚有所不同。班傑明．康斯坦帶有基督教寂靜主義（quiétiste）色彩的心靈提升，在這裡跟新天主教理論的論述合流。祈禱帶來的痛楚比較溫和，讓祈禱的人「有辦法退一步，並且哭泣」。[63]他甚至還寫了一篇祈禱詞，那篇祈禱詞讓他涕泗流漣。在房間裡進行的宗教實踐，讓他的眼淚性質變得較為溫和，並且讓他接受痛苦。班傑明．康斯坦著手觀察祈禱的療癒作用，因為這是他讓自己靜下來的方式。

班傑明．康斯坦的自傳和札記獨樹一幟。在這些文字之中，什麼樣的行為被肯定、在什麼樣的情境下沉默是金，受到了男女性角色的分別、事實和心機手段的差異、自我包裝與親密關係的影響，而有不同的判準，這些文字也展現了眼淚的價值，如何在不同的情境中轉換。這些參數形成的情感座標，說穿了，其實只是一則個人案例，讓我們更瞭解的，只能說是班傑明．康斯坦的為人和優柔寡斷，算不上有共享價值的觀念。不過在我看來，這些事件牽涉的信號判讀、真相的追尋和深刻的感性表現，加上當事人的莊重矜持或濫情揮灑，標誌著新的問題意識。雖然這些問題意識浮現在個人生活的小宇宙裡，但其實具有廣泛應用的價值。班傑明．康斯坦做為一個自由主義的思想家，以及民主革命後續事件的評論者，同時還是個寫日記的人。在他的小說《阿道夫》（*Adolphe*）裡，激情的牽絆和自由的渴望互相拉扯，形成個體內心疑慮與衝突的漩渦，因為這個緣故，他也能被視為現代小說的濫觴。

《阿道夫》的誤會

小說和札記不同的地方，在於小說發展一套敘事邏輯，敘事者就算踟躕不前，左右擺盪，戲劇張力依舊能夠與日遞增。在班傑明．康斯坦的小說中，阿道夫做為小說的敘事者，害怕男人逃不出女人的如來神掌，於是對愛蓮諾（Elénore）敬而遠之，不管愛蓮諾多麼愛他，為他犧牲了一切，最後仍只得到他造成的痛苦做為回報。在小說第二版的序文中，班傑明．康斯坦將這種行為視為非常標準的男性作為。男人喜歡讓自己看起來比原本還要壞，還要輕浮：

> 這是個愚蠢的教條，災難性的傳統，傳承自垂老世代的虛榮，讓表裡諷刺的意趣變得微不足道。但這麼做能引發刺激感，進而產生吸引力，好像這些刺激能改變事物本身的深度。簡言之，男人聽見和說出來的所有話語，為的都是要在外表築起防禦工事，抵禦他

們還沒流下來的眼淚。[64]

在男人互相討論女人，尤其是當年紀較長的人回憶當年的風花雪月時，都會特別提醒要對女人的眼淚保持警戒。就算聽眾根本還沒有經驗，但這種想法很早便已深植人心。年輕男子在聽取教訓時，遠觀他們可能對他人造成的痛苦，根本不痛不癢。「但在眼淚真的流下時，他們會重拾本性，無視當下所處的環境有多虛偽做作。他們會領悟，為愛受苦是神聖的。」在這裡，將為愛受苦的女子神聖化，導向返璞歸真的合理態度。但這些發生之時，可能為時已晚，因為在和信賴自己的女子分手之際，他一部分的靈魂已遭到擊殺。因此，阿道夫天生感性，只要遇到有人想利用眼淚箝制他的自由，便戒慎恐懼，為人也變得比較強硬。以下的慨嘆，是他後悔用這樣的方式，將人生虛擲在愛蓮諾身上：

> 我表現出最強硬的原則，結果呢，原本一個連一滴眼淚都承受不起的男人，無聲的哀傷使他按捺不住，就算人不在現場，也會因為他造成的困擾而內疚，在武裝起自己之後，言語充滿懷疑，冷酷無情。[65]

故作陽剛的強硬話語，以及見到讓人傷心而被觸動的情感，在敘事者心中激起波瀾，產生矛盾的動作和態度。愛蓮諾在任何方面都無可挑剔，而且非常遷就，並沒有限制阿道夫的意思，但阿道夫卻讓她受盡委屈，心情低落無以排遣，所以快快不樂。他試圖重拾自由，代價是讓這個女人流淚，重獲自由之後，並沒有想像中那樣滿足。

阿道夫的言論充斥陽剛氣概，屢屢出現，愈發傷人，讓愛蓮諾就算有過一陣子平靜和悔悟，又愴然淚下。在關係裡，他覺得愛蓮諾的淚水就像「滾燙的岩漿」，[66]一滴滴流淌在他心頭，讓他頻頻呼痛。在愛蓮諾面前，他雖然很難受但不會哭出來。只有在獨自散步時，他才流下悔恨的淚水。獨自回顧人生，回憶湧上心頭而落淚，似乎是男人常做的事，因為他們害怕親眼見到哭泣的女人，但其實在想起她們的時候，哭的次數和強度不亞於女人。阿道夫內心之所以衝突，是因為他的關係中沒有眼淚促成的溝通。雖然哭泣的愛蓮諾觸動了他，讓他感動和難受，但心中有另一個聲音，讓他對愛蓮諾的淚水不為所動，不要跟著女方的情緒起舞，顯得冷酷無情。那個聲音非常諷刺，不可一世，充滿男子氣概的虛榮。

在十八世紀的小說中，感性之人和狡詐奸惡的浪蕩子黑白分明，但這個角色分界隨著時序推進，漸漸模糊。到了十九世紀，一個人征服女人，始亂終棄，並讓她們獨自飲泣，但同時自己因為讓人傷心難過而飽受摧殘，也因為過程情緒跌宕，無法平靜。阿道夫對哭泣的愛蓮諾深感歉疚，但這份歉疚擠壓到他的感性，比漠然無所謂還要殘酷。最後，愛蓮諾在阿道夫的肩頭泣不成聲，哭到死去。

男女之間沒有共享的情緒語彙，表現情緒的方式和時機選擇充滿分歧，讓關係中的眼淚充滿痛苦。這是因為男人深諳女人對他們能造成多大的影響，所以表現出不屑一顧的樣子，也因為這些分歧帶來傷痛，讓小說中的男性敘事者需要徵召各種層次的語言來消解、代謝與表述。

克制與持重

為了要了解女性小說家是否對情緒表現抱持另類的態度，適合在此將注意力轉向女性的書寫（écriture féminine）。十九世紀初的翹楚，非傑爾曼．斯戴爾莫屬。在此檢視斯戴爾的作品，也能平衡班傑明．康斯坦對她的描寫，因為他對她特別嚴厲，甚至根本討厭這個人。在某種程度上，斯戴爾夫人和班傑明．康斯坦兩人的文字形成一種呼應。斯戴爾夫人只有在年輕時寫過札記，也就是一七八五年那陣子。所以，我們如果想瞭解她賦予感性什麼樣的地位，就要從她的虛構作品下手。在她的小說《柯林或義大利》（*Corinne ou l'Italie*）中，相戀的角色有時會一起哭泣，但因為他們心思細膩，有時會用收斂的方式表達愛意，導致他們時常暗自飲泣。斯戴爾夫人筆下的男性舉止高貴，內斂穩重，把感情藏得比較深，她把這樣的性格寫得特別到位。無論如何，這是柯林遇見奧斯沃．內爾維爾（Oswald Nelvil）對這個蘇格蘭貴族抱持的印象：

她對義大利男人的活潑和諂媚習以為常，但奧斯沃舉手投足帶有的莊重、外在的冷淡和藏不住的內在感性，在她的想像世界中引發更大的漣漪。他從來不會講述自己英勇行善的事蹟，也不會談到傷心的往事，眼眶也不會泛淚，時時刻刻試圖隱藏自己的情緒。[67]

這份含蓄的感性帶著不列顛的英氣，形成一種不慍不火的人格外裝，讓原本只熟識義大利人揮灑外放的柯林*深受感動，甚至有些害怕。如果透過悲憫或仰慕營造催淚場景，較接近十八世紀文學的寫作手法，這樣的態度在這裡失去了它們的展示性和情緒美，因為它們通通被掩飾的意圖遮掉了。奧斯沃要是留下幾滴眼淚，會在他的個人情史中形成重大事件。他鮮少哭泣，但要是他動容，必定是「出於真心」。他傾心於柯林，所以會在獨處時難過落淚：「他的淚水奪眶而出。自從父親過世以來，這是他第一次因為另一種痛苦而落淚。」[68]這裡將男人的眼淚表現得難能可貴，因為它透露出一種情不自禁，而且十分罕見，一出現必是銘感五內。哭泣的次數變成衡量男性角色的方式，在眼淚的符號體系中，陽剛出現感性的時刻變得舉足輕重。

在斯戴爾夫人的小說中，英國男人好像勝過過度外向的義大利人。但如果要論斷哪樣的特

* 歐洲從十八世紀以降，會將南北文化與待人處世的差異和氣候風土連結在一起。例如孟德斯鳩（Montesquieu）在一七四八年的《法意》（*De l'esprit des lois*）中，就曾提出歐洲南北因為氣候風土不同，而形成不同的民情和處世文化。這個觀念有時被稱為「氣候理論」（théorie de climat）。

質最能贏得女人的芳心，還是非常困難。法國女人素來被認為輕佻、水性楊花而且沒定性。而且，她們城府很深，「善用引發情緒的藝術」。譬如，奧斯沃有個名叫多比尼夫人（Mme d'Aubigny）的前任情人，在他離開她之後，有個認識多比尼夫人的法國人，曾經針對多比尼夫人和全體法國女人做出下列結論：「她要是哭了的話，是因為她愛你。但她是會自我安慰的，畢竟她是明理的女人，才不會讓自己不開心，更不會讓人覺得她有揮之不去的愁緒。」[69] 沙龍的輿論能決定一個人該傷心多久。出入社交場所的法國淑媛可以有感性的心靈，但受到虛榮心的驅使，她們想要看起來風姿綽約，因此蓋過失戀的難過。更廣泛地來說，這些女人的行為純粹受到策略支配，但效果有限：

> 也許女人以眼淚之名影響別人，並利用自己的柔弱達成目的，是大錯特錯的作法。當她們不吝於施展眼淚攻勢時，幾乎可以無往不利，至少這是一時的。但到了某種程度，施展情緒的手法會減弱情緒，讓太常出現的眼淚攻勢失效，因為想像力已經冷卻了。[70]

頻繁地對男人施展「以柔克剛」的情緒攻勢，長此以往，會因為時間和習慣的消磨而失效，然後瓦解。所以，女人如果依靠眼淚攻勢，是無法長期掌握主導權的，因為男人太常見到女人哭哭啼啼，只會疲勞倦怠。而在這裡，被認為是女性招牌的眼淚攻勢，和罕見的男兒淚形成對比。眼淚要是量大，便顯得廉價。假設眼淚的效用形成一種經濟體系，那背後必受到嚴格的規範，女性眼淚一旦出現通貨膨脹，會導致她們在情場失勢。

柯林不會耍這些手段和心機，她不是那種濫用眼淚的人。但是，她為自己熱情衝動的性格付出痛苦的代價，因為這些性格特質並不符合當時理想的女性人格。她熱情洋溢，而且還有藝術家的創意，卻怕在奧斯沃眼中出洋相，所以想抑制自己的活潑精力：

她認出了他，叫了出來，縱身上前，抓住他的手，彷彿害怕他會再度逃走。但這些衝動之舉一發生，她馬上臉紅，想起內爾維爾大人（Lord Nelvil，奧斯沃的別稱）的個性為人，又想到自己竟然大剌剌地展現感受，便鬆開了握住奧斯沃的手，另一隻手掩住臉，遮蓋淚水。71

奧斯沃個性內斂，悲從中來時會想要克制情緒，和他一樣，柯林想嘗試按捺住情感，幾乎要背叛自己的熱情。雖然柯林嘗試讓自己不要那麼衝動，到最後還是傷透了心，暗自流下悵然的眼淚，因為奧斯沃聽從亡父留下的建議，娶了名叫露西（Lucile）的英國女孩，露西和奧斯沃的個性比較合。露西吸引奧斯沃的地方，就是她的謙遜和閨秀氣質。這也是為什麼露西意圖遮掩閱讀祈禱詞流下的眼淚，卻沒逃過奧斯沃的眼睛，因為他目不轉睛地觀察她：「他見到那些淚水流了下來，心中充滿柔情和敬意。」[72]由此可見，英國女孩的莊重內斂讓人心生敬意，也會讓柔情油然而生。於是，露西的行為舉止可以被視為理想的典範。但是，事實並非如此，因為過度克制會阻滯伴侶之間的溝通。之後，當奧斯沃跟露西說起科林這個人，露西心裡非常震驚，卻不動聲色：

> 眼淚幾乎準備好要使她窒息了，好像如果她在當下屈從於席捲而來的情緒，這將變成她人生中最動人的時刻。可是，她克制住自己，讓夫婦兩人之間的芥蒂向下扎得更深。[73]

在眼淚的泛濫和過度的防堵之間，女人好像找到平衡。淚水不應該時時受到阻攔，因為在兩個戀人之間，淚水能促成細緻且必要的溝通。策略性的眼淚和衝動躁進一樣，都會讓男人卻步。法式的虛榮浮誇絕對缺乏真摯，但維多利亞時期的克己典範也有其缺陷，更不用說在這裡表現出來的地中海熱情，它使人不舒服。

對想像力豐富如柯林的人而言，與其逼迫靈魂「專注在自我身上」[74]，還不如在孤獨的時候重複啟動痛苦的回憶，「用淚水削弱靈魂」。對我們來說，用淚水緩解情緒的緊張是個熟悉的觀念，但在這裡，它的表述方式頗具新意。這種體液的流動機制，將情感與身體反應連結在一起的內在「經濟」體系*，讓一顆滿載愁緒的心終有一天將流淚宣洩。此時，這樣的機制和經濟體系涵蓋了新的感性樣態，讓收斂自制變成親密關係中脆弱纖細的理想人格。情感——尤其是女人的情感——應該受到抒發，但是淚水的交流經過克制，又不再伴隨親密互動即時發生。也就是說，一個人既要展現感性的心思，卻又不能做出驚世駭俗之舉，要表現情緒感動，又要儀態合宜，不莽撞躁動，若有哭意，便得試圖遮掩，讓淚水顯得更為動人。結果，處處碰壁受限的心靈只能在孤獨中找到解藥，因為孑然一身時，靜躁輕重之別，便蕩然無存。

這些書寫於十九世紀前二十年的日記與小說，展現出各種纖細的心靈層面。在當時的常識中，哭泣仍是極為尋常的行為。不過，當哭泣成為需要細細觀察與剖析的溝通手勢，人們才會注意到它的重要性，以及眼淚價值的變遷。環繞著眼淚的論述表示，要得知一個人真正的心之所向、深刻的感受和超越外在情緒表象的情意，十分困難，因為這些常常都是假裝。追尋情感的真相並沒有讓眼淚的表達變得簡單易懂，而是跟男性與女性的角色分配結合在一起。在女人身上，心機之於收斂，就好比矯飾之於真情。在男人這邊，為了美人心機築起的防禦工事，蔑視以柔克剛的身段，往往導致關係的疏遠，甚至決裂。於是，女人致力於收斂情緒，服膺端莊合宜的行為準則，正中外表冷淡、內心悶騷的男人下懷。適用於男女雙方的原則，似乎指向收

* 此處「經濟」具有譬喻功能，因為法文會說某人事物讓某人花費（coûter）眼淚，讓情緒負擔顯得像是一種花費或債務。

斂持重能扭轉旁人對態度的觀感，彷彿想藏住的情緒比灑出來的還要真實。另外，男女不管是歡喜或煎熬，一個人袒露真情的時機非常稀少，也必須抓準袒露的時機，時時刻刻都要察言觀色和自我覺察。在外表與真心之間，心機與內斂之間，柔弱與剛強之間，外在言談與發出言談的靈魂深處，出現了一道道鴻溝，而且被越掘越深。這些觀念組合兩兩對立，但也受到彼此互動關係的影響。因此，內斂被視為隱藏真情，歸屬於真摯感性的議題。如果一個人要發展這種有節制的態度，就得自我修煉，因為將克制內在化，必須有充分的自我認識。這樣的感情觀有著超越表象的眼界，卻得面對如何互相交流深刻親密心思的困難。這樣的困難讓人在獨處時表現出各種情緒反應，從痛苦煩惱到欣喜若狂都有可能，表現這些反應，能讓靈魂找到慰藉的來源和宣洩的出口。愛情涵蓋了這些情緒作用。追尋真心，與男女對感性態度的差異認知有關，似乎和兩個心靈在交會時互放光亮的目光漸行漸遠。但是，如果發自真心的舉動有損內斂的勻稱，就像過度的自我克制讓溝通窒礙難行，在零作態的狀況下，人們還是需要有所作為，來表述本性、形成交流，基於這些關係網絡，到底該如何談論行為與自處的典範？眼淚的問題環繞在這些矛盾事物的周邊，慢慢描出疑慮、回絕、敬重與憧憬的模糊面貌。

第二章　煎熬的幽微魅力

笑與淚的世代

在浪漫時期裡，接續夏多布里昂的後起之秀，常用淚水歌頌內心的煎熬，並且藉由這個舉動，宣稱他們是屬於同一世代的男男女女。從那個時代起，人們便不斷比較過去與現在的異同，檢視什麼行為曾經可能發生，又有什麼不再可能出現。以詩人繆塞（Alfred de Musset）的成長經歷為例，他孩提時期聽著拿破崙的征戰炮聲，他懷抱的夢想和青年時期實際面臨的大環境*，兩者之間有著巨大的鴻溝，這不是他的眼淚能填補的。面對乏善可陳的時局，他要在兩個

* 繆塞生於拿破崙掌權後期，歷經政局的震盪更迭。一八一五年拿破崙下台之後，法國陸續進入波旁王朝的復辟（Restauration bourbonnienne），接著在一八三〇年爆發七月革命，由七月王朝（Mornarchie de Juillet）統治，改行君主立憲。七月王朝結束於一八四八年的二月革命，被法蘭西第二共和國取代，由拿破崙的姪子路易·拿破崙·波那巴特擔任總統。一八五二年，路易·拿破崙發動政變解散第二共和，接著稱帝，法國進入第二帝國（Seconde Empire）時期。第二帝國在一八七〇年普法戰爭戰敗，遭到終結。在新舊體制的來回擺盪中，繆塞由於出身沒落貴族，感受到巨大的價值衝突。

選項之間作出抉擇：

> 當時形成了兩個陣營，一邊是懷抱崇高卻受盡摧殘的精神，追求無限寬廣的靈魂，他們低頭哭泣，讓自己沉浸在病態的夢境中，除了滄桑苦海上孱弱的水草，其他什麼都看不見。另一邊挺立的是肉身之軀，因為樂觀正向的信念不屈不撓，唯一的煩惱就是數錢。一邊是嗚呼哀哉，另一邊則是哈哈大笑，一邊發自靈魂，另一邊根植身體。[1]

這些人身體弱不禁風，垂著頭，滿腦子充斥癲狂的夢想，嗟嘆沉痛，愁苦流淚，有著靈魂的加持和精神的嚮往。反觀樂觀又唯物的新富階層，個個是腳踏實地的中產階級，堅忍打拚，在開懷大笑時讓人清楚聽見體腔的共鳴。這段文字來自繆塞《一個世紀兒的懺悔》（*La Confession d'un enfant du siècle*），和他的書信一樣，繆塞的創作有許多地方讓讀者聽見時代精神的困擾哭喊，但同時帶著嘲弄、諷刺和一點憤世嫉俗的味道。由這樣的模稜兩可足以見到，浪漫時期的抒情樣態錯綜複雜。

其實，大笑之人和大哭之人中間的隔閡並非滴水不漏。對時局抱持懷疑的人，還是有可能流下甜美婉約的淚水。舉例而言，文學批評聖博夫（Sainte-Beuve）有篇一八四〇年刊載於《兩個世界評論》（*Revue des deux Mondes*）的文章，是評論歐仁・蘇（Eugène Sue）早期的小說創作。

歐仁．蘇早期的創作題材以航海為主，和後期大受歡迎的言情主題形成對比。那篇評論中，有段文字是這樣寫的：

歐仁．蘇的小說寫盡了這十年來上流社會的世代性格，徜徉於精神世界、野心勃勃，又因為世故，對許多事情司空見慣，對於任何事物難以採信。其中，歐仁．蘇的筆法讓人驚嘆，也讓人對這樣的生態感到駭異。這個世代的理想經過系統性的破滅，瀰漫絕對的悲觀，聽慣了花言巧語、社會主義的訴求和宗教的勸世警言，同時又看破年輕民主黨人和土豪賣弄貴族的派頭。攝政派冥頑執著，狂歡者恣意妄為，不需要暖場就直衝高點。種種粗暴環繞細膩心靈的淚水，歐仁．蘇筆下的人物將這些表現得淋漓盡致。[2]

為了描摹同一個世代，繆塞一反聖博夫態度中的兼容並蓄，將階級對立的人物分歧看得更為緊張。布爾喬亞的唯物勢利秉持樂觀精神，因為物質追求有著飽滿的體感，在尋歡作樂時笑得樂呵呵。他們的唯物論透過財富的累積得到實踐，和浪漫主義的精神追求形成反襯，浪漫主義將淚水視為煎熬的印記，同時又渴求絕對的價值，崇尚痛苦、殘病和未竟的夢。不過，在一八三〇年到一八四〇年之間，曾經流行過有趣的價值混合。有一種人抱負遠大又工於心計，既想要大賺一筆，又好像看慣秋月春風、雲淡風輕（他們帶著前車之鑑，態度消極，對事事司空見慣，疲於信賴），提倡民主、理想和社會主義價值，或展現宗教信仰的傾向，卻同時擺出封建貴族的派頭。這樣的人時時準備好尋歡獵豔，看起來一派無所謂的樣子，卻又能在下一秒「流出深情款款的淚水」。無論是在政治立場、宗教議題或情感生活，這些年輕男子在不同的極端之間徘徊擺盪。

這些溢出的眼淚不應該讓我們忘記浪漫時期的感性還有另外一面，也就是欲哭無淚的特殊狀態，以及對這種狀態的描摹。沒有累積一些人生歷練，是很難想像這種乾涸時刻的。催淚的悲情在此揮灑殆盡，陽剛的角色見到先前可能使他落淚的情景時，眼眶保持乾燥。在戈提耶（Théophile Gautier）的小說《莫班小姐》（*Mademoiselle de Maupin*）中，敘事者便曾經這樣宣告：

> 我不會被感動，我心無波瀾。過去，聽聞英雄事蹟會讓我從頭到腳流竄著崇高的戰慄，但現在我無動於衷。這一切看來都顯得有些愚蠢，很難再有什麼波動足以撥弄我的心弦，因為它彈性疲乏。當我見到同輩哭泣，就跟見到下雨並無二致，除非那些淚水特別剔透美麗，有著如畫一般的光澤，或是它們在流下時，經過一張端麗的臉孔。[3]

當一顆心歷盡滄桑，而且因為害怕受到取笑而充滿懷疑，只能用一種疏遠的美學角度接受情緒。在這裡，人們不再期待被悲愴、悲憫或溫情打動，只有如畫一般的景致或眼淚的造型美，能吸引淡漠之人的注意力。此外，《莫班小姐》的敘事者還在別處說過，他輕視多愁善感的翹楚，然後縱聲大笑，因為他再也哭不出來了。眼淚的缺席，透露著一絲遺憾：「哎呀！誰能讓我乾涸的眼眶湧出淚水？」[4]這是因為敘事者和羅莎奈特（Rosanette）的戀情雖然繾綣，但卻無法帶他走出情緒的漠然：

銷魂的感受是條鑽石鏈子，將所有人牽連在一起，它是一把火，能熔化剛如金石的靈魂，讓那些靈魂泫然欲泣，就像真實的火焰融化鋼鐵與花崗岩。任憑那把火如何熾熱，都無法收服我，也不會打動我。[5]

如此的絕對漠然，驅使我們去分析這些看似不可能融合的譬喻和修辭。敘事者心如止水，所以哭不出來，也無法透過肉體的歡愉感受到靈魂的消磨，整個人好像時時抽離，所以選擇玩世不恭，並在談吐裡揮灑機智。於是，當敘事者聽見羅莎奈特抱怨他太過冷淡而且哭泣時，竟然開她玩笑：

羅莎奈特：啊，你真是鐵石心腸！滴水能穿石，但我的眼淚卻無法穿透你（抽噎）。

我（敘事者）：如果妳真的哭成那樣，我們的床會變成浴缸，變成一座海洋。羅莎奈特，妳會游泳嗎？[6]

就算敘事者酸言酸語，反制所有感性的表現，卻仍透露出對流淚的模糊遺憾，尤其是為愛而流的眼淚。

將浪漫主義者和中產階級區隔開來，且互相烘托的角色，便是玩世不恭的懷疑分子。他的譏笑並不具有嘉年華的喜慶活力*，而是經過種種痛苦的打磨，包括失去感受和害怕受到傷害的苦楚。在這裡，喜劇的文化出現了轉變，玩世不恭的譏笑展現「個體內在深處的性格」，描繪人格深處的衝突。[7]因為這樣，一個開展外向的靈魂經歷痛苦之後，有時會轉性，變得憤世嫉俗，或用不羈的大笑表達情緒。這樣的轉變產生許多相互矛盾的性格表現，只有回頭審視個體的心靈歷程，如何走過情緒氾濫和理想的破滅，才能略知端倪。一個人經歷過的滄桑變成了祕密，深藏在心坎裡，成為淚水的攔河堰。即使眼淚具有某種不起眼的魅力，但來自靈魂的淚水只代表著痛苦，並且揭露祕密。另一方面，這些吐露真情的淚水如果得到精神的昇華，會變得更珍貴罕見。於是，這些層層疊疊的因素讓人止住心裡的波瀾，不再感受與流淚，因為淚水不一定能安慰曾經撕心裂肺的靈魂。到最後，同一個人又由笑轉哭，出現令人擔憂的精神危機，顯示疾病的作祟。於是，眼淚在浪漫時期有什麼樣的觀念與型態，端看精神危機和情緒擺盪的交互作用，雜揉痛苦主義、懷疑論和無法哭泣的狀態。

在文學作品中，男性角色之所以會有令人不安的模稜兩可，是因為他的性格受到分裂，在承受痛苦的同時，又用諷刺的眼光琢磨那份痛苦的樣態。他發出的狂傲笑聲也同樣地受到痛苦的打磨，流出來的淚水苦樂參半，對梨花帶淚的女子態度兩極，從悲憫甚至是崇敬，將女性受的苦奉若神聖，轉到破壞力驚人的憤世嫉俗，都有可能。這樣的極端性格，是浪漫時期主人翁的典型特徵，他的受苦能力無邊無際，對他人製造痛苦的能力也是，他能悔過也能食言，能篤信也能不信。

昇華痛苦以及乾涸的威脅

無論十九世紀法國的時局如何擺盪，浪漫時期的人格如何反覆無常，眼淚的體驗仍占有一席之地，這可見於《一個世紀兒的懺悔》的敘事者歐克塔夫（Octave）身上。白天，歐克塔夫是個花天酒地的浪蕩公子哥兒，夜晚，他會獨自回房：「我推開門閂，雙膝跪地，泣不成聲。這是我的晚禱。」[8] 歐克塔夫流淚晚禱的對象是神，但同時也有淨化的作用，甚至將人導回正途。這些提升心靈的淚水所處的狀態，基本上是孤獨時的自我審視。只有在他的情感被玩弄過，經歷慘痛的理想幻滅，他才能體會被痛苦掩蓋的現實：「經歷這一切時，眼淚成為一種輔

* 作者此處引用俄國文學批評巴克金（Mikhail Bakhtin, 1895-1975）關於拉布雷（François Rabelais）作品諧趣和嘉年華文化關聯的重要著作。由於在中世紀的歐洲，嘉年華是一年一度容許人們歌舞宴飲、狂歡、悖離日常規範且讓道德教條出現鬆綁的時刻，其中出現的脫序、戲謔、歡笑和插科打諢，形成喜劇或喜劇效果的活力來源。

助，讓我領悟只有自己的痛苦是真實的。」[9]在這個私密的個人危機中，眼淚成為心靈的慰藉，並讓人認知到，只有在獨自受苦時，才有可能走出幻覺。歐克塔夫進一步勾勒出獨處經歷的樣態：「我在床邊跪下，匱乏的心感受到一絲安慰。那樣的淚水！那樣的誓言！那樣的祈願！那樣的激動就像伽利略頓足呼出：『它在動！』我便是這樣銘感捶胸。」[10]在房裡發出天文學家推敲天體運動的驚嘆，透過祈禱的悔過，讓自己找到存在感。沒有什麼能阻卻一顆流淚的心震盪感動，這個過程通向深刻的自我發現。

但是，一邊流淚一邊沾沾自喜有其危險性。歐克塔夫有位名叫德仁內（Desgenais）的朋友，他決心要做個剛強的人：「因為一段早年的經歷，讓他年少便髮線後縮。他見識過人生，活過哭過，但他將沉痛化成一套鎧甲，成為一個等死的唯物之人。」[11]德仁內過早老化，有著一顆超齡的心，不會在不知如何防衛自己的情況下傷心流淚。德仁內早年經歷哀痛滄桑，讓他的外在見不到一絲感性，顯示他經過一番自我歷練，鈍化了情感受器。若不是經歷過一番淘洗篩選，這是做不到的。他為自己的感性與痛苦感受打造出一套盔甲，也建議朋友如法泡製，除非他想要屈從於「有缺陷的天性」，讓生命精華在苦痛之中一點一滴消逝，讓自己因為哭泣憔悴。[12]

後來，歐克塔夫愛上了皮爾森夫人（Pierson），他在淚水中找到救贖，因為愛人的眼淚使他看見神的恩賜。也就是說，神保佑了那些眼淚，降下痛苦讓他提升品行。[13]流淚皈依的情景充滿宗教苦修的情懷，和盧梭式的狂喜迥然不同。而且，哭泣也能淨化肉體的愛：「我在她床邊雙膝跪下，宣示自己對她的尊重，好像回到那裡跟回到一座聖地一樣。我向她伸出雙手，淚流滿面。」[14]即便如此，眼淚的恩典並沒有持續很久。歐克塔夫急轉進入狐疑的心態，顯示他完全受到情緒波動的牽制，在可觀的大風大浪中載浮載沉：

> 羞辱她之後的十五分鐘，我跪了下來。在停止譴責她的當下，我便乞求原諒。我一住口辱罵，便眼淚潰堤。整個晚上，我的心情起起伏伏。在布麗姬的跟前，我不斷地說話、流淚和滾動。

歐克塔夫一下子厲聲斥罵，一下子愀然悔過，一下子疾言厲色，一下子泣不成聲，一下子調侃對方，一下子又傷心委屈，對愛人設下極端的考驗。他可以不留情面地數落愛人，卻接著在下一刻流淚悔過，幾乎有病，也徒增自己的不快樂。這裡描寫的情景，不再是世俗教條如何不允許有情人一起哭泣，而是情緒如何陰晴不定、精神狀態如何錯綜複雜，讓人相處起來步步荊棘。

由於歐克塔夫曾經從懇切的乞求轉向言語霸凌，又化笑為涕，他便在事過境遷之後進行一些自我檢討。他曾經對愛人設下千萬重試煉，並詢問眼淚救贖的能力有沒有個極限：「你作惡多端，然後幡然悔過？尼祿殺了母親之後，也悔過了。誰告訴你眼淚可以洗滌我們？」當人心生悔過，淚水卻來得太遲，便無法消去過錯，塗銷惡跡：「你要是哭得太遲，小心有天你會再也哭不出來。」這句警告的意思是，要是我們延遲得太久，我們恐怕會失去自己，會因為延遲而被剝奪哭泣的能力，進而喪失淨化和得到救贖的可能。要是有人只有在察覺自己無淚可哭時，才悔悟自己曾經對別人造成過的傷害，那他才會注意到失去眼淚是一種褫奪的威脅，褫奪眼淚做為領悟真情的心靈體驗。從無情譏笑通往懊悔眼淚，這樣的過渡本身蘊含即將顯露的悲劇性。

聖博夫題為《情欲》（*Volupté*）的小說中，敘事者用盡千方百計試探自己的命運，不但用各種傷害「自苦」，也「縱情暢飲」淚水。[15]在《情欲》之中，我們能察覺到這部作品著墨於心靈煎熬，和受難的宗教情懷類似，同時，它也擔憂失去情緒感動的可能性。其實，一個人能哭並非理所當然，眼淚乾涸和潸然淚下的體驗是會輪番上陣的。埃墨瑞（Amaury）為愛流淚，並在流淚時有過一系列的併發感受，包括受到恩典眷顧的純淨，卻在這之後冷卻下來：「在她待我極好的時候，我的淚水集結到她的手掌心，覺得自己真是幸福，卻時常在這個時候，我發現自己會突然警醒起來，突然切斷眼淚的來源，乾掉。」[16]於是，就算一個人在相敬如賓的關係中，窺見蘊含其中的快樂，那份快樂卻隨著淚水枯竭遭到抹煞。埃墨瑞也因此捲入縱慾的罪惡漩渦。在書中另一處，他將這個走勢歸咎於城市集中的人口，在夜幕低垂時，城市的組成結構，粉碎讓人得以進德修業的種子：

夜復一夜，在一座大城中的某些時段，有多少天性的瑰寶、感人肺腑的善行、銘感五內的淚水和在心中萌芽的向善覺悟，在開展之前就受到摧折抹煞，任由它們隨風飄散，好像它們明明難能可貴，卻被棄若敝屣？[17]

一個人因為住在大城裡而變得冷感。在此處，他隱約還是有感性的心靈，但被周圍各種腐敗墮落席捲，城市瘋轉的步調與躁動也讓他無暇感受。這段敘述點出的是一段集體的劇情，埃墨瑞置身其中。

聖博夫創作《情欲》的文字溫存多情，賦予眼淚悔悟和淨化的能力：「我們因為脆弱，而恆常發出不由自主的嘆息。認真悔悟的人應該一邊思過祈禱，一邊流淚。禱告應該留下有淨化作用的露水，只有付出這個代價，基督徒才能回想起自己的樣子。」[18]獲得淚水的必要中介，還有另一個管道，也就是透過聖人一般的心靈：

不過，世上還是有好些美麗的靈魂，具有天賦異稟的溫柔純善，時時都能讓自己成為盛裝神聖恩愛的器皿，神聖的愛強大不朽，發出千道慈暉。透過諸般善行、同情各種傷痛的淚水和對神的崇敬，那樣的人能將神聖的愛分給其他人，將他們視同手足。[19]

聖人悲憫世間罪人的疾苦，淚如雨下，這樣的行為是一種楷模。年輕的埃墨瑞做為小說的敘事者，在卡宏（Caron）神父身上見到聖賢的典範。埃墨瑞見到卡宏神父時，神父正領著一群貧苦的人，流下悲憫的淚水。從那天起，埃墨瑞停下原先進行的官能實驗，淚流滿面，想要重新做人。他的決定展現了美德的春風化雨：

> 眼淚是多麼可貴的稟賦，現在，我重拾了這份稟賦。朋友啊，在過去的這幾年，我浪擲光陰，尋歡作樂，經歷各種執迷不悟和拉扯，因此失去了它。有位聖人曾說，這類的煩憂會讓人失去這份可貴的眼淚，就像蠟遇火消融一樣容易。但就在和R夫人決裂後的三、四天，我獨自走著，心頭頂著一團厚厚的霧。突然，我感到有股泉源從深處湧現，源源不絕，然後我便熱淚盈眶。[20]

根據敘事者的描述，這個階段是喜悅的前兆，也預示靈魂重回天主懷抱時重獲的不朽青春。這段敘述將眼淚的稟賦視為神聖的印記，我們可以徵引聖路易（Saint Louis）對眼淚的追尋，也可以想到亞西西的聖方濟各（Saint François d'Assise）慈悲為懷的範例。於是，這段敘述重啟基督教的主題，也揭示主人翁回歸美德的追求。而人之所以喪失眼淚而眼眶乾涸，是因為內心不平靜和心碎難過。

眼淚不但是內心的湧泉，也是神聖的恩典。人在流下這樣的眼淚時，可以不計上限地流，甚至讓豐沛的淚水帶著神聖的狂喜，因為其中蘊藏的感動蒙天恩賜，而且湧現自靈魂深處。這樣的狀態和那些欲求不滿、色慾纏身的人流下的眼淚截然不同，因為他們「只有作態的同情和膚淺的淚水」[21]。和啟蒙時期典範不同的地方是，上帝賜予的眼淚具有崇高的精神性，似乎沒有沾染任何身體的連結。雖然神祕的宗教體驗可能讓人淚流滿面，但那樣的狀態是透過節制才能獲得的，畢竟發誓獨身的的人並不像處處留情的情種一樣，那麼常哭泣。埃墨瑞也念及處於一個特殊時刻的耶穌，在那個時刻中，耶穌「感受抹大拉的瑪麗亞淚流不止，眼淚在他腳下流淌，也聞到她身上的香氣」。埃墨瑞說：「我向他祈禱，祈求他讓我嚴肅但不畫地自限，清醒但不冷感，幡然醒悟，充滿洞見，力量源源不絕，做我眼淚的主人。」[22]

此處的宗教情懷不涉及印證眼淚稟賦的神祕體驗，但勾勒出自我節制的理想樣態。在借助神力而成功自我克制的同時，人不想變得冷感，遁入停淚狀態。人為了保住眼淚而付出這樣的代價，眼淚的魅力可見一斑。

基督教的修辭時常結合眼淚的意向，呈現於很多層面。像是如同與外界隔絕，將房門上鎖時的獨處，人們含淚祈禱，彷彿向神的呼告，是出於獨自承受痛苦情緒的狀態。悔過的眼淚能淨化心靈，德性的回歸能讓人重拾眼淚的贈與。縱慾，以及在關係中因為缺乏彼此認識而帶來的痛苦，被視為一種匱乏，但這種匱乏恰恰是活在現代社會的條件之一。眼淚做為有淨化功效的深刻泉源，接續在這些體驗之後。反求諸己的檢討和私密的避世靜思，似乎和基督教的宗旨不謀而合。

從基督教痛苦主義的觀點出發，這些現象涵蓋的人性樣態，含淚受苦。耶穌基督或聖人的靈魂，似乎透過流淚和汲取世間的眼淚，在凡人與上帝之間，替眼淚建立起垂直的溝通關係。仁義道德、惻隱之心和慈善義舉，牽涉的不再是人與人之間的眼淚交流，而是宗教的關聯。也就是說，追尋心靈真理和深刻靈魂的動機，往往是對人際關係的理想破滅，以及對個體之間的溝通交流的質疑，然後在遭遇基督教論述的修辭時，對眼淚有了另一番見解。

靈魂因為備受煎熬而早熟，又受到眼淚乾涸的威脅，開始無止盡地慨嘆自己失去哭泣的能力。在這裡，哭泣被賦予一種潛力，能履行不可及的事物，也就是和其他個體互相融合。德國社會學家諾爾貝．艾利亞斯（Norbert Elias）便指出，浪漫時期的愛情，對自我克制的武裝有著強烈的反動。這股反動帶著執著與淚水，滿心冀望個體能互相融合。而要懂這股反動所為何事，我們不能不去注意浪漫愛情想衝破的界線，在人們心中如何根深柢固，成為內在化的疆界，因此悲劇地將個體一個個地分離開來。浪漫時期的愛情不斷遭遇到這個阻礙，千方百計地想要摧毀它。無計可施時，每個人只能關進自己的私密世界，發現眼淚閉鎖在體內，無法流出。人生體驗，或者應該說，人不痴狂枉少年的經歷，可能讓人永久喪失哭泣的能力。在一道深深的傷口外頭，會長出一層外殼，抵禦外在世界的侵擾。如此一來，一個人的內心雖然受到了保護，卻同時採取了激進的悲觀立場。除非，他有辦法雲淡風輕地看待失去，笑看無法流出來的淚水，這裡頭當然含有害怕遭人訕笑的因素，而且影響力不容小覷，尤其對男人更是如此。有淚輕彈，往往只會得到旁人的莞爾揶揄，所以如果自己有著深沉的傷痛，還要嚴陣以待。有時，眼淚是無法撫慰最悲劇的心碎的。雖然麻木不仁並非理想的情緒狀態，但它時常能緩解過度的苦痛，或就是單純接受一個人經歷起伏後，抵達現狀的樣子。話說回來，眼淚還是有不少可愛之處，只是要取得它不再如探囊取物那樣容易。

喬治．桑（George Sand）的小說《雷莉亞》（*Lélia*）是一本聚焦個體人物的小說，將女性角色放在故事的核心。在這本小說中，我們能見到和上述宗教情懷類似的價值，還有痛苦主義對人生意義的解讀。《雷莉亞》還描寫出一座眼淚的峽谷，陷著「一座憤怒的深淵，人的淚水落了下去，永遠無法將它填滿」。這座峽谷就像神父的角色，他要「用淨瓶汲取流在耶穌跟前的淚水，同時不玷污那些淚水」，以便將它們獻給神。這兩個意象都闡明了浪漫時期想像眼淚的方式，它不畏於承接宗教的譬喻，因為宗教譬喻藉由犧牲受難、淨化與懺悔等意象，讓受苦變成有意義的事情。不過，《雷莉亞》也是一則關於感性和不可能的愛的故事。在一個場景中，雷莉亞望著眼角帶淚的詩人史戴尼歐（Sténio），對他悽楚感嘆：「你哭吧，你可以哭，是吧？這下，能哭的人可高興了。我的眼眶比結不出露水的沙漠還要乾燥，而我的心比它還要乾枯。」[23] 見到在懷中的雷莉亞無法哭泣，史戴尼歐煩惱不已，因為如果他們的眼淚可以互相交融，那他就終於可以「活在她裡面」。由於眼淚的融合代表一種理念的極致，讓人殷切地想要達到融合的境界，但對互相分離的靈魂而言，簡直是強人所難。但是在這裡，備受無淚之苦的是位女子，反而是年輕詩人輕易落淚，也就是說，在人們習以為常的性別角色上，打了個問號。

為了解釋自己為何表面上冷若冰霜，雷莉亞敘述了一段悲慘的過去，因為這段過去，她需要隱藏痛苦：

> 那些事情被不名譽和苛責的痛苦沉沉壓住，不能透露。那些事情像苦澀的珍寶，必須藏在心靈深處，它不會灼燒你，但會冷凍你，讓你流不出眼淚，無法祈禱，好夢難成，它時時窺伺著你，冷冰冰地在那裡，它蒼白且使人麻木，深埋你心中。[24]

這樣的內傷深埋在一個人心靈深處，引發的痛楚近似疾病，讓人失去哭泣的能力，讓眼淚再也流不出來。

雷莉亞的人生經驗和旁人的不諒解，與這份感性的困擾有關。年輕的雷莉亞因為愛人的行為而煩惱：

> 他殘酷地取笑我的眼淚。有時候，高傲的氣焰讓他惡名昭彰的自私更為嚴重。在他粗魯地抱過我，好像把我碾碎之後，他會在我身邊睡著，蠻橫又漫不在乎，而我為了不想吵醒他，忍氣吞聲，嚥下眼淚。噢！這是女人受到的踐踏和不幸！[25]

雖然男人用嬉笑來回應女人的哭泣時，不會引發反抗，但這些女人忍著不哭出來的消音淚水，標誌著她們日日受到奴役的狀態。雷莉亞拒絕受到這樣的對待，學著讓自己堅強起來，並且讓喜怒不形於色：

> 表面上，沒有一個女性同儕比雷莉亞還要剛強。從她是雷莉亞的第一天起，沒有人能穿透她波瀾不興的表情，並驚動她靈魂深處的祕密。在她蒼白光滑的臉頰上，從來沒有人見過任何一滴淚水流下。[26]

雷莉亞的波瀾不驚，顯示出她的剛強勝過同性別的人，這出自有效的自我控制，讓旁人無法以貌取人，無法在臉上讀取雷莉亞的情緒。這份冷酷比較接近男性角色，因為當時男性對公眾生活涉入較深，必須避免隨意暴露自己的心意和弱點。反觀當時的女人，她們傾向在吃苦、情緒波動之中迷失自己，沉潛在自己的內心世界中。

她畏懼他人的同情。就算是在情緒的低谷，她保留了掩飾的保護本能。於是，她常常用天鵝絨的大衣罩住頭部，遠離塵世，遠離燈光，棲身在離離長草之間，遠離喧囂。在那裡，她流下枉然怯懦的淚水，袒露自己的痛苦。

這份藏住的痛苦，長久以來深鎖內心，害怕收到別人的同情，好像那印證了自己的脆弱，只能在暗自飲泣時和枉然的淚水相對。就算四下無人見證自己的情緒，痛苦的感受對雷莉亞而言，代表不夠有勇氣，使她的堅持變得頗為荒謬。就算她會忍到不能自己，她的陽剛堅毅拒絕流淚，但如果她聽見有人聲接近，她首要的反應是羞恥和煩躁，好像在展現沒人見過的弱態時，被逮個正著：「她突然來了股勇氣，凜然振作，硬起脊梁，面對這個前來叨擾的人。」雷莉亞的凜然挺立強化了陽剛氣息，讓她從梨花帶淚的哭態迅速武裝，變得幾乎有威脅性。雷莉亞和自己的脆弱保持距離，因為她的女性氣質好像再也回不來了，她哭得像個男人，也就是帶著羞恥哭泣。

雷莉亞有個姊妹抱持不同的態度，她認為這樣心無波瀾地活著，跟死去一樣悲慘，反而恰恰是在吃苦和哭泣中，才能感受到自己活著。在痛苦主義的詮釋範圍之外，雷莉亞這份無聲的痛苦煩惱，將她推入虛無，推入無淚的痛苦深淵。喬治・桑創造出的女性角色，像極了浪漫時期文學的男性主角。她外表處變不驚，來自抵抗動心動情的意志，好強不示弱。雷莉亞因為和其他女性格格不入，飽受其苦。

眼淚的宗教性

四處瀰漫的宗教氛圍、陷入枯水期的淚人兒，以及上述各種困擾的情狀，廣見於書信和個人札記之中。十九世紀前半葉的宗教活動時常伴隨哭泣的舉動，至少，對札記與回憶錄的書寫者而言，這是家常便飯。在記敘第一次領聖餐禮時，詩人維尼（Alfred de Vigny）曾這樣寫道：「意識到自己何其脆弱的覺察，和浩瀚無垠的神聖恩典一拍即合，緊緊相連，充斥我脆弱的靈魂，讓我孩提時期的臉頰布滿淚痕。」[27]這樣的描寫讓自己充滿悟性，用意是想要記下幼時信仰的深刻感動。我們知道他在聖敘爾畢斯（Saint Sulpice）教堂有過的心路歷程，還有一段很長的後續發展。哲學家曼恩・得必朗（Maine de Biran）在參加兒子普世教會（œcuménique）的婚禮時，曾在札記中說：

> 維繫親情和兒子的婚禮讓我很掛心。婚禮日子定在四月三日，由聖索沃（Siant-Sauveur）當地的新教牧師和天主教神父主持。牧師的布道跌宕起伏，讓我聽了動容落淚，有一刻，全家都深受感動。[28]

新婚燕爾、初次領聖餐禮等場合，凝聚宗教精神和骨肉親情，無疑地具有強烈的情緒感染力。在十九世紀前半葉，宗教感動特別受到重視。於是，那時的人們熱衷於滿臉淚痕的聖賢人物。舉例而言，亞爾的教區牧師（curé d'Ars）受到時人的仰慕，吸引眾人前來朝聖，含淚崇拜，規模驚人，這曾經出現在阿蘭・柯爾本（Alain Corbin）的文字記載中。[29]十九世紀有著世俗化的形象，產出大量的工業化商品和科學文獻，讓我們遺忘當時因為浪漫時期宗教情懷的緣故，讓世俗與科學的世紀同時流淌著信仰的淚水。

不過，當時對心靈煎熬的崇尚帶有濃烈的個人色彩，並不是一個開放給眾人的情感樣態。宗教儘管能引發強烈的情緒反應，但也教人忘卻一己之私。這是為何寫給修女的手冊內容包含了行為限度的界線。一八二〇年，以聖誕（Nativité）為名的修道院要求修女避免「濫情無度、啼天哭地的敬拜」，提醒她們要「理性而非任性」地哭泣。情緒感動「要保留給領受恩典的喜悅，留給懺悔和虔誠的淚水」。[30]如果當時出現這種規範，無疑是因為院方有必要在院內管制與疏導樣態可觀的宗教感動，包括各種可能有異端之虞的神祕體驗，或純粹需要介入修女的自尊競賽以及女性常見的情緒表現。這些修道的法度觸及界線，遁入靜默，懼怕超越本分，否定高傲的態度，並且愁容凝練，接納謙遜，在眼淚的歷史上形成一個晦澀難解的區塊。

從浪漫主義式的哭泣到宗教感動的落淚，從女性崇拜到人道主義的信念，彰顯情緒的能手，往往是卓爾不群的特殊人物。不管是在光天化日之下，或是僻處私密空間，折疊在個人札記的書頁裡，他們在這些地方留下主觀世界活動的軌跡。哭泣的行為如果受到推崇與重視，那是因為這個行為衍生自個體的自我追尋，和以淚交流的理想典範漸行漸遠，而且需要祈禱做為追尋的媒介。

豐饒或乾涸

歷史學家米舍雷對淚水有一番講究，將淚水和女性特質以及人道精神連結在一起。他對情緒別具原創性的見解，體現在私生活和人類史觀上。他並不是個嚴守傳統的天主教徒，他用自己的方式尋找新的信仰，這在他日記的文字中表露無遺。他的政治企圖，是將宗教性的受難轉化成政治參和普世的悲憫，正視人民與不同民族受到的壓迫。在一八四九年的萬靈節（la

Toussaint），他太太問他那天要說些什麼，他回答：「我這樣告訴她：去談談所有會死亡的事物，去想想所有哭泣的生靈，去看猶太人的詩篇，或愛爾蘭人、波蘭人的例子。如果這些民族都曾譜下歌謠，便去聆聽這些民族的死亡和哭泣吧。」[31]除了對其他國族的關懷，米舍雷在更廣的層面上也重視女性的角色。女性透過眼淚施洗人類，讓人重獲新生，成為人道神學觀念的骨幹。[32]

對於帝國時期如何對感性心靈產生不良影響，米舍雷提供了直接的證明。童年時期，他對帝國體制下的社會氛圍感觸良多，尤其是貧困的問題和社會軍事化的風氣，好像在空氣中就能聞到：「這些話如果出自一個孩子的口中，聽起來會很奇怪，但我就是覺得很乾。這是種不苟言笑的哀傷的乾，好像人不需要流淚似的。但現在的我知道，眼淚是上天贈與的禮物。」[33]這樣的「乾燥」風氣籠罩著十九世紀的人，特指從拿破崙帝國到路易．菲利浦復辟王朝這段時期的社會心靈面貌，形成一個和十八世紀截然不同的新世代。在這段時期，一個人若要一探所謂眼淚的贈與是什麼，必須透過女性的角色，於是在遭到重劃的情緒風景中，女性角色變成眼淚專屬的陸塊。米舍雷寫給阿特娜伊絲（Athénaïs）的情書，展現了他對女人獨樹一幟的見解。在一八四九年一月三日的信中，他曾經這樣說：「生死可以置之度外。我永遠感謝神讓我有天能夠認識妳，能活化我的心，透過妳讓我感受痛苦，讓我重獲失去已久的眼淚。」[34]對米舍雷而言，女人是人和神之間的中介。他的人本信仰擁抱女性，因為女性代表眼淚、感性心靈和豐饒，抗拒不苟言笑的乾涸、理性、貧瘠和腦部活動，這些特質在當時被視為男性化的價值。阿特娜伊絲的淚水讓米舍雷神清氣爽，使他返老回春，甚至有解渴之快，重拾活力。一切歸功於阿特娜伊絲，他終於能再度哭泣，而他們一起落淚的地方變得極為神聖。[35]

米舍雷十分重視女性特質，在描寫女性形象時似乎昇華了那些特質。透過他的日記，我們還知道他傾心於阿特娜伊絲的純潔，對所有女性分泌物十分著迷——這不就是種女性崇拜嗎？當米舍雷的年輕妻子來月經時，他成為經期的隱匿觀眾，將月經描述為「愛情的危機」以及「月復一月在她身上丈量時間的神聖韻律」，也就是說，米舍雷在女人的體液元素的流轉中，觀察到連結自然的對話。[36]

米舍雷和阿特娜伊絲的情感經歷過種種波折，這些波折米舍雷都一五一十地寫在札記裡，沒有間斷。他的札記有段驚人的內容，這段內容顯示，愛情並不能免於他再度遁回眼淚的枯水期。一八四九年三月五日，他表示：

我投向她的懷抱，緊緊抱住我親愛的寶貝，她貼在我喘息的胸前，被我的熱淚淹沒。我相信，那應該是世上流過最滾燙純淨的眼淚。因為一時招架不住百感交集，只要再多一分，我可能就會昏厥過去。無法將這些感受一一道盡，讓我困乏無力，也讓我的眼眶由濕轉乾。為此，我難過了一陣子。噢，心與心之間的藩籬呀——要如何跨越你呢？[37]

在節制和矜持的規則之外，米舍雷以濃情超然的淚水迸放情感，卻又同時告訴我們，個體與個體之間存在無可挽回的分離。一個人最深切的內在就算受到感動，也無法將之全數訴諸言談。遭遇這些障礙使他愕然，讓他的眼淚乾涸——噢，都怪心與心之間的藩籬呀。

內心與神經

喬治・桑和繆塞轟轟烈烈地相戀，其中不無間歇稍息的時刻，關於綿長情意的記載，洋溢著宗教情懷。在一八三四年四月十五日，喬治・桑和繆塞剛在威尼斯鬧分手，她在寫給繆塞的信上說：「當你一個人的時候，當你需要祈禱和哭泣時，你會想到你的喬治，想到你真正的夥伴。」[38]繆塞則在同年八月二十三日這樣說：「我們的友情是神聖的，我的孩子。有神為證，它得到我倆淚水的神聖洗禮。」[39]虔誠滿懷的主題和淚水的聖禮儀式，就此轉置到情書上。在重修舊好、彼此和解的同時，這段戀情激烈的情感強度，也產生了一些奇妙的時刻。

一八三四年間，喬治・桑在日記中詳加記載繆塞的態度轉變，這些轉變使她頗為擔憂：

> 他的愛撫與淚水讓我魂不守舍，他在情緒感受上獵奇探勝，混合大膽與卑微刺激自己。為什麼他先是展現遞增的不愉快、可憎、厭惡、憤怒和冷嘲熱諷，接著馬上又滿臉淚痕，突然溫柔起來，恢復無以言喻的愛意？

從冷硬無情到溫柔婉轉，從惱怒到悔悟，繆塞的態度轉變讓喬治・桑吃不消。浪漫主義的愛情憧憬，被戲劇張力攪得一塌糊塗。繆塞的矛盾態度越是兩極化，就越讓人憔悴心累，因為他能從最窩心的卑微淚人兒，一下子變成辣手摧花的憤世嫉俗者。其實，繆塞自己也很困擾，他曾在寫給喬治・桑的信上說，自己面相看起來總是「笑得猙獰」[40]，都要怪小時候致命的遭遇，留下這樣的表情印記，讓他無法和喬治・桑共感哭泣。也就是說，繆塞的笑是一張雕塑出來的面具，藏住了想哭的意念。繆塞一個人的時候，才會百無禁忌地放聲大哭，但同時他也會以此自我調侃，說他哭得跟頭小牛一樣。浪漫主義的痛苦主義時常罩著一層反諷，反映出自我檢視的距離。繆塞也會宣稱自己是精神崩潰的受害者，讓他由笑轉哭的反覆無常像是病了一樣，因為這通常是發瘋的徵兆。這樣的自我認知，撼動了個體意識的穩定性與一致性，顯示一個人的內心世界有著許多個「我」。於是，多重的「我」，讓眼淚的意涵發生了轉變。

在十九世紀初，流行疾病由纖細敏感的神經（les nerfs），取代盛行於上個世紀的眩暈（les vapeurs）。但是，至少在文學作品與信件中，眩暈似乎是一種讓人難為情的病症，好發於多愁善感的人身上，而神經敏感卻來自過度緊繃，經過壓力的長期悶燒，在光天化日之下炸鍋，帶著抽搐，笑淚齊發，讓個體連自己是誰都不認得，呈現自我控制的障礙。不過，這樣的狀態在醫學上具有爭議，因為這些困擾很難在生理結構上找到參考的基礎。精神疾病或神經官能的疾病（névrotisme）常見於輿論的話題，這類的主題廣受討論，但也往往是冷嘲熱諷的箭靶。精神病或精神危機好發於女性身上。基於這點，它時常被視為一種社交病，是女人心機的表演，和自由控制的眼淚一樣。在《世態字典》（*Dictionnaire des gens du monde*）中，關於眼淚（Larmes）的條目貶低了這兩種行為：

> 眼淚：太常遭到不當使用的水分，因為眼淚無濟於事。眼淚是女人為了要隱藏不忠的行徑，或得到一件喀什米爾毛衣動用的伎倆。在精神危機發作之後，發動眼淚的武器可以達到最佳效果。[41]

小說家福樓拜（Flaubert）也在《庸見詞典》（*Dictionnaire des idées reçues*）中說：「神經疾病：老是扮鬼臉」。如此看來，神經病和眼淚危機不但被認為是表演出來的症狀，也是以柔克剛的武器。在這樣的見解中，疾病和裝病的界線十分模糊。一個人破涕為笑時，讓悲傷和漠然無感交會，讓浪漫主義的激情和神經病發作有奇妙的相似之處。這些互相衝突的情緒波動，體現一種病態的感性，常見於女人和詩人身上。肝腸寸斷的場景時常受到譏諷，被當作只是女人心機的惺惺作態——這就是中產階級對浪漫主義女性角色的回應，認為哭泣是吵吵鬧鬧的作秀。

第三章　風俗研究

我們先前已經見過，十九世紀前半葉的小說傳達個人內心的煎熬，探索私人世界的坎坷歷程，同時也進行社會風俗的研究（études de mœurs）。如果將社會生活視為一場世情喜劇（comédie sociale），每個人都必須戴上面具，操作情緒。男女有著什麼樣的性別角色，也體現在不同的哭泣方式上。不過，人生中的不同階段，也會改變一個人受到感動的難易度，影響他哭出什麼性質的眼淚。在小說中，情緒的表現可以用五花八門的方法去詮釋。透過小說，作家讓我們看見，個體身分和社會常規認知中的淚水，箇中含意如何受到重新分配，也讓我們意識到這些文獻何其珍貴、何其難讀。

眼淚的小小社會學

在法國文壇，巴爾札克（Balzac）*嶄露頭角後，小說家變成社會規範（codes sociaux）的觀察家，對靈魂進行活體解剖，一探靈魂究竟如何受到各種激情的牽制。巴爾札克衷心仰慕瑞士詩人與面相學理論家德拉瓦特（de Lavater）以及德加爾（de Gall），他在塑造人物時，專注於體態面相和性格脾氣的呼應結合。於是，人物流下的眼淚變成象形符號一般的軌跡，可供解讀。閱讀他們的臉，可以讀出他們的生命故事，一併讀入他們流下的眼淚。舉例而言，高老頭（le Père Goriot）眼角內眥腫大，他少時曾經雪亮的雙眼變得黯淡鐵灰，眼眶發紅，彷彿要哭出血來。他心裡的沉痛，通通同步展現在面相中。[1]再舉另一個例子，有位母親年輕時曾經出軌，在

---

* 本章節從標題到開頭段落中的「風俗研究」（études de mœurs）、世情喜劇（comédie sociale）以及小節標題的「社會學」（sociologie）都呼應法國小說家巴爾札克（Honoré de Balzac）寫作《人間喜劇》（*La Comédie humaine*）小說集的動機和題旨。在一八四二年替《人間喜劇》作的序言（Avant-propos）中，巴爾札克曾說：「無常的世事是世界上最偉大的小說家。若要當個多產的寫作者，多做研究是不二法門。法國社會要是變成一位歷史學家，我的本分，不過是這位史家的助理而已。透過盤點惡行與美德，匯集激情引發的重大事件，描繪性格風貌，擷取社會上發生的重大事件，彙整數個類似性格的特徵並勾勒出特定的人物樣態（types），也許，我就能成功寫出被許多歷史學者遺忘的歷史，也就是風俗（mœurs）的歷史。」（'Le hasard est le plus grand romancier du monde : pour être fécond, il n'y a qu'à l'étudier. La Société française allait être l'historien, je ne devais être que le secrétaire. En dressant l'inventaire des vices et des vertus, en rassemblant les principaux faits des passions, en peignant les caractères, en choisissant les événements principaux de la Société, en composant des types par la réunion des traits de plusieurs caractères homogènes, peut-être pouvais-je arriver à écrire l'histoire oubliée par tant d'historiens, celle des mœurs.'）

她垂垂老矣時，臉部特徵出現了特別的變化：「她的細紋、臉上的皺摺以及蒼白悽惶的目光，無不是有利的證據，證明有多少淚水被她吞進內心深處，未曾落地。」[2]如果每個人的身體都訴說著那些人有過的愛憎，那歷史事件也能形塑靈魂。

巴爾札克強化了感性表現的世代差異。譬如，他曾經描寫過兩個老人，行為舉止深深受到舊體制的烙印。這兩個老人一個名叫邦斯（Pons），另一個名叫施慕克（Schmucke），在巴爾札克看來，他們之間的友誼和心思細膩的地方，無法被當代的人理解：

> 確實，問題在於如何表現兩個人心思過度細膩（這對一八四七年百分之九十九的人來說，都很困難）〔……〕旁人的痛苦會深深打動他們，讓他們為此心軟，然後又因為愛莫能助，為自己的無能而啜泣。接著，再說說他們自己的情感，他們簡直多愁善感到病態的地步。[3]

這兩個敏感心靈不合時宜，慈悲心氾濫，天真到幾近幼稚，永遠會是詐騙受害者，因為時代精神和他們的性靈扞格不入。連巴爾札克這種評點起讀者會滔滔不絕的人，都覺得他們有病。所以，巴爾札克的評贊顯示，他們可能會是受害者。與之相對的反例，發生在一個出身名門的老太太身上。儘管她心地善良，仍無法和外甥共感哭泣，「因為大革命爆發之後，讓老王國的女人能哭的淚水所剩無幾。」[4]

因此，身體映照歷史，而且就算人人試圖掩飾淚水，不讓獵奇探勝又不懷好意的外在世界隨便窺見心意，人仍舊像一本打開的書，可供閱覽。一個人如果曉得如何拿捏行為舉止的分寸，便是曉得如何適切表達需要被掩飾的痛苦：「（他）來到這世界，就是要對世界撒謊，在世界上扮演角色。他懂得溜進劇場的側翼，隱沒其中，好進行自己的算計，哭泣或打哈哈。」[5]如果世界誠如這段話所譬喻的，是一座劇場，那麼人們就得懂得如何自我包裝，不隨意流露情緒，把真心留給私領域。於是，自我節制的規範寫入了身體裡，人們就算彼此素昧平生，還是能穿透世俗面具的表現，讀出埋藏在表象之下的煎熬。其實，隱藏的痛苦能扭轉生命的走勢，在一個人的面龐和態度氣質裡，留下深刻的印記。在這裡，小說家解碼各式各樣的情感症狀，研究人物的面相體態，不管他們出入公私領域詮釋著什麼樣的角色。由於整個社會企圖湮滅熱情的躁動，但這樣的節制很難不留下蛛絲馬跡，彷彿人越是想掩飾本該被表露的情感或情緒，越是欲蓋彌彰，因為人的精神遭到分裂。社會生活驅使人用這樣的方式自我控制，卻好像在極力掩飾心思的時候，遭到天性的反撲。為了在公眾生活中扮演好角色，人要控制自己的眼淚，將眼淚留給房裡的祕密。當眼眶濕潤、哭意漸強時，上上之策是快速退場，但同時要小心，要掩人耳目，因為旁人的眼光好像就是在等候這尷尬的一刻，好在事發之後對你的為人大作文章。假使你留下把柄，旁人便有嚼舌根的機會，探討你情感起伏的來龍去脈。這個主題在巴爾札克的作品中時常出現。[6]如果實在忍不住想哭，像高老頭在渥奎出租屋（pension Vauquer）的食堂餐桌上發生的情景一樣，大家會別過頭去，或像高老頭一樣發言，說隔壁房客把菸草扔進他的眼睛裡。[7]對一個男人而言，在大庭廣眾之下落淚非常丟臉，但如果換成要面對自己情緒的女人而言，情況一樣危險。其實，女人面對瀰漫社會的偽善，是首當其衝的受害者。她們若在婚姻關係裡受到委屈，只能把眼淚往肚裡吞，因為風俗法律禁止她們發出不平之鳴。她們不能對任何人吐露心聲，也不能靠著朋友的安慰好好哭一場，因為要是她們這麼做，「女性友人會為此歡欣鼓舞，男性友人則會趁勢占便宜」，[8]人人看似道貌岸然，其實各取所需，因為社會仰賴家庭關係的和諧。如果，私領域在某種程度上還能當作避風港，遭到壓抑的苦痛和強嚥的淚水，都會在那裡泛湧出來。在公私領域之間，家庭居中折衝，平衡斡旋，但也會受到社會獵巫眼光的檢視，讓情緒噤聲的壓抑與規範力進入家中。由於人們不想聽到私事流出牆外，因此必須不計一切代價維護婚姻制度。社會大眾始終喜歡公審家庭生活的苦難坎坷，但其實沒有人能真的滿足成為楷模所需的條件，因為社會大眾對醜聞興致勃勃。集體的痛苦展示，尤其是哀悼，根本只是粗陋的行動劇演出，因為它往往只是擺出個樣板。社會「會嘲諷那些過度沉湎於追悼父親的兒子，卻又譴責哭得不夠的人。接著，好笑的是，在死者屍骨未寒之時，它已經開始估算身後財產的價值〔…〕然後就是一串哭哭啼啼的禮儀，集體表現哀惋的模式，就是按表操課，每個時刻，在法國每個城鎮都一樣，連抑揚頓挫都不會變，毫無情感。走完這程，大家就開始計算遺產。」[9]在某些極端的情況下，在這悲痛的一天，喪家會哀痛啼哭，那些情感私密、純淨而且真摯，而世人只會批評眼淚的多少，並衡量遺產的數量。千篇一律的禮儀套路由司儀朗誦出來時，聽起來事不關己，沒有感情和真摯的淚水。在這樣的展示中，喪家只是一個經濟體系中的單元組成，能製造八卦的話資。喪家的沉痛感受就此變成社會大眾的公用笑柄，受到奚落。

人們在批判表裡不一的時候，把重點放在虛與委蛇的演技上，因為這樣的演技重新分配了讀取情緒訊息的方式。於是，人們對基層百姓投予的同情也發生了局部的質變：家裡的幫傭、鄉下的農奴和窮人，似乎對激發有錢人的同情很有一套。他們會不會是因為財迷心竅，所以假裝純樸憨厚呢？在巴爾札克的小說中，家裡的傭人把主人的私生活和脾性摸得一清二楚。也許裡頭有些人忠心耿耿，但也不少只是裝出忠心耿耿和可憐巴巴的樣子，想藉此多掙點錢。為了保住自己的飯碗，他們隨時準備好要在大庭廣眾之下自我羞辱。所以，在《邦斯舅舅》（*Cousin Pons*）中，就算馬爾維爾主席（Président de Marville）的傭人奉命去跟邦斯道歉，直到見到邦斯本人之前，他們仍不時地取笑邦斯，只有在會面時，「他們擺出傭人該有的樣子，低聲下氣，有點油，而且還哭。」[10]在這方面，邦斯舅舅和朋友施慕克的門房希波太太（Mme Cibot），可說是箇中翹楚。邦斯舅舅是個心思單純的收藏家，希波太太一心想要被寫入邦斯舅舅的遺囑，她百般表演，讓自己看起來是個性情中人，直率熱心，具有母性，不惜花費自己的積蓄來幫助邦斯和施慕克這對老朋友，而且也很容易感動落淚。為了證明自己無私和溫柔，她可以戲劇性地揮灑情緒，明明她恨不得毒死自己的先生，卻一把鼻涕一把眼淚，把他的故事說得楚楚動人。她演出的角色，就是熱心腸的民女，但卻適得其反。當邦斯對希波太太的信任動搖時，希波太太還緊巴著他不放，讓他備感困擾，害他勞心早逝。

> 這就是一隻貴賓狗忠心耿耿的後果。
> ——老天爺啊老天爺！她泣不成聲，倒在扶手椅上。她悲劇性的身段在邦斯身上引發淒慘的反應。[11]

希波太太哭起來，活脫脫是個「潑辣的女演員」[12]，對別人央央苦求時，「身段聲腔無不鋪張，像演行動劇」。[13]巴爾札克採用劇場的譬喻，或應該說是情緒誇張的通俗劇語彙，十分親民，因為這個劇種的濃烈情緒，似乎正是希波太太氾濫情緒的主線。

在《煙花女榮辱記》（*Splendeurs et Misères des courtisanes*）裡，狡獪的老千福特杭（Vautrin）有個名叫歐羅巴（Europe）的手下，是愛斯特（Esther）的幫傭。歐羅巴也善用假忠誠和假哭的伎倆達成手段。在一個家庭裡，僕役互為短兵相接的敵人，各個為了向主人獻殷勤，利用自己在私領域中的地位處境，操作煽動同情的陳腔濫調，促成虛假的關係。這種市井小民的馬基維利主義*在中產階級的家中十分常見，同時又讓外人難以看出門道。

就連農奴也擅長用善感的淚水賣弄淳樸。在巴爾札克的小說《暗黑事件》（*Une ténébreuse affaire*）中，有位名叫羅倫斯（Laurence）的貴族，門下有個投靠他的農民叫做米舒（Michu）。米舒的兒子高達（Gothard）想要手段達成目的，結果被警方暗中監視，後來遭到逮補。受到警方訊問時，他還繼續演，「像個白癡一樣，泣不成聲」。[14]他在回答平民官的問題時，每句都夾著嗚咽：「他哭著哭著，最後竟擺出抽搐發作的樣子，嚇壞了其他人，讓他們鬆開他。這位仁兄一發現自己無人看管，便笑瞇瞇地看著米舒。」[15]高達這個年輕農夫演技精湛，騙過了當局，金蟬脫殼。

另外，在《農民》（*Les Paysans*）中，年輕的穆須（Mouche）是拍馬屁的高手，在窺伺金主的時候，為了多拿幾個賞錢，懂得如何讓布爾喬亞的爺們心生感動：「穆須心中有個令人嘆服的領悟，也就是他的言行要討中產階級歡心。於是，傅爾雄（Fourchon）老爹的這個學徒青出於藍，他開始哭。」[16]就連農民的孩子也學著裝模作樣，因為他們這麼做，便能滿足中產階級期望見到的俗套畫面。

* 馬基維利（Niccolò Machiavelli, 1469-1527），義大利政治家和政治思想家，以《君王論》（*Il Principe*）著稱。馬基維利出入佛羅倫斯城邦政治圈，提倡君王為了鞏固權力，應該不擇手段，不惜營造恐懼和施展智謀與詐術，不應該被道德教條約束。

雖然在巴爾札克的小說中，我們還是能見到幾幅不帶詐騙意味的行善畫面，但這樣的感動情節已經開始顯得疑點重重。巴爾札克的小說對平民階層抱著一種不安，因為他們太容易對中產階級落淚，似乎是要博取同情。農民不乏狡獪的伎倆，甚至有時候是打小就開始養成，善於見人說人話，見鬼說鬼話，似乎看準了人們見到女人或小孩有難，便容易心生悲憫。其實，《人間喜劇》關切的不單單只是上流社會，整套小說的目光貫穿所有社會階級，擾動曾經被奉為主臬的慈善胸懷和貧富之間的施受關係。因此，他人情感引發的不確定性，也可見於這些社會關係之中。中下階層的百姓為了要裝可憐和矇騙中產階級，也會戴上誇張的面具，上演灑狗血的場面。

年齡層階梯上的男男女女

這樣的社會劇情不但受到巴爾札克的嘲謔和摒棄，也對個體的命運造成影響。在這點上，男女的性別角色並非釘死不動，而是隨著年齡增長出現變異。也就是說，一個人的性別和不同的人生階段，會決定他多容易受到情緒感動，決定他有無可能表達自己的情感，或反過來，視情況必要將自己的情緒收攏起來。

一個女人在人生的不同時期，會有不同的哭法。婚姻是其中一個關鍵階段，而且時常對女人的感性造成傷害，就連戴格樂蒙侯爵夫人（Marquise d'Aiglemont）可以選擇要嫁給誰，也無法倖免。她的丈夫粗魯而且不近人情，為此她吃盡苦頭，而且必須把眼淚往肚裡吞，因為「心中最美好的願望碎成了一片片，那裡原本有著少女時代憧憬的風俗習慣。」[17]她內心的糾結不被當一回事，經年的幽怨遭到忽略，「只有在獨自一人時，她才會不經意流下哀傷的眼淚。」[18]她有著這些可怕的掙扎，為此暗自飲泣，她能做的，只有吞下苦痛，不然就要被苦痛吞噬，「不是死去，就是毀掉內心中的什麼，也許是她的良知吧」。[19]於是，曾經讓她落下感動淚水的少女情懷被婚姻扼殺。經過多年的強忍自苦，她抑制眼淚，天人交戰，最後，她不想繼續忍受，瞞著丈夫和一個更感性的男人發生戀情。於是，在少女和三十歲女子的人生階段之間，陷下一道很深的罅隙：「前者只有淚水和歡笑，後者只有銷魂和悔恨。」[20]在這兩個年齡之間，女人最難以承受的，是同居男子的不聞不問。就這樣，戴格樂蒙先生在戴格樂蒙夫人枕邊呼呼大睡，對她在一旁流下的熱淚毫無知覺[21]。戴格樂蒙先生出身軍旅，不知道自己的妻子正在受苦和暗自飲泣。戴格樂蒙夫人獨自受盡委屈，枕邊人的沉睡和不聞不問就像一堵牆，讓委屈撞在上面，令她鬱鬱寡歡。而且，戴格樂蒙夫人因為眼淚受到男人的忽視和調笑，讓她的母愛連帶受損。當她望向自己的女兒時，眼眶是乾燥的。[22]於是，男方的行為舉止似乎深度擾動了女方天生的敏感性靈。就算她們沒被拋棄或譏笑，女人還是會顧忌自己的儀態，忍住不哭。在人母和人妻的角色裡，女人要賢淑恬靜，面帶微笑，才不會在任何環節讓孩子難過，或增添丈夫的困擾。然而，在獨自一人的時候，人母和人妻都是淚人兒。在小說《絕對的探索》（*La Recherche de l'absolu*）中，約瑟芬（Joséphine）擔憂丈夫醉心於科學研究，手頭的積蓄坐吃山空，會殃及孩子的生活，而被逼入以下的情緒狀態：

> 連神經最大條的孩子也會注意到，她的表情常處冰冷僵直的愕然，除了偶然落下幾滴熱淚。沒有什麼比見到這個表情還要可怖，因為那透露著極端的痛苦，只在激動處間歇迸發，不然，她的臉就像火山的外表，凝著一圈冷卻的岩漿。[23]

約瑟芬焦灼憂慮，卻只能在獨處時發洩情緒，讓她內心抑鬱而且大傷元氣。她留下的汩汩熱淚無法帶來安慰，因為她的眼淚含有自苦的堅忍，帶著咬牙隱忍的痛楚。不過，她一聽見丈夫回家，就會換成另一個人：

> 此時，憔悴的女子側耳傾聽，收束自己，拾起手帕擦乾淚水。她試著微笑，不著痕跡地弭除鑿刻臉龐的痛楚，讓人以為她心裡風平浪靜，過著無憂無慮的日子。[24]

這個充滿愛意的人妻強忍淚水，成功克制自己，不讓丈夫察覺一絲不對勁。她這麼做，是因為想要替丈夫分憂解勞，讓他不用掛懷，但其實自己暗中受盡委屈，而且為的不是自己，而是替她的孩子著想，犧牲奉獻。「她害怕為了先生而犧牲孩子，在這個溫馨平和的家中，正要上演一齣家庭劇，開幕的當頭，她臉上印滿淚痕和恐懼。」[25]約瑟芬在人妻和人母的角色之間拉扯，一心想要讓自己在家中成為賢淑安穩的存在，她活生生地演出一齣悲劇，這齣悲劇即將撼動貌似安穩的家。因為，就在她壓抑焦慮並作出一派輕鬆模樣時，她已經將腳步踏入這部悲劇裡了。於是，就算是在私領域之中，模範嬌妻還是無法表達自己的煩惱和憂愁。沉靜的付出和壓抑的眼淚，有損於她做為一個人的完整性，甚至還可能讓她命喪黃泉或迷失自我。在巴爾札克的文學世界裡，一個人如果在情緒表述上受到重挫，是有可能因此氣絕身亡的。這儼然是隱藏版的英雄主義，發生在每個心碎女人的身上，體現在她們無邊無際的溫柔寧靜。

「振作點，萊恩婷，像我們這樣的女人很多時候該做的，不是哭，是行動。公爵夫人這樣說。」[26]這句話出自《煙花女榮辱記》，有些女性角色比同性別的人還要剛強，拒絕逆來順受的妥協態度。和男人一樣，她們偏好正面迎戰，而非陷入枉然哭泣的低潮之中。《暗黑事件》的女主角蘿倫斯就算遭逢橫逆，仍似乎不太喜歡訴諸眼淚：「她內心極度敏感，但堅毅剛烈，像個斯多葛學派（stoïque）的哲學家一樣處變不驚。」[27]才智、力量、自制等被視為男性的特質出現在蘿倫斯身上，讓這個敏感女人的心緒沉靜內斂。不過，在故事中，讀者還是能一窺蘿倫斯的哭功如何。有一次，她得知朋友獲救，便出現以下情景：

> 她眼中閃爍喜悅和勝利的光輝，臉頰泛紅，淚珠滾動在眼睫之間。這個女孩面對困境時勇氣過人，只有在喜悅的時候才會哭泣。此時——尤其是在教區牧師的眼中，他原本替蘿倫斯的陽剛性格感到擔心，卻在此時覺得蘿倫斯超凡不群——蘿倫斯的喜極而泣讓人見到她感性豐沛的女人味，好像深深埋在花崗岩層底下的瑰寶。[28]

由於教區牧師的職責就是照看身邊靈魂的樣態，觀察他們的心靈世界，他見到蘿倫斯喜極而泣備感欣慰，好像終於在陽剛堅毅的表層下，看到崇高的女性特質發揚出來。袒露情緒之所以變得如此曲折，是因為在某些情況下，有些女人必須展現出英雄氣概（在巴爾札克的作品中，他傾向將這個特質保留給貴族），她們不能輕易展露特屬女人的溫柔心靈，不能輕易讓財寶露白。但只消一滴眼淚，就足以證明它的存在。

透過娼妓從良的主題，我們能窺見文學的想像世界，如何關注喜怒不形於色的心靈盔甲和女人的本質，這些題材廣見於十九世紀的小說。這些主題點出年輕女子如何愛戀和如何悔過當初。這些女人有時候是罪魁禍首，有時候是受害者，帶著不純潔的烙印，透過眼淚，她們洗刷自己的罪過。在《煙花女榮辱記》中，愛斯特的心屬呂西安・德魯彭沛（Lucien de Rubempré），樂於嚥下呂西安傷心的淚水，也甘願為他犧牲自己的生命。[29]她在修道院重新找到新人初探世事的心靈，只能投以眼淚做為懺悔的回應。她自我要求極高，想起過去有過的縱慾歡愉，不禁熱淚盈眶，讓旁人對她的殷切虔誠讚嘆有加。[30]所以，如果一個人懂得如何讀取眼淚的涵義，除卻外在的矯飾和過往的罪過，他便能見識一個女人的虔誠、溫柔、多愁善感和內心的純潔。

在無視教條的男性之間，他們會談論引誘女人的方式，討論如何讓她們以為自己被愛。在《高老頭》裡，福特杭為了將歐仁・德哈斯提納克（Eugène de Rastignac）調教成全民情聖，便給他以下的建議：

> 我要跟你說的，可不只是關於愛情的泛泛之辭，更不是把女人騙得團團轉的滑稽伎倆，像是當你想欲擒故縱時，在信紙上滴幾滴像是眼淚的水。在我看來，你好像對這些操縱內心戲的術語十分在行。[31]

信紙中的淚痕這個母題，在十八世紀受到高度發展，在這裡變成了逍遙浪蕩子的笑柄。他們將之視為陳腔濫調，也是多愁善感的刻板印象，只不過是女人的孩子氣，但仍具有一定效果，包管女人會中計。男人只有在必要時才會採用這些「內心戲的術語」（argot du cœur），因為還是有不少女人能透過它感受到寶貴的詩意。不過，為了顧及男性的面子，避免落淚才是真的帥。

除了這些冷面的情場玩家採取的行為舉止，男人的生活中還牽涉各式各樣的情緒管控。巴爾札克曾細細描繪一個年輕人最後的溫柔，彷彿揮別他以往奉為圭臬的事物。年紀輕輕的歐仁在閱讀高老頭的家書時，仍會受到情緒感染：「幾滴淚珠從他的眼眶不自覺地滑落，好像香爐中的幾抹灰從中灑出，落在家庭的聖壇上。」[32] 如果他想在社會上行走，他就必須放棄一些價值，而這些淚水就像最後的致敬，和所剩不多的純真一樣。高老頭的死亡和下葬，他在場見證，在那之後，他會把最後的幾絲溫情留在身後：

一天就這樣過了，暮色裡一股濕氣擾動著人心。他看著墳塚，在那裡埋下年輕男子的最後一滴眼淚。那滴眼淚出自一顆純潔心靈的神聖情感，一落入土中，會高高飛昇，回到天際。[33]

在這裡，純淨聖潔的哀輓是對青春感性的道別。一旦參透了世道，年輕男子心裡明白，他得就此將感性消音。呂西安．德魯彭沛在獄中自殺前，為了這個無法挽回的失去椎心飲泣：

他的起點和抵達處十分相似，起點純真無邪，而抵達處充滿羞恥和墮落，他的詩性讓他充分意識到這件事，讓這個不幸的人泣不成聲。他哭了四個小時，杵在原處像一尊石像，因為希望落空而痛苦難熬。[34]

這份最後的自我認知，回顧自己的過往和有過的純真，觸及一個人最為深刻的煎熬。讓詩人泣不成聲的，除了他當下的境遇，也包括他從憧憬人生開始走過的所有路途。因此，男人——尤其他們還具有詩人的身分時——似乎了解如果失去了充滿希望的堅毅心靈，會帶來多大的失落，他們因為幻滅而哭。*

在小說裡，成熟的男人基本上有淚不輕彈。他們若在十分罕見的場合哭泣，那麼，眼淚會展現他們內在世界最重要的一部分，像是一往情深的那面。於是，賈克・科郎（Jacques Collin）得知呂西安・德魯彭佩中毒時，有以下反應：

> 賈克・科郎滿腦子被一個想法占據，也就是呂西安為人的弱點。呂西安一定是因為要保守祕密，一時糊塗而亂了分寸。賈克・科郎開始忖度，事態是否會走向災難，就在他為此怏怏不樂時，他發現眼眶沾滿淚水，這在他長大之後，只發生過一次。[35]

如果一個人在年紀輕輕時就停止哭泣，那他之後落下的眼淚和過去一對照，就能顯現其性

* 此處「幻滅」同指巴爾札克題為《幻滅》（*Illusions perdues*）的小說。

格剛毅，證明他千方百計地不為所動，穿戴著十分厚實的心靈鎧甲。面對呂西安之死，他哀慟逾恆：「年輕受刑人淚如湧泉，從晶亮年輕的眼眶溢出。不久之前，這雙眼睛熠熠發光，像匹在烏克蘭的雪原漫遊了六個月的餓狼。」[36]野獸的目露凶光和傷心人的閃閃淚光形成巨大的對比，淚光的濕潤讓兇惡的獸性稍息，除了帶來誇飾的修辭效果，也點出賈克・科郎正在經歷的內心糾葛，還有他對呂西安抱持的深刻情意。

在《暗黑事件》中，農夫米舒一見到律師對米舒投靠的貴族羅倫斯效忠，便無法控制眼淚奪眶而出。

> 聽見自己得到如此有力的措辭辯護，替自己昭雪平反，一瞬間，米舒發黃的眼睛流下淚來，順著他可怖的臉〔……〕他讓大家豁然開朗，尤其是他落下的眼淚，在法官心中留下深刻印象。[37]

一張最醜陋恐怖而且令人費解的臉，一旦哭泣，流下的淚水似乎是最真摯的，在流露真情的罕見時刻，魯莽粗人的本性和熱情都表露無遺。於是，淚水帶來某種表象的翻轉，並且在饒富戲劇性的例外場合，讓真心真意赤裸裸寫在臉上。

當故事場景充盈父愛，巴爾札克便會收回自我節制在小說世界中的戲分。《煙花女榮辱記》中的盯哨沛哈德（Peyrade）雖然不傾向表露自己的情感，但在得知自己的女兒麗迪（Lydie）遭到綁架時，眼淚奪眶而出。[38]沛哈德為人冷酷，但其實將自己所有的柔情傾注在寶貝獨生女身上。對巴爾札克來說，父愛是激情（passion）的一種，*透過高老頭（le père Goriot）一角，父愛呈現得淋漓盡致。高老頭時常哭泣，但更有甚者，他把女兒的眼淚看得比其他事物都還重要。他的女兒戴爾芬（Delphine）哭泣時，眼淚流入歐仁的外衣，高老頭便想要取得那件外衣，因為戴爾芬小的時候從來沒有哭過。[39]我們都知道高老頭下場慘烈，他臨終前身邊只有幾個大學生在一旁流下熱淚，讓他誤以為在身旁哭泣的是自己的兩個女兒，讓他「發出喜悅的尖叫」。[40]人一旦不再年輕，學會駕馭自己的情緒後，那份成熟便顯現在安之若素的態度中，而表露情感的時機，則僅限於性格幽微處的閃現，或點出他與生俱來執念所繫之處。哭泣一旦變得罕見，便有揭露真相的力量，因為那個真相原本可能被藏了起來。我們會發現，男人從青少年開始便要學著克制情緒，於是他們流出比較多「真摯」的眼淚，流淚時展現的真摯也比女人小孩來得多，因為後兩者仍時常透過眼淚來情緒勒索。如此一來，成年男子情不自禁的眼淚無法假裝，

* 巴爾札克曾在《人間喜劇》的序言說：「激情是人性的一切。一旦沒有激情，宗教、歷史、小說和藝術都是徒勞一場。」（'La passion est toute l'humanité. Sans elle, la religion, l'histoire, le roman, l'art seraient inutiles.'）

讓人讀取到的資訊也不會被表象的幻術扭曲。

不過，親情同時仍可能被更為強勢的激情壓過。在《絕對的探索》中，拜塔札（Balthazar）是個溫柔的丈夫和好爸爸，但因為醉心於科學研究，把妻小拋諸腦後。見到太太哭泣時，他的反應是這樣的：

> 「妳來看看，」見到妻子哭泣時，他這樣說，「我分析了眼淚的成分。眼淚含有少量石灰的磷酸鹽、氯化鈉、黏液和水。」[41]

拜塔札在太太的淚水中，只看得見化學成分分析的可能性，科學的觀點整個取代了丈夫的關愛。在當時的生理觀念中，拜塔札之所以會有這樣的表現，是因為他的神經流貫穿熱情所繫的主要渠道，讓感性渠道的分配不足。離開了激情和嗜好所繫的神經渠道，人變得六親不認，就算是最為神聖的關係也置之不理。透過描寫各式各樣的執迷不悟，巴爾札克參與了激情時代的書寫，哭泣或受到他人眼淚感染的能力可能受到移轉，被過度極端化的意志牽引到其他地方去，而不單純只是理智受到障蔽。

那些得知道如何藏起來的眼淚

斯湯達爾小說的主人翁通常具有敏感的心靈，但他們很快地便學會如何對自己的情緒保持戒心。*他們必須一點一滴拋棄年少多情的淚水。起先，年輕男子會非常詫異，自己竟然無法控制情緒是否受到感動，接著，他便開始學著自我克制。這樣的學習，和男人之間的會話交流息息相關。於是，年輕的呂西安・樂文（Lucien Leuwen）發現在親情中撒嬌示愛是會碰壁的，他還為此付出了代價。原先，他滿心感激而且淚眼汪汪地抱住爸爸，結果，爸爸的回應居然是這樣：

* 本小節對斯湯達爾小說人物的討論，聚焦在性別差異和情緒表現的收放，但如果只用這兩個參數做為理解斯湯達爾作品與感情觀的主軸，有欠全面。斯湯達爾在展開寫作生涯前，曾追隨拿破崙從軍，被派遣到義大利與俄羅斯。他對義大利文化情有獨鍾，不管是遊記、藝術評論或小說，都能見到義大利的在他心中留下的倩影，例如一八二九年的《羅馬漫步》（*Promenades dans Rome*）、一八一七年的《義大利繪畫史》（*Histoire de la peinture en Italie*）還有一八三九年的《帕爾馬修道院》（*La Chartreuse de Parme*）。義大利在斯湯達爾的想像世界中受到理想化，其中也包含不少紅粉知己、藝術家與歌劇名角的關係，於是，他個人的文化偏好也形塑了基於國族民情產生的感性樣態差異。他認為義大利人鍾靈毓秀，揮灑熱情不拖泥帶水，藝術與建築風格超逸絕倫，讓法國老家格勒諾布爾（Grenoble）相形失色，而斯湯達爾認知中的法國雖然有著過人的思想成就，和義大利人的藝術稟賦不盡相同。他用義大利文寫的墓誌銘也可以佐證他對「義式感性」的認同：「亨利・貝勒（斯湯達爾本名 Henri Beyle，在原文中以義大利文體顯示）米蘭人，寫過，愛過，活過。」（Arrigo BEYLE. Milanese. Scrisse. Amò. Visse.）。他下葬於巴黎蒙馬特墓園。

「啊，我明白了，」樂文先生還是有些訝異，「你玩輸了一百路易是吧？我會給你兩百。但我可不想在一個中尉的臉上看到眼淚。做為一個勇敢的士兵，難道不應該優先考慮自己的行為舉止，對其他人會有什麼影響嗎？」[42]

樂文先生是個和氣的爸爸，但有些不通情理，因為他無法理解自己的兒子為什麼有情感的衝動，以為他是打牌輸了，心情不好。他在意的，是教導兒子如何在新的崗位上做個稱頭的人。於是，這場誤會變成呂西安的前車之鑑：「我不能被衝動牽著鼻子走，他這樣告訴自己。其實呢，我為什麼會這樣，我自己也不知道。最後，我的感受不了了之，還驚動了爸爸。」[43]呂西安因為不夠瞭解自己而感到焦慮，他進行自我檢視，並決定要克制情緒。有趣的是，這個學習的過程發生在私領域的父子關係裡，在父子關係中，動情落淚已然不被理解，遭到錯置，還會引發震驚。即使呂西安決定再也不要表現出自己的感受，但受到人群喝倒采的時候，他還是情不自禁地流下淚來。他把這些困擾告訴朋友寇夫（Coffe），並要寇夫永遠保守祕密。不過傾訴歸傾訴，他在寇夫面前落淚的時候，並沒有因此減輕羞恥：「在寇夫面前，樂文的弱點是他無法不講出自己在想什麼。所有的羞恥被他一飲而盡，接著，他哭了起來。」[44]在認識多年的老朋友面前流淚，仍讓呂西安覺得不好意思。那些關於絕望和無法把持的話語，都變得無關緊要了，因為他已經展現自己的脆弱之處，沒有什麼好隱瞞的。

這部小說中的第三個範例牽涉到女人。在經歷過和葛紅戴夫人（Mme Grandet）的關係後，呂西安・樂文想起表親曾經說過的話：「恩涅斯曾預言，說我這輩子永遠不會因為愛情而有女人，而是出於同情和眼淚，或是根據這個不快樂的成分分析師的說法，是出於濕潤的管道（voie humide）。他錯了。」[45]恩涅斯這麼說的原因，是因為「有」一個心愛的女人，或至少帶著淚水擁有，都在借用女人的情感語彙，這麼做，在男性的世界裡一點都不光采。一個人如果想進行男人之間的對話，大吹大擂自己的傑出事蹟，最好採用「乾燥」的方式。在爸爸、朋友和表親面前，呂西安這個敏感的青年被陽剛的行為表率收編。所以，陽剛氣質的養成和熟成，牽涉情緒的完全管控，以及把心腸硬起來。這對於想要在巴黎社交場合嶄露頭角的人而言，尤其重要。《呂西安・樂文》是一部斯湯達爾未完成的小說，這個主題是驅動故事的主力之一，其中追求力量的方式，是如何成為女性萬人迷的歷程。

《紅與黑》的主角朱利安・索瑞（Julien Sorel）也天生感性多情，他時常獨自流淚，在受到情緒波動牽制時，他感受到羞恥和快感的混合：「朱利安恥於面對自己的情緒，有生以來他第一次察覺自己被愛。他喜極而泣，前往韋里埃（Verrières）村邊的森林，用密蔭遮掩淚水。」[46]後來，他反思這次眼淚爆發的含義：「我能仰賴的，只有自己性格的某些面向帶來的感受。不然，先前誰有辦法跟我說，我會在哭泣裡找到愉悅！」這個多愁善感的主人翁因為愉悅的感動而興奮，同時有點不知所措，他決定將這份嚇到自己的心動收納起來，因為它有可能招來對自己不利的觀感。

鋃鐺入獄時，朱利安無法在爸爸面前克制自己的眼淚：「多麼令人不齒的懦弱！他憤怒地自忖。爸爸一定會四處張揚，把我如何缺乏勇氣說出去。」在這裡，哭泣點出的不是缺乏自制的問題，而是勾描一個人的性格。朱利安早先就解釋過：「我很容易受到感動，就算是最家常便飯的語句，只要用真摯的語調念出來，就有可能觸動我說話時的嗓音，甚至讓我流下眼淚。因此，我這個傾向不知道被那些心靈乾燥的人瞧不起多少次。」[47] 斯湯達爾的小說主人翁時常跟主流價值背道而馳，他因為多愁善感，深受被時人視為懦弱之苦。透過這些角色，斯湯達爾衡量哪些個人特質會損及一個人的成功和名譽，而這些特質便包括多愁善感。

另一個斯湯達爾式的人物包括歐克塔夫，是小說《亞蒙絲》（*Armance*）的男主角。他律己甚嚴，不喜歡隨意流露情感，在經歷情感之前，往往先碰到羞恥。所以，在他發覺自己事與願違地愛上表親的那天，他不容許自己流淚：「他哭不出來。他感到羞恥，尊嚴令他無法同情自己，於是抽乾了淚水。」[48] 遏止男性落淚的兩個主要動機，似乎就是羞恥心和自我武裝的需要。年輕男子為了要取得社會流動的入場券，時常得戰勝自己的情緒傾向和情感表現，知道如何駕馭善感的心靈。取得這些認知的場域多是在男性之間，也時常發生在自我對話之中，而自我對話的形式常常是內心獨白。

維護面子的重要性，也解釋了為何人不會在場面上流露真情。在一本未完成的小說中，維尼（Alfred de Vignhy）描寫一個年輕男子見到敵人向他證明，自己心儀的女子已投向一個老元帥的懷抱，他作何反應：

> 我不發一語。他面色凝重地拿出寫有會面地址與時間的卡片，以及出自那位不幸女子筆跡的文字做為證明。這些在在都是我無法懷疑的鐵證，點出令人羞憤的真相。這個男人對我說話，面露猙獰的喜悅，只消瞥一眼他的臉，就能將我從流淚的恥辱中解救出來〔……〕我滿腦子只想復仇。49

很快地，採取行動以及迎戰的必要，壓過了可能會使年輕男子感到羞恥的困擾。在這樣的情勢中，若能將問題訴諸決鬥，幾乎是件幸運的事。

但是，為了迴護面子而自我武裝，真的會發生在現實生活中嗎？也許，我們可以採信於維尼的私人札記：

> 如果我為人冷酷，而且陰鬱嚴峻，那其實不是我的本性——那是人生帶給我的性格。我有一份極為纖細的感性，從小時候先是被師長壓抑，接著在軍中被長官禁止，從此以後，它被鎖在我心裡最深的地方。50

斯湯達爾和維尼都刻劃出年輕男子為了節制眼淚，必須經歷的階段。軍旅生涯時常被描述成一段學習的歷程，但他們受的教育其實也參與了一部分。而且，往往就是成熟男性的眼光，驅使後生晚輩進行這項人格練習。維尼的幼教由他的媽媽負責監督，他媽媽在臨摹一幅拉斐爾的畫時，曾經感動落淚，因此讓維尼學會了美學的感受。但這個時期只是曇花一現，一旦進入男性為主的場域，年輕的維尼便開始學著如何自我克制，將自己的敏感性格加密封存。

當一個流淚的女子

女人注定要踏上的旅程，和上述情形恰恰相反。女人有時因為麻木駑鈍，必須透過哭泣才能重拾「做女人」的身分。對女人而言，獲救的方法唯有眼淚一途。

有人性格剛強不撓，面對橫逆時堅毅挺立，為了描寫這樣的性格，作家會以礦石做譬喻，描寫靈魂的強韌。譬如在戈提耶的筆下，有位名叫穆希朵拉（Musidora）的角色「性格堅毅如鑽石，冷光森然，堅硬無比。」[51]在這個譬喻中，我們可以見到表象和內裡、堅硬和冰清水感的相對關係，奠定一個角色的性格基調，也刻劃出別具特色的女子。穆希朵拉因為童年時有過幾乎和殉道者一樣慘烈的經歷，讓她日後變得冷漠無感，很早就將心靈武裝起來。在媽媽過世時，她並沒有因此哭泣。因為，她媽媽的行徑抑制了女兒表達情意的動機。她在十三歲的時候，被媽媽賣給一個年邁的英國貴族，為了逼她交出報酬，還毒打她一頓。她曾經有個愛人因為無法負擔她揮霍無度的生活方式，被逼入絕境，最後自殺，但她對這件事無動於衷。她以一個交際花的方式度日，雖然身處混亂和不名譽的漩渦之中，卻覺得無所謂，心中波瀾不驚。「她實際的存在方式和自己的思緒完全切割開來，完全處於她的心靈世界之外。」這樣的自我分離，讓穆希朵拉彷彿過著雙重人生，保存了自己私密且隱匿的一部分。因此，她對自己外顯的生活型態可以保持不沾不染，沒有什麼能影響她的憂樂。不過，有天晚上，她因為想見到佛杜尼歐（Fortunio）卻沒能如願以償，而在沙發上傷心落淚：「她心裡結起的冰層，比西伯利亞的冬天還要寒冷貧瘠，卻因為愛意的薰風吹拂而開始融化，化成如綿綿細雨的淚水。這些眼淚是新生活為她帶來的洗禮。」愛情讓這些神聖的淚水簌簌流下，見證穆希朵拉邁入新生活。佛杜尼歐成功「卸下了穆希朵拉的心防」，因為他和她一樣有著堅毅強韌的心靈。兩顆堅硬如鑽石的心在相遇之後，發生了變化，彷彿「有個女人從石像中翩然走出」。*在遇見佛杜尼歐之前，穆希朵拉的內心世界不是進行地下活動，就是麻木不仁，遇見他之後，她的心像「一朵神祕的花綻放開來，來自佛杜尼歐在她頑石般的心上播下的種子」，並且受到自身淚水的澆灌。從堅若

* 此處呼應古希臘神話中畢馬龍（Pygmalion）的遭遇。根據羅馬詩人奧維德的《變形記》，畢馬龍醉心於雕塑，愛上了一尊自己雕塑的女人石像，因為那尊雕體現他心目中的完美形象。畢馬龍得到愛神的庇佑，有天在親吻雕像時，發現雕像活了過來，讓他能如願和這個從雕像中翩然走出的女人在一起。

磐石的貧瘠狀態，轉入受到潤澤的發芽階段，標誌著穆希朵拉的女性回歸。冷豔無情的交際花遂變成少女：「她的愛有著神聖的無邪稚氣，帶著可愛的不成熟與純潔童貞的熱情。」穆希朵拉原先披著自我麻痺和武裝的鎧甲，在聲色犬馬中放浪形骸，因為愛情的緣故，重新找到女人與孩童一般的純潔。對她而言，哭泣就像是一場洗禮（或第一次領聖餐禮）。因此，有趣的是，就算當時的女人被認為她們因為天性使然，善感易哭，有些女人卻因為處境艱難，面對現實之際，必須克服自己的脆弱，於是需要自我壓抑。不過，眼淚經過壓抑而彰顯出來時，似乎更能展現寶貴的女性特質，包括傾心的誠篤和情意的真純。而深刻的女性特質，就是透過哭泣的能力來界定的。這句話的意思是說，一個女人性格特質的縱深受限於她的境遇，在不同的境遇中，她為了避免困擾而會控制自己表現情緒的方式，但性格的內質與層次，仍取決於她受到感動而潸然淚下的能力。在社交場合中，人們出動各種角色，遵循各種成規，披戴各種鎧甲與武裝，和深埋在女性心靈中的瑰寶相抗。那些不俗的性格手采，讓作家著迷不已。

層次微差與心理

一個人之所以有滿腹委屈，問題常常來自社會的規範，而且那些規範顯然都是偽善的。在社會上的許多場合，人必須假意客套，強顏歡笑或作態哭泣，這些都讓人苦不堪言。假設是作態哭泣，還得期望他人別去取笑那些眼淚。而到了社交圈中，自我呈現無比重要，卻弔詭地形成一個無比蠻荒的場域，因為它不但讓人看盡各種猙獰難看的心機，卻同時又是無形的。在這個時候，民間的風俗不再受到以往的推崇。在面對領導階級的時候，平民百姓的男男女女為了吸引他人的同情，顯現出和自己的面貌完全不符的樣子，他們裝得純潔天真，貌似胸無城府，其實上暗自打著如意算盤，滿腹陰謀詭計。所以，要在社會上建立關係，通常要具備一定程度的自我克制，而且善解往往表裡不一的意圖，因為在面對外在世界時，表裡不一可以成為自我保護的盔甲。

這個新的行為模式，男女都有。此時的女人活動空間多半在家庭內部，面對外界和社交生活時，必須將私事密封在內，不對外透露，待人接物要親切和善。但是在私領域中，她們的感性又時常淪為男人的笑柄。她們常常是受害者，只能暗自飲泣。就算那些最為剛強堅毅的女子有辦法駕馭女性的情緒波動，有一天，她們遲早會因為淚崩，和深埋內心的女性特質重逢。背後的邏輯是，女人天性溫柔敏感，無論遭逢什麼樣的坎坷橫逆，都不會改變。在小說裡，這個纖細敏銳的性格弱點不斷受到點染和讚揚。

這一點，蜷曲在女人腳下哭泣的男人清楚得很。他們縱然會在劇場對多愁善感的表現哈哈大笑，但他們心裡明白，為了色誘成功，眼淚是必要手段之一。他們注定要成長，並且踏入外在的世界，為了與之周旋，男人必須揚棄一顆感性心靈的轉悠哀嘆，不然就會顯得懦弱無用。

如果偶爾在情勢嚴重時落淚，這樣的情緒既深刻又罕見，這些時刻往往在他們的人生軌跡中，標誌著無比重要的里程碑。

在十九世紀裡，奔流不止的眼淚和交融共享的淚水越來越稀少。文學作品也逐漸採取不同的表現方式，這可見於文學採用的語彙，它在十九世紀變得極為多樣。既有的溝通形式與情感符號逐漸瓦解，將空間讓渡給更為寬闊多變的修辭調色盤。眼眶可以是濕潤的，目光可能遭到障蔽，淚珠可能被匆匆揩去或忍住，啜泣可能被蒙蔽消音。內心深處的煎熬會引發罕見的滾燙熱淚。這些細膩處的雕琢和情感的千姿百態，在在顯示小說這個文類經過了多巨大的轉變，也點出節制情緒在社會倫理中扮演多重要的角色。在文學創作中，觀察並描摹眾生的型態、神貌、姿態，成為有價值的敘事表現，我們也許能從這裡得知，當時的人們對社會關係、他我關係有了新的見解。出入社會，要精確讀取他人釋放出來或可以見到的態度，這件事帶來不小的集體焦慮，因為獲取他人感受的資訊是那麼令人手足無措，沒有前例可循。

他我關係中的徬徨不定，被體態面相學式的人物觀察放大，因為每個人在哭泣時，各有各的樣態。於是，文本變成饒富哭泣動機的場域，甚至讓哭泣成為譬喻。哭泣揭露深藏內心的女人氣質，坦露藏匿的真情，或勾勒出一個神祕人物的真正執念。要是一個人強忍淚水，他的臉可能會留下相關的證據，並和人生歷程交相呼應，例如遇人不淑，嫁給粗魯遲鈍的丈夫，或是和人出軌，紅杏出牆。只有個人歷史的曲曲折折能解釋某些哭泣的真正原因，有可能是童年不快樂，期望落空或少女夢碎，種種事由經過敘事的召喚，讓情緒變得可讀，而且可以讀出個意思。此外，人在一生不同的階段，也會有性質各異的眼淚。純真少女流下的，是容易和溫柔的眼淚。少年男子還存有幾分敏感，在最後的幾次哭泣裡還看得出來，畢竟這些殘存的少年心靈特質還不成熟，遑論老邁。然而，在這些眼淚的記敘中，眼淚本身並不具備闡釋功能，它的涵義仰賴個體的背景，才能投射出情緒的心理發展過程。如果在描述這些層次微差時需要這麼高的準確度，是因為這些層次涵蓋的訊息稍縱即逝，角色在釋放這些訊息的當下，也沒去在意自己在過程中所處的位置。一個人要是想隱藏自己的動機或弱點，會在臉上留下線索，舉手投足之間，不免會有背叛匿蹤行徑的蛛絲馬跡。在闡述動機的心理活動時，有時會讓敘事顯得滔滔不絕，卻在輔助理解某些流淚場景時，有其必要。眼淚不只是流淌出來的訊息，更成為一組需要被解讀的症狀，放在敘事者與作家的專業目光下檢視。

這是一場來往於表象和縱深之間、外在與真相之間的遊戲。一個人就算鐵石心腸，有天仍會坦露深藏心中的溫柔礦脈。一個剛硬澄透如鑽石的靈魂，就算平常看起來漠然無感，也有軟化的一天，讓經年含蓄的親密溫存浮現。凡是具有極致感性的人——極致到一旦袒裼裸裎，狀若剝皮解剖——都有一副心靈甲冑。但是，椎心之痛也可能讓一個人的眼淚乾涸；而另一方面，太容易哭泣的人也或許只有淺層的感性。有時候，最為淺白的情緒表現只是逢場作戲，掩飾黑心的算計。所以，眼淚是可以偽裝和模仿的。這樣一來，真實的痛楚可能看起來像是表演，淚崩的假戲也可能看似真情實意。面對他人的眼淚，不管是太輕信或太懷疑，都會威脅人際關係，尤其是男女交往的關係。在這樣的情況下，相信表象也不是，打破沙鍋問到底也不是。只有透過深度且個人化的方式去了解一個個體，有時還要加上同樣的自我認識，才有可能讓真相水落石出，因為眼淚能點出某些長期受到忽略的特徵，諸如綿綿情意或是性格裡的某個稜角凹凸。所以，最真實的感性最為私密，也藏得最深——因此，私密即深邃，自我包裝只是皮囊一只，披掛一副，戲一場。在小說裡，隨著眼淚流出的情感意義不再具有立即性，敘事者（作家）往往要插手解讀，才能呈現表象之外的真實意思。

第三部

啜泣的危機，情感的風險

Crise de sanglots. Dangers du sentiment

第一章　反情感的病態

厭惡眼淚

浪漫主義式的啜泣，雖然替十九世紀前半葉設下了情緒基調，卻也讓許多人煩膩生厭。相關的證據，可見於時人的書信、回憶錄和日記。詩人繆塞興致一來便喜歡揶揄諷刺，他曾說過一句妙語：「這些乘著小舫的愛人和做夢的人、夜遊湖泊和小瀑布的小倆口，這些無名的跟風群眾，好像沒有吟哦詩句、沒有淚水氾濫、沒有日記為證，就不能踏出一步。」[1]他的酸言酸語劍指拉馬丁式的哭哭啼啼*，但也有可能戳向自己，藉此自嘲。繆塞時常這麼做，用殘忍的哈哈大笑回敬自己曾經傷心落下的眼淚。另一位作家穆傑（Henri Mürger）則表示，有太多年輕人把藝術家和詩人不如意的言論看得太重。這些詠嘆滿載愁緒，把那些毫無創造力的腦袋唬得團團轉：

這些布道非常危險，這些流傳後世的吟詠只是徒勞一場，卻塑造出一個自以為被世人誤解的荒唐族群，也就是一批哭哭啼啼的詩人。這些詩人的繆思老是紅著眼，披頭散髮，滿腹庸言，囚禁在名不見經傳的監獄裡。這些詩人一無是處，反倒覺得繆思是壞心的後母，藝術則是劊子手。[2]

不過，穆傑攻訐的對象只有藝術的寄生蟲，也就是攀附藝術家的身分叫窮的人。畫家德拉克洛瓦（Delacroix）更不客氣，他曾在一八五〇年二月十四日的日記裡這樣寫道：

> 那些舒伯特，那些癡人說夢的人，那些夏多布里昂（很早就冒出來了），那些拉馬丁，等等等，這些人太讓我感冒了。為什麼感冒？因為他們不真誠。緊緊把情婦抱在懷中時，

---

* 「拉馬丁式的哭哭啼啼」（pleurnicheries lamartiniennes）意指搭船約會和遊湖興嘆，都是在嘲諷一個典故，出自法國詩人拉馬丁（Alphonse de Lamartine）一八二〇年膾炙人口的名詩〈湖〉（Le Lac）。在這首詩中，敘事者發出物是人非的感嘆，因為他曾經和愛人遊歷詩中的湖泊，但愛人不久之後便重病離世。當他舊地重遊，對生死離合、時間流逝別有感觸。詩的第一節便點出希望時間能暫停的枉然意圖：「於是，我們一直隨波漂向新的岸邊／駛入橫亙的夜晚，不回頭／難道，在時間的汪洋中，我們就不能／下錨停泊一天就好嗎？」（Ainsi, toujours poussés vers de nouveaux rivages, / Dans la nuit éternelle emportés sans retour, / Ne pourrons-nous jamais sur l'océan des âges / Jeter l'ancre un seul jour?）

哪個談戀愛的人會舉頭望明月？月亮老早就讓他們感到乏味了。談戀愛的人不會一起哭泣，他們不會一起創作讚歌吟詠無限，也鮮少描述什麼〔…〕這根本就是病態戀愛的學派作祟，他們提倡的東西可憐兮兮，女人卻假裝對這些胡說八道癡情著迷。[3]

德拉克洛瓦不想跟這些乏味的戀人同流合污，因為這種感傷主義根本沒有反映現實，但卻有不少女性仍憧憬有朝一日能有個蒼白的戀人，淚眼汪汪許下山盟海誓。因此，性別差異的衝突也是典範成規的衝突，更是美學的衝突。

那些企圖推動文學變革的人挑戰情感的堆砌，拒絕讓受苦的靈魂傾吐衷情，並將這些視為威脅創作的警訊。年輕一代的文人如此反對上一個世代的典範，將這樣的叛逆冠上男子氣概（virilité）的名目。像福樓拜就毫不保留地抨擊十九世紀前半葉的文學大家，他秉信真實表達和分析的原則，因為這些價值對他而言，是時代的關注所在。這些信念伴隨著一份蔑視的態度，貶低拉馬丁的作品以及詩人作態的表現。福樓拜曾經用下列文字回憶訪談詩人的經過：「進入最後一首詩前，他慎重其事地告訴我們，這首詩他一氣呵成，寫就時滿臉淚痕。這樣的作詩過程，真是精采！」[4]在福樓拜的觀念世界裡，冷眼觀察，並對含淚泣訴的詩歌保持戒心，種種態度都和陽剛價值有所連結：「真相所需要的男人，體毛比拉馬丁先生還要多。」福樓拜瞧不起浪漫主義詩人淚眼汪汪的作態，同時認為寫實的決心，需要男人的堅毅穩重。另外，福樓拜也劍指繆塞，因為繆塞在他眼裡是個極不開心的男孩：

> 這股墮落（décadence）之勢的根源，在我看來，來自一個人們共有的執念，繆塞也有，亦即把情感當成詩。「在瑪爾戈哭泣時，煽情劇變得優質」，這句效果不錯，但取徑太便宜了。諸如「只要受苦就能歌詠」云云，幾乎可說是這個門派的箴言，把所有東西化成道德勸說，最後藝術品所剩無幾。[5]

對福樓拜而言，藝術最基礎的要素是幻覺，從他的美學觀點出發，煽動情緒的淚水是二流技巧。流淚對文學創作的貢獻有限，也與藝術家的自我無關，還不如孜孜矻矻地寫作。如果文學陷入濫情、自白自剖的展示，似乎會失去某些力量：「你不覺得一切正在瓦解嗎？透過流體、淚水、喋喋不休、或某種情緒的滋潤乳品釋出，當代的文學耽溺於女人的月經中。」[6]福樓拜不像米舍雷對女性分泌物的象徵如此著迷，反而對情緒困擾帶來的眼淚嗤之以鼻。他的訴求非常清楚，文學（les Lettres）必須剔除所有女性化的液體，因為這些東西讓文學索然無味，文學要陽氣昌盛，必須字字有力。

新的美學起而反抗以情為本的流派，反抗小家碧玉的作風。這個美學觀在福樓拜的身上表露無遺，尤其體現在他的情感生活中，他認為女人的眼淚多是無稽之哭。於是，創作理念遇上私生活的例子，可見於一封他寫給露易絲．柯列（Louise Colet）的信。在這封信中，福樓拜讓戀愛與文學的語境雙管齊下，試圖說服露易絲捨棄積習：

> 如果妳哭了，讓我的雙唇拭去妳的淚水吧！我還要用嘴唇掃淨妳的內心，揮別這些舊塵〔……〕因為聖母崇拜的緣故，世人才開始崇拜眼淚。就這樣，十八個世紀以來，人類一直都在追求這個洛可可的理念。*但是，人再一次反叛了，他離開了愛情的巢穴，那個曾經在他傷心時供他棲息的地方。在現代人的意識中，一項可怕的反叛正在醞釀，反叛我們稱為愛情的物品。起先，這項反叛是諷刺的咆哮（例如拜倫等人），然後，整個世紀開始用放大鏡檢視，解析這朵曾經如此芬芳的小花，還要解剖那朵花！[7]

這段話的意思是，童貞聖母的慈悲污染人心太久了。以拜倫的自嘲為首，加上以踏入現代的名義，福樓拜不想要再浸淫於情愛的溫情世界，而是要解剖情愛，準備好要特寫呈現情愛所有可能讓人不舒服的高畫質細節。如果不這麼做，後世會嚴厲審視十九世紀文學犯過的蠢：

> 多愁善感的人物會讓當代文學在未來顯得幼稚，甚至頗為愚蠢。除了論情，還是論情，只論溫柔，只論淚水——從來沒有人這麼超群吧。[8]

於是，福樓拜宣戰的對象包括「多愁善感的人物」發出的嘆息、他們流下的眼淚、所有風行於文壇的「雌性」及道德教化的特質，這些都是他在露易絲・柯列的作品裡讀到的特徵。由此可見，福樓拜雖然把露易絲視為情人和朋友，此話一出，也是在抨擊這位女詩人展現的女性情懷：

一開始，我在妳身上沒見到那麼多女性特質，而是得到一個比較全面的人生觀。但，才不是這樣！心呀！可憐的心呀，這迷人的心有著不凋的優雅，一直在那裡，就算是格調最高最清遠的女子，還是有著那麼一顆心。一般來說，男人做的事情，就是盡其所能讓人心淌血，喝下他們自己不會流下的淚水，細品它們代表的各種小小折磨，證明他們比較強大。如果我懂這套情趣，我會把握和妳一起享受它的每個機會。[9]

男性的驕傲讓他享用女人的眼淚，因為男人本身不被允許流淚。不過，福樓拜沒有這樣

* 「洛可可」（rococo）本指十八世紀起源於法國的裝飾與繪畫藝術風格，特徵是採用不對稱的線條、粉嫩的色調、鑲金、鑲嵌等裝飾。「洛可可」一字本身便源自石材鑲嵌的裝飾技法（rocaille），風行歐洲之後，有纖細輕盈、粉香馥郁的奢華涵義。將一個理念形容成「洛可可」便暗示這個想法可能重視外表，流於枝節，華而不實。

做。他並不樂見露易絲・柯列情緒起起伏伏，也不喜歡把她弄哭，甚至希望有一天能見到她「搖身一變成為新的雌雄同體」，有著女人的身體和男人的思想。

另一個文人馬克西姆・杜剛（Maxime du Camp）也向露易絲・柯列提過建議。他的建議更加直接，語調和福樓拜差異頗大，而且更沒有同情心：

> 首先呢，妳知道的，古斯塔夫（福樓拜）是個重視身體和物質的人，但妳每次見他都是淚眼汪汪。他這麼崇尚和諧，妳卻在每次見面時讓淚水模糊了妳漂亮的臉蛋。這麼看來，妳的思想和心意對他似乎只有不公平的譴責。好姊妹，好好考慮這些吧，尤其要好好記著……[10]

所以，露易絲・柯列收到的忠告是：為了形象著想，別那麼常哭哭啼啼，別怨聲連連。也就是說，露易絲・柯列要符合自己做為一個藝術品的形象，要美美的，不能哭。她對於這些並不在行，她仍憧憬著可以表達情緒和得到溫柔安慰的時刻。於是，她曾在一八五二年五月六日的日記裡寫道：

> 唉！如果古斯塔夫能多愛我一點，我就能向他敞開心胸。如果哭的時候有他陪在旁邊，

有他站在我這邊，那該有多好！但多說又有何益呢？這只會讓我在他眼中失去魅力，沒別的好處。[11]

福樓拜身邊的朋友似乎對露易絲．柯列的眼淚早有耳聞，管她叫「繆思」。路易．布易雷（Louis Bouilhet）曾經這樣提醒福樓拜：

想知道我怎麼看的嗎？想要我跟你直說，她去找你媽，搞那些詩、那些一哭二鬧的精神危機、那些晚餐的邀約，到底有何用心嗎？她想變成你老婆——而且覺得自己正在變成的路上！[12]

於是，露易絲．柯列流淚的樣子讓她變醜。而且，更糟的是，她的眼淚被如火如荼地捲入一場消耗戰（結婚是雙方當事人最大的恐懼），進而被各種情緒低潮攪得一塌糊塗。基於男人的義氣，是朋友就該提醒福樓拜事態嚴重，並且設法讓露易絲停止哭哭啼啼。

除了譴責女人的多愁善感，福樓拜也在信件中詆毀親情。在一封寫給布易雷的信中，他說家讓人陽氣消退，拉低生命力：

天殺的家庭消人志氣，使人怠惰，處處妥協，還把你泡在牛奶和眼淚的汪洋裡。13

福樓拜和布易雷哥倆好，替彼此打氣安慰。家庭親情和眼淚會讓人性格變得陰柔，有鑑於此，行動派和從事創作的男人，為了不讓自己被女人的平庸與香氣麻醉，不讓自己沉湎於傻呼呼的小確幸，應該要保護好自己。其實，福樓拜在落實自己和朋友秉持的原則時，並非一帆風順。他年輕時曾經遠遊埃及，媽媽見遊子臨行，哭得呼天搶地，他咬著雪茄轉著鞋跟，故作鎮定，一回房卻泫然淚下，徹夜痛哭。福樓拜縱使歷盡滄桑，卻不會在他人面前表露心意：

我的靈魂裡有著足以致死的苦澀痛楚。我不會告訴別人，因為沒有對象可以傾訴。其他人的處境比我更糟。而且，我沒有以淚示人的習慣。我覺得這麼做既愚蠢又不雅，好像當眾摳開結痂。14

福樓拜就算心有不快，卻因為以淚示人有礙觀瞻而且荒唐滑稽，所以選擇不讓情感外露。精神痛苦被打回疾病的層面，降到身體的層次，並無一處受到精神昇華。沒有人見證福樓拜的哭泣，讓他的情感成為祕密。在他人眼裡，他是個心無波瀾的人，但獨自一人的時候，又會被衝破攔堰的淚水擊垮：

每件事都讓我很煩，每件事都在中傷我。在人前，我很克制，但我三不五時會被眼淚打敗，好像要被撐爆。[15]

眼淚先是被壓抑，進而反撲逆襲，只有讓困擾火上加油，毫無緩解之用。這樣看來，福樓拜有時還是會感動的，只是他會依據交涉對象而採取不同的應對分寸。在寫信給喬治・桑的時候，福樓拜稱呼她為「老大」（maître），表示收到她的信時，都是含淚拜讀，原因可能是受到信件內容感動，也有可能是純粹想哭。[16]福樓拜這麼做，無非是投其所好，用眼淚表達他對喬治・桑交情的重視。但如果通信的對象換成布易雷，他又會改口，用疏離嘲諷的方式表達友好：「可憐的老布，今天中午你那封我企盼已久的信終於收到了。我把它弄濕了。你看看，看我多想你！這個難以度量的傢伙。」[17]布易雷在回信時，也用同樣的語調開頭：「你的信讓我眼睛進水。」[18]此處的玩笑亦帶有一份矜持，兩位朋友帶著一抹微笑，眨了眨眼，並且舞文弄墨，藉以互相傳情。在跟朋友分享他的性靈如何在埃及行發生深刻轉變時，福樓拜也採用了同樣的語調：

我感覺自己似乎有些改變（也許，你比較想聽我扯一些關於旅行、新鮮空氣、遠方的地平線和藍藍天空的話？）日復一日，我覺得自己變得越來越敏感，情緒越來越豐富。連一件瑣事也能讓我眼眶泛淚。我的心變得跟妓女一樣，什麼都能讓它濕掉。有些微不足道的事情跑進了我的心腸，在那裡作怪。[19]

在講出心裡話前猶豫踟躕，同時好奇自己的性格有何轉變，對愛哭一事開開中學生的玩笑，在在顯示，說話者在某種程度上害怕被取笑。這樣自評的語調既親暱又調侃，屬於男人與男人之間的談天風格。男性的敏感運作的方式，就是用鹹濕的話語包裝敏感的心靈，並在談笑風生之際自嘲淚水，和過度陰柔的氣質劃清界線。

福樓拜的創作美學排斥被視為女性化的情緒感動，龔固爾兄弟（les Goncourt）則不一樣，他們目含淚光觀察女人，帶著根深柢固的身體宿命論看待性別差異。對龔固爾兄弟來說，女人特別會哭，主因來自她們的身體組成：「眼淚在女人身上純粹是神經系統的分泌物。」[20]也就是說，女人哭泣純粹是神經系統的正常發揮，嚴格來說沒有意義。所以，女人哭泣其實不足掛齒。而且，龔固爾兄弟還認為，她們豐沛到驚人的同情心也只是生理現象造成的：

女人是布施的強大機器。她們的心充斥敏感神經，不管是慈悲心或怵目驚心的坎坷波折，都會在她們身上造成精神病發作。但也因為這樣，發作是一時的。男人為一件事掛懷深思或感到難過，可能要過上兩天才能消解，但女人哭一場就沒事了。[21]

女人受天性所宰制，無法自拔。慈悲心牽動的神經抽搐，要透過流淚來消耗能量，迅速排掉傷心的感觸。而男人的困擾牽涉比較多精神與思考的活動，所以會比較深刻。也就是說，女人只有一具身體，是一架由神經線路和激素管線組合而成的機器。基於這種將女人化約成身體命定論的觀念，男人的痛苦得以受到推崇和器重，因為男人的痛苦不會泛淚，也不會作秀，而且運作在精神世界。在龔固爾兄弟看來，女人哭泣就跟說話一樣，哭得東家長西家短，淚匣子一打開，就沒完沒了——「女人哭起來，好比長舌婦開口」，龔固爾兄弟其中一人和女友分手後，曾這樣寫道。[22]七嘴八舌的無稽之談，始終出自他者、女人和小孩之口。這兩個單身漢在感情中踢到鐵板，硬起心腸，無情譴責他們拒絕參與的溝通語境，拒絕在女人的眼淚裡看到任何意涵。根據龔固爾兄弟的看法，女人多數時候不知道自己為何哭泣，有些人夠老實願意坦承這點，但也有些人拿各種理由當擋箭牌。人們之所以接受這件事，原因在於「讓女人相信自己哭泣的理由被採信了，這樣做比較有禮貌」。[23]龔固爾兄弟提出這麼一套神經發作的情緒理論之後，仍不時回頭省思這項立論的內容。在兄弟倆眼中，喬治·桑再如何卓爾不群，也不免在灑淚抒情的場合中缺乏判斷力。初次和她一起共進晚餐時，他們曾這樣描述喬治·桑：「我們在聽一齣雨果的韻文劇本，進入劇中一個假意多情的橋段時，她默不作聲地聽，眼中淚光瑩瑩。」[24]

這些作家敢於對言情愁緒辣手摧花，卻完全無法代表當時的大眾品味。在一八五〇年的書市和劇場，暢銷賣座的當紅作品無不多愁善感。所以，美麗靈魂的煎熬坎坷就真的符合閱聽大眾的口味嗎？善感的心靈和女人神經兮兮的情緒波動，會招來批判目光的，常常只有在日記和私人書信之中。龔固爾兄弟和福樓拜在這點上頗為謹慎，以免惹毛大眾。即便如此，他們並不是心靈風景的邊緣人。他們的目光有著解剖學家、面相體態學家和手術師的犀利。他們蔑視女流之輩的孱弱，在十九世紀下半葉的文學留下深深的印記，發起一項風格運動，漸漸讓言情抒懷、關心靈魂感動及美麗心靈的小說淪為二流。但是，言情小說這個文類離凋亡滅絕，還遠得很，只是失去了主導地位。群覽文學創作的各種主題，「藝術」的地位抬升之快，就像脫韁野馬撒腿狂奔。同時，以銳利如解剖刀的文字風格，鑽研並轉化邪佞、卑劣或恐怖的對象，變得愈發重要。如果離開美學宣示的範疇，出自男性的論述鞏固自身地位的方式，就是澈底抹煞女性宣洩情緒的價值，將之視為惱人的自然反應，自己將眼淚留給私密真摯的罕見時刻。個體的情感揮灑就此降格，這可以用依希多．杜卡斯（Isidore Ducasse）的諷刺言論印證：「要傳達給讀者的東西汲取自痛苦沒錯，但已經不是痛苦本身，切莫當眾灑淚。」[25]在一八七〇年間，對現代性（modernité）的支持者而言，還有好長一段路要走。

授權核准的眼淚

任憑陽剛之氣如何硬挺，還是有乏力不支的時候。酒精時常是男性的解憂良伴，因為那些困擾受到太多壓抑。龔固爾兄弟曾經敘述一個縱情豪飲的夜晚，他們的朋友查爾斯在艾德蒙・德・龔固爾的手心痛哭失聲，因為查爾斯的女朋友刻意對他冷淡。[26]也許，黃湯下肚方能讓男人留下幾滴眼淚，才不會對形象造成太大的損害，因為大家可以接受一個人在喝醉時並不正常，而且會變得多愁善感。[27]

但就書中立論而言，龔固爾兄弟好像只有在哀悼時，才會讓筆尖沾染淚水。相關的例子發生在尚—尼古拉・布伊（Jean-Nicolas Bouilly）身上，布伊有「眼淚詩人」（poète lacrymal）的稱號，被龔固爾兄弟當成個傻子。不過，他們卻這樣描述布伊的作品：「男人並非女人，但在閱讀這些篇章時，卻無法不在心中萌生哭意，流下淚來。」[28]在題為〈無法復得的失去〉（*La Perte irréparable*）的段落中，布伊記敘未婚妻安東奈特（Antoinette）的死。事發在一七九〇年，他看著她即將油盡燈枯，卻要同時對安東奈特的家人隱瞞她不久人世的狀況。在評論喬治・桑《我的人生故事》（*Histoire de ma vie*）時，龔固爾兄弟也有類似的態度。這則故事說的，是喬治・桑過世的奶奶和母親：「出版業為了投機盈利，大舉出書，在浩浩蕩蕩的篇目裡，這本書有些場景使人好生敬佩，也感人落淚。」[29]喬治・桑以自傳的形式記敘至親的離世，似乎打動了男性讀者，讓他們流下淚來。在這裡，見到他人死去，心理衝擊難以排遣，成為准許男兒淚出現的時機。哀悼一直是男性得以流淚的場合，甚至受到推崇，也就是說，只有在出席喪禮的時候，人得以流露真情。根據龔固爾兄弟的描述，布洛茲（Buloz）「為彭朗胥（Planche）先生之死留下了真正的眼淚」，表露他對此人的心意。[30]情況換成朱爾・德・龔固爾（Jules de Goncourt）下葬的那天，聖維克多（Saint-Victor）和戈提耶均泣不成聲。福樓拜看在眼裡，曾經將他見到的情形記在寫給姪女卡洛琳（Caroline）的信中：「我們都說提奧（戈提耶名字提奧菲的簡稱）沒有心肝，結果他哭得一塌糊塗。我是沒那麼敢。」[31]在喬治・桑下葬那天，「福樓拜保持著一小段距離，他並不恥於哭泣」，開始啜泣時，他抱著歐若（Aurore，喬治・桑本名），那個女文人的孫女。[32*]只有在表現哀悼時，才足以讓男人當眾落淚。這些時刻極富揭露性和戲劇張力，因為它讓一個原本剛毅威嚴或冷漠的人，袒露深刻的情感。這宛如陽剛攔淚堰開出的一道罅隙，在墓園裂開，成為上得了檯面的情緒舞台。

相關的佐證可見於卡洛琳・布罕姆（Caroline Brame）的日記。根據她的敘述，在她祖父過世那天，所有人，男男女女，無不哭泣。她和一位朋友為了互相安慰哀痛，在彼此的臂彎裡泣不成聲，好像死亡允許人與人拉近彼此的肢體距離，讓眼淚得以分享交融。不只是閨蜜好友會這樣做，根據瑪麗・巴胥奇賽夫（Marie Bashkirtseff）的記載，拿破崙三世的皇太子在非洲密林遇襲身亡時，身邊所有隨從無不哭紅雙眼。[33]瑪麗．巴胥奇賽夫寫歸寫，但她在立場上可不是波拿巴派系的支持者。[34]皇太子的死訊傳來時，大家對這個噩耗各懷心照不宣的念頭。瑪麗．巴胥奇賽夫哭了三天，她有個女性友人不敵我們曾經詳加分析的精神危機，被哀慟席捲。他人的死亡彷彿好像能引發激烈的情緒與身體反應，到悲不可抑的地步。從這點看來，十九世紀末的哀悼有其病態之處，因為哀悼使人大加關注和談論身體反應，驚動當時的收斂風氣。於是，死亡與悼亡兩相成為淚水奔流的管道。

少女之道

如果日記文獻有其可信之處，那可以確定的是，少女並沒有揚棄眼淚。因為哀愁，因為獨活的寂寥難以排遣，百無聊賴之下，少女哭泣。以卡洛琳．布罕姆為例，母親的過世和時間消逝的悵然，常使她涕泗滿襟。對她來說，哭與禱祝兩相押韻，具有深刻的關聯，瑪麗．巴胥奇賽夫也有類似的態度。這些少女聽從布道教規的循循善誘，宗教的生活體驗，實踐在淚水之

* 喬治．桑的父系祖輩是庶出貴族，祖母名為瑪麗歐若．德薩克森，是波蘭貴族和高階將領薩克森伯爵（Maurice comte de Saxe）的女兒，以思想開明、注重博雅和哲學教育著稱。

中。反之亦然，對她們而言，流淚也能誘發禱告。卡洛琳會在復活節的慶典哭泣，也會獨自流淚：「我獨自在房裡，邊哭邊禱告」。她明白悶著頭怏怏不樂是不好的，因為一個人如果篤信虔誠，就應該要捨棄自我的感受，於是，她向上帝請求原諒她流下的淚水。在她表親出嫁的那天，她寫道：「我得克制自己的感受，多少次我得管好自己的眼淚！天啊，我就是沒有那份勇氣！」她之所以想要克制情緒、整頓面容，是因為她意識到自己有必要展現友善親和的一面，同時還要體面大方，不要哭喪著臉。

反之，瑪麗．巴胥奇賽夫則毫不猶豫地享受眼淚，在淚水中怡情養性。甚至，她在日記中坦承，自己想著哪天會失去某個摯愛的人，好讓自己陷入傷痛，襯映出自己的存在：「我會陷入絕望，我會哭泣和顫抖。我會叫喊，然後長期處於低潮。我並不覺得這哪裡吸引人，也不希望它真的發生，但我必須說，這樣才會有活著的感覺，才會獲得快感。」不過，她唯恐這樣會顯露出女性的落後特質：「我討厭……討厭感性。一個姑娘要是感性呀，會牽扯到各式各樣枝微末節的事端。」這句話呼應龔固爾兄弟的立論，也似乎顯現，雖然眼淚是私密情愫的分泌物，但在女人的世界裡還代表著其他東西。畢竟，瑪麗並不熱衷於扮演年輕姑娘的角色。有一次，她姑姑驚覺瑪麗在哭，瑪麗只好不客氣地要求姑姑走開。事後，瑪麗在日記裡說：「不能讓他們見到我在哭，不然他們會以為我談戀愛了，為情所苦才哭。」這些敘述足以顯示，在欲望眼淚和害怕以多愁善感之姿示人的兩相拉鋸之下，她是如何用力抵抗。

在喪葬追悼的場合中，少女被期望要遵守的儀態守則，顯示了合宜的舉止和上得了檯面的情緒之間，存在著何其脆弱的平衡：

要懂得克盡自己的義務，不帶私心，不多情拖沓，也不能孩子氣地怕生。從現在起，要做個堅強的女人，有辦法和情緒周旋，甚至如果責任使然，有必要演出令人歎為觀止的一場戲。

另外，守喪的儀態規範還提醒人要辭情分離：

對於該如何向遭遇不幸的人表達同情，聖保羅曾經說過一句話：「和哭泣的人同哭。」顯然，這句話不能照著字面的意思去做。不管你的心地如何善良，你必須反抗眼淚，不管是出於好心還是同情，都不能縱容眼淚的湧現。

同情雖然被視為女性的美德，但比起悽楚淚容的張牙舞爪，乾燥的眼眶安全許多。人們害怕的，是某種情感水位的共識，一起拉到某個高度時，會引發淚崩。這些儀態守則想宣導的，似乎是想要導引女性的情緒流動，把白皙纖弱的少女調教成布爾喬亞家庭的堅強母親，其中的人物設定注重勇氣和責任心，高過多愁善感。[35]話說回來，女人不像男人，其實並沒有完全參與喪葬的所有儀式。如果這些儀態守則所言屬實，那麼女人根本不能進入墓園：

觀禮人跟隨喪家行列進入墓園，女人從來不跟著入園，至少在巴黎是這樣，她們不能親眼目睹哀悼之情，必須避免各種非理性行為的展現。[36]

女性的情緒被認為涉及制衡（以及失衡無度）種種問題，在此受到壓抑和抹煞。女人要麼淚水氾濫，要麼不夠沉痛，還有可能會攪亂喪禮的進行，因為喪禮是男性哭泣的場合，難得跟彼此展現和分享悲痛。至少在巴黎的上流社會裡，下葬的流程僅限男性參與。

這個時代奉行的新表達形式，有著極為特殊的風貌，它基於有失態之虞，貶低女性的流淚行為，也對某些場合必要的哭泣行為戒慎恐懼，因為在這些場合之中，強顏作態不是個問題。人們對情緒的揮灑冷嘲熱諷，但如果淚水迸發於無法抑制的激動情緒，在這樣的罕見時刻中，卻會被捧為心靈的鳳毛麟角。於是，男人因為比較少哭而比較吃香。假使女人真的比較容易被感動，那她們最好避免濫用這個天分，因為如果這樣做，她們就會被套入天性使然、精神疲弱等泛論的框架之中。儘管女人私下知道如何以宗教信仰或個人耽溺的方式享受流淚的樂趣，但人們偏好的女人仍是要性格堅毅、面帶微笑。

第二章　令人不安的怪異之處

抽抽噎噎

十九世紀下半葉的小說，時常將悲從中來的哭泣，描述成痛苦遭到過度壓抑導致的爆炸。啜泣會讓人嗆到或呼吸困難，渾身抽搐發顫，嚴重抖動。哭泣的靈魂彷彿裂了開來，累積淚水，滿溢而出。炸開、撕裂、發顫、抖動、嗆噎、窒息等現象讓身體危機四伏，不時抽搐，情緒起伏顛簸。身體在此時受到威脅，彷彿分崩離析，出現各種痛苦的症狀，任由情緒風暴宰割。這些問題發作時，試圖控制、駕馭或停止上述狀況，都是不可能的。接著，人會精疲力竭和倦怠無神，在哀傷中感到困惑和愚蠢，又怏怏不樂地逐漸恢復。這些狀況一發生，啜泣的時間其實比哭的時間還要長。哽咽呃逆打斷正常的呼吸，從頭到腳搖搖晃晃，跟落淚的婉轉相差甚遠（抽噎不止不是潸然淚下）。在這裡，最為突出的畫面是壓力炸鍋，是氾濫，簡言之是場災難，好比風暴或地震；發生的是淚崩，不是淚流滿面。

值得注意的是，比起泛淚而哭，男人更常抽噎嗚咽。控制眼淚似乎比控制情緒危機還要容易。身體在抽噎時，會產生無法控制的呃逆收縮，讓人呼吸受阻，像是在反抗過量的壓抑情緒。人們可以嘗試用憋氣的方式壓掉抽噎，但容易嗆到，因為抽噎被認為來自腸道，不聽使喚，而且在抽噎發作時，一個人彷彿成為自己的陌生人，手無寸鐵也無法反思究竟發生了什麼事。上述症狀的爆炸式侵襲，瞬間證明情緒抵制的極限。就像渾身打顫被連結到恐懼或帶著憤怒的絕望，在十九世紀下半葉，抽噎啜泣和最沉重的痛苦連在一起，不過也並非始終如此，譬如在盧梭的《懺悔錄》中，他就提過自己曾經帶著溫存啜泣。這種情感的表現方式，如同把人逼向極限一般，某個程度上適用於眼淚的流動。在極端狀況下，眼淚的不受控，可以透過兩個層面來看。眼淚可能是無法遏抑且令人窒息的，但也有可能被否認。或者人們期待眼淚，卻同時被反將一軍、撕得更碎，尤其是男人。眼淚發自一個人的內心深處，就像一股無法預測的洪荒之力。彷彿是因為太常遭到壓抑，眼淚一旦迸流，往往水勢湍急，根本無法保證能帶來什麼正向的效用，諸如紓壓或緩和心情。

如果女人和男人一樣，都要承擔眼淚陣發性的悲劇後果，那麼她們並不會因而喪失戲劇化的天分，替痛苦加油添醋。而且，在情緒發作完之後，她們似乎有比較高的恢復力，也沒有損及太多人格的完整性，因為她們本來就被認為天生叵測，充滿流動性。不過，如果她們性格越是好強固執，這些特質就越不明顯。男人的哭和女人的哭，不應該存在根本性的區別，強烈的情緒症狀便是一個例子。不過，偽裝的天分和催淚能力顯然是女人占了上風。性別差異便是建立在假哭的功力上，一個純屬女性的技能。同時，令人擔憂的歇斯底里患者也在此時出現，將病理與做戲合而為一。患者在發作時似乎具有自我意識，但又好像完全失神。

啜泣的男子

羞恥感會讓男人落淚。作家兼畫家弗洛蒙丹（Fromentin）小說的敘事者多明尼克（Dominique）便曾說：「在這世界上的某些地方，我曾經因為坦露了幾分平庸的憂愁而羞赧不已，進而流下很沒大丈夫氣概的眼淚。」[1]其實，多明尼克哭的時候沒有人在場，卻因為淪落到流淚的局面而討厭自己。這些令人面紅耳赤的尷尬回憶，顯示他感到的羞恥有多麼強烈，因為在這裡，感到困擾的平庸和缺乏男子氣概相提並論。男人之所以害怕哭泣，就是因為不想顯得懦弱鄉愿。這個相關性非常重要，因為善於自我控制的陽剛典範，不能隨著某些情緒慣性隨波逐流。

男性在公眾場合自我克制的力道之猛，和私下淚崩的宣洩有所關聯，並展現暴力在其中具有的影響力。這種關聯特別清楚地呈現在左拉（Zola）的小說《作品》（*L'Œuvre*）中。《作品》

的主人翁克勞德（Claude）是一位畫家，在獨立沙龍中受到冒犯，因而與看展觀眾進行了一番周旋。雖然他表現不錯，但一回到家見到克莉絲汀（Christine）想替他打氣，他瞬時崩潰：

> 她既認真又為難地柔聲關心，他聽在耳中原本不動聲色，卻突然跪倒在她跟前，將頭埋入她懷裡，泣不成聲。整個下午，他為了護航被喝倒采的藝術風格，亢奮中雜揉愉悅和一絲暴力，此時通通塌陷，陷入啜泣，令他喘不過氣。[2]

為了應付大眾，他鑄造了一套心靈鎧甲自我防衛，一直屹立不搖，直到所愛的女人軟言寬慰，這才瓦解消融，並且使他陷入嚴重的啜泣嗚咽，將他淹沒，阻斷呼吸。一卸下高傲輕慢的面具，他只剩下脆弱，赤裸裸在那裡。

造成男人淚崩的場合時常和失敗、丟臉有關。如果導致淚崩的因素包括女人，那就崩得更嚴重，像是被戴綠帽或情人被殺。在費多（Feydeau）寫的《嬏妮》（*Fanny*）中，男性敘事者有次曾躲在暗處，整晚窺伺他的情婦和她的丈夫進行魚水之歡。這讓他妒火中燒，煎熬難耐，而且種種煎熬將他折騰得不成人形：「我一直哭。我曾把頭別過窗口，緊咬指甲，滿頭大汗，流淚抽噎，暴躁頓足，不斷環視屋內。」[3]強烈的情緒反應席捲他整個人，但同時他還保有一絲清醒，自我檢視煎熬帶來的災情。接著，他一邊哭一邊在空地上狂奔，呼叫媽媽，在地上「像個女人似的」哭泣打滾，深陷痛苦和疲倦的漩渦。[4]捲入絕望的他變得和女人與小孩無異，在當時來說是一種降格。他被自己的力量、勇氣和意志力拋棄，還因此大病一場。一個人因為啜泣而發生的人格翻轉，來自嫉妒和深切的羞憤。他遭到背叛，男性的自尊在愛情中受損，而且做任何事都名不正言不順（因為他沒有正當的名分）。淚崩便顯示了這個澈底被擊垮的狀態。在無能為力的時候，男人哭泣。在文學世界裡，描述男人啜泣的譬喻，可以藉由身體形象來呈現，譬如封閉的身體在啜泣時炸裂。在福樓拜的《情感教育》（*L'Éducation sentimentale*）裡，男主角腓特烈（Frédéric）得知心儀的阿爾努夫人（Mme Arnoux）因為丈夫債務纏身，必須離開巴黎，於是再也見不到她，他「感覺整個人好像被撕了開來，滿腔淚水從早上積累到現在，潰堤而出」。[5]他先是因為情傷得了內傷，接著淚水奪眶而出，威脅到他做為一個人的完整性。在左拉的《娜娜》（*Nana*）裡，穆法伯爵（Comte Muffat）透過情婦娜娜得知他的太太對他不忠，反應激烈，出現陣發性的不適。走在路上時，他先是設法否認這件事，但各式各樣試圖緩頰的想法接連破滅：「他生怕自己放聲大哭，剎那間一片絕望，外加畏懼，好像跌入廣袤的虛無之中。」[6]這些情緒問題讓他猝不及防，就算他想辦法站穩腳步，靜下來好好思考，卻還是被這些困擾拖垮：

> 那時的他無論怎麼努力，仍再度被眼淚擊垮。他不想當眾嗚咽，便轉進一條暗淡無人的巷子，羅西尼路。他沿著靜悄悄的宅院，哭得像個孩子。

「結束了，」他低聲告訴自己，「不會再有了，不會再有了。」他痛哭失聲，將背靠在一扇門前，臉埋在濕漉漉的手裡。[7]

伯爵先生舉目蕭然，跌入沒有止境的絕望，既害怕又羞恥，因為那些畫面在他腦中揮之不去，而且激發出汩汩淚水，無法壓抑。他在夜間恍惚遊蕩，儘管路上有人尾隨騷擾，但他在夜的漆黑中找到避風港，因為啜泣而顫抖。他的尊嚴賴以維繫的所有價值崩解了，那些價值曾經在權貴的社群中一再受到表述發揚，此刻顯得毫無意義，無以為憑。此刻的他像個孩子般哭泣，怕黑。一切似乎化為烏有，而且當男性的隱忍機制失效，再也無法攔阻情緒時，一切荒謬無比。

此外，男人的眼淚也具有性的涵義，指向因為慾望沒被滿足而帶來的貪戀之苦。在《包法利夫人》（*Madame Bovary*）裡面，雷雍（Léon）雖然愛上包法利夫人，卻無法向她表白：「為了找到向她告白的方式，他搜索枯腸，十分苦惱。同時，他一直害怕讓她不高興，又擔憂自己沒主見太鄉愿，既沮喪又渴望，便流下淚來。」[8]讓我們把鏡頭再度切到左拉的《娜娜》，故事中輟學的年輕人喬治見到娜娜登台（娜娜在他心目中代表「女人」的典型），一見傾心，卻無法找到後台入口，不得其門而入，只好逃之夭夭，「滿臉掛著慾望和無力的淚珠」。[9]這些青年男子想誘惑心儀的女子卻不得其法，因為挫折而哭泣，同時也替他們的男性尊嚴打上問號。不過，雖然流淚會削弱他們的意志，而且讓情緒更為緊張，卻也能刺激慾望。在于斯曼（Huysmans）的小說《在家中》（*En ménage*）中，安德烈（André）和分離的妻子重逢時，任由眼淚簌簌流下，同時，他發現自己陷入十分難熬的境遇：

> 他處於非常糟糕的亢奮狀態。這晚帶來的衝擊擊碎了他，他感到疲憊，心亂如麻，好像在虛無之中漂浮。他的淚水先是經過抑制，然後又流了出來，很快就乾了，卻根本沒有安慰的作用，甚至加重了這種難以言喻的不適，最終只能導向肉體的釋放。[10]

壁龕中向隅而泣的眼淚到了于斯曼筆下，變成男性角色的生理困擾，甚至有些庸俗，徒增病態的渴念，難以排遣。人在此時，一切的聰明機智彷彿通通歸零，精力受損，眼淚受到壓抑又流淌得不乾不淨，簡直徒增焦慮。安德烈的慾望萌生於重重困擾，因為他和妻子才剛破鏡重圓，生怕一有閃失，後果無法彌補，此時卻只能任由自己受到慾望的牽引驅使。於是，眼淚和各種精神狀態息息相關，假使狀況牽涉女人，便會讓人冷靜判斷的能力下滑——他們一點也不光采。

就算眼淚對男人而言代表懦弱，它也能留下某些表達情意的畫面，緩解痛苦煩憂。康拉德（Conrad）是作家戈比諾（Gobineau）小說《北極星》（*Pléiades*）的主要角色之一，他曾向朋友的妻子哈利葉特（Harriet）提出一個請求，請她幫助他哭泣，因為只有女性的關照同情，能讓他甘心流淚。在這個例子中，女人再度成為眼淚世界的中介者。最後，康拉德受到了他期望的感動，不過還有別的後果：「但這些對他並沒有好處，反而徒增痛苦。他進入一個再也無法控制自己的境界，在那之前，他好像還能掌握狀況，但只是勉力支應，還過得去。」他以為自己的眼淚不想外流，因此感到僥倖，但在眼淚奪眶而出的那天，他無法承受發作的不適與困擾，勉力收斂和克制自己。遲來的眼淚並沒有讓他感到一絲寬慰，反而讓他精疲力竭：

> 眼淚掉了下來，卻讓痛苦君臨一切，這些眼淚讓他的煎熬蔓延，沖破他抵抗的防線。於是，他顏面盡失，帶著羞恥繳械，無能為力，在那刻丟掉驕矜、尊嚴和憂讒畏譏之心。什麼嘛！和個被揍的奴隸沒兩樣，他趴在地上求饒。[11]

男人對眼淚的要求、需要，總是被拖延，因為這項要求一旦被滿足了，將導致情緒危機，搞得人仰馬翻。而且，在被痛苦籠罩時，雖然眼淚漸乾但至少還保留一點點顏面，之後卻得面對失控淚水帶來的羞恥、怯懦和絕望，讓整個人的意志都泡在裡面。於是，他原本希冀有宣洩的機會，結果這個過程讓他變成宣洩的奴隸。原先，他的氣力足以抑制千愁萬恨，哭泣時的他卻讓自己被痛苦淹沒，所以眼淚標誌著他做為一個人的潰敗。啜泣不止和突然迸發的莫名力量，讓他毫無防備。

因此，出現在小說中的男性啜泣，似乎都與深深的屈辱、無限的絕望，以及一種情緒緊繃和無法承受的煎熬聯繫在一起，因為環繞他們周遭的世界和賴以維繫下去的希望，都崩解了。眼淚讓既有秩序化為烏有，看起來一點也沒有安慰的效用，反而拖垮陽剛氣概的形象。啜泣的男子喪失自我駕馭的泰然自若，偏離了性格的重心，而且遭到降格，變得和女人、小孩或奴隸無異。人一踏進內心的幽微世界，發現裡面藏著難解且令人憂慮的奧祕。這就像是遇見另一個自己，但這樣的遇見並沒有帶來解放，而是導向失衡。

女人的危機

為了從柔弱中提取力量，女人可以利用眼淚。她們似乎知道，男人難以抗拒梨花帶淚的女子，因為這樣的情景深植男性的想像世界。于斯曼《在家中》的安德烈見到太太流淚，態度便隨之軟化。當時的情況是，有一天，安德烈太太的言行令人反感，讓他的一名友人拂袖而去：

門才關上，可怕的事就發生了。安德烈猛烈搖晃她太太，她的眼淚奪眶而出，幾乎要暈倒。安德烈見狀，於心不忍而且不好意思，扶起太太，抱著她，幾乎要道歉。[12]

面對男性的暴力，女人會展現這些堪慮的情緒表徵，因為她們知道如何讓身體出現這些狀況，演出悽惶的悲劇。當安德烈因為太太外遇決定離開她時，曾對自己這樣說：「如果我回到自己的妻子身邊，便得消受她的淚如雨下和虛偽作態，然後我可能會傻傻地原諒她。」[13]如果已知眼淚戰術會奏效，那就最好別自投羅網。各式各樣的角色行當陳列在那裡，供女人從情緒的軍火庫中選取器械，揮灑精神危機，讓男人不得不左閃右躲，避免中招。採取這樣的戰術並無令人訝異之處，不管是為人母或人妻，眼淚都是女性的大絕招，在任何時候都能隨意施展。于斯曼有鑑於此，便將進入政府部門辦事，形容成藝術家進劇場：

一些有頭有臉的母親和老太太，胖墩墩的肉紮在環箍的束帶裡，前來申請救助津貼，在進門前老早就把悔悟沉痛的表情和眼淚準備好了。[14]

女人為了讓男人讓步，帶著藝術稟賦操作眼淚，用柔弱受苦的姿態博取同情，因為男人們對這樣的姿態難以抗拒。於是，當《情感教育》中的腓特烈．莫羅（Frédéric Moreau）決意不待在家鄉要返回巴黎時，他媽媽一開始想跟他講道理，見他只是聳聳肩，便決定動之以情：

於是，這位好太太便採取別的手段。她柔化嗓音，語帶哽咽，向他說起她孤家寡人又日益衰老，這一路是如何自我犧牲、含辛茹苦。[15]

這些含淚訴苦一天重複二十次，根本是在打消耗戰，加上有個舒舒服服的家好窩著，開始讓腓特烈動身的心沉沉睡去。

在經歷片刻的精神摧折時，流淚能讓女人迅速得到緩解，在當時，這個論調十分常見。也就是說，眼淚在女人的精神世界中不可或缺。在《拉胡斯大百科》（*Le Grand Larousse*）的十九世紀卷中，有關於〈眼淚〉（*Larme*）的條目。這個條目告訴我們，當女人的淚腺清空時，會讓她們覺得比較輕盈愉快，她們的丈夫也能享有八天的清福。[16]因為女人能透過流淚來化解所有的煩憂，這項能力讓她們的困擾顯得單薄，缺乏內容。譬如在左拉的《娜娜》中，年輕的喬治是娜娜的其中一個情人，娜娜一獲知他的死訊，藉淚消愁：

> 她被眼淚嗆到，打斷了自己，整個人傷心欲絕，栽倒在沙發上，把頭埋入墊子。她感覺身邊圍繞著不幸，這些不幸帶來許許多多的苦楚，讓她淹沒在一陣傷感的溫熱流動中，在小女孩的低聲啜泣中，她哭到失聲。[17]

娜娜的憂傷並不具有撕心裂肺的激烈，但卻把她化成一道水流。這個意象完整呈現男性和女性角色困擾樣態的差異：女性的困擾是流動的暖熱體液，男性的困擾則會迸放出令人窒息的哽咽啜泣。娜娜哭的不只是喬治之死，還有她自己的人生，外加害怕被認定要為他的死負責，連帶身敗名裂，再牽連到其他人所有的不幸遭遇。不過，娜娜以一種反抗的手勢很快地擦乾眼淚，控訴是男人拜倒在她的石榴裙下，錯不在她。當她的侍女宣布有訪客上門，娜娜處變不驚，既無痛苦，也不動怒：「左耶讓米農進門。娜娜微笑以對，她剛剛才好好哭了一場，哭完了。」[18]

娜娜發自內心地難過，就像個難過的孩子，發作時無法抑制，來得快去得也快，沒事的時候一派乖巧。難過的娜娜一哭，所有不快便跟著淚水流走，無影無蹤。很快地，她便重新變成「對事事漫不在乎的高傲禽獸」，對身邊的受害者視若浮雲，和禽獸一樣無知。

透過眼淚，女人消除多餘的情緒緊張。在《情感教育》中，丹波赫士夫人（Mme Dambreuse）因為被腓特烈冷落而傷心，透過哭泣來找到平靜。[19]和男性有所不同的是，女人的大哭或許也有忘情猛烈的時候，卻能帶來良性的效用。沒有眼淚才會帶來困擾，顯示狀況異常或危急。這個主題在喬治・桑一八六六年出版的《最後的愛情》（*Le dernier amour*）得到充分闡釋。菲莉絲（Félice）遭逢親愛的手足過世，她不哭泣，思緒沒有顛三倒四，意志也沒有因此消沉。故事的敘事者對這番肅穆感到擔憂，使試圖引導她哭泣，結果卻被菲莉絲以惱怒的姿態拒絕了：

她撲倒在沙地上，高聲叫道：

——離我遠一點，讓我留在這裡，你看得很明白，我需要哭泣！

這個不幸的女孩並沒有哭。她的哽咽更像是嘶吼，連我們所處的蠻荒之地都為之毛骨悚然。[20]

在當時，一般的女人通常善感易哭，但菲莉絲一身傲骨，一執著起來，讓她遠離尋常的標準。菲莉絲傷心卻不帶淚水地嚴重抽噎，承受的煎熬和男人無異。她的反應呈現精神上的不平衡。小說的敘事者是個愛她的智者，希望能幫她回歸正途，說服她接受自己饒富女人味的一面。有一次，菲莉絲因為早夭的孩子留下眼淚，便讓敘事者占了上風：

我見到有滴眼淚從她臉頰流下。這是她第一次在我面前因為女兒哭泣。先前，她只會黯然傷神地提及此事，而且，她總是極力向我掩飾淚水。

我曾經向她說：「哭吧，妳就哭吧！當個女人，當個媽媽，比起渾身緊繃、脾氣暴躁，我更喜歡這樣的妳。」[21]

做為一個女人和母親，要曉得如何受到情感牽動，避免太過克制，卻同時要避免哭喪哀怨和兇巴巴的樣子。各式各樣的情緒構成一個流動的經濟體系，哭泣對於女性情緒的情緒經濟至關重要，時不時需要舒展釋放。另一方面，在喬治・桑的這篇小說中，有個名叫杜林諾（Torino）的義大利青年想吸引菲莉絲，有求於敘事者時，曾淚流滿面：

> 他這副模樣，不知是在演哪齣戲。他在我跟前下跪，真的流出淚來。他的眼淚收放自如，就跟女人一樣。[22]

我們可以這樣想，在一個高度受到性別差異制約的社會中，流淚的樣態和它代表的各種性格，界線愈趨嚴格分明，文學允許不受這些差異制約的人物出現，於是別有韻致。至少，這就是小說家操弄的手法之一，在劃分界線的同時，刻劃出多重複雜的人物，例如不哭的女人以及哭得像個女人的男人，在當時都是反常的案例。

女人遭遇的精神危機還包括一邊淚流滿面，一邊全身發顫，模樣嚇人。這些狀況可能都是病理現象。根據夏爾科醫生（Charcot）的說法*，嗚咽不止、淚流滿面代表歇斯底里症（hystérie）發作的第四期。[23]在某些患者身上，抽搐性地狂笑會取代流淚。福樓拜在小說《布瓦爾與珮庫歇》（*Bouvard et Pécuchet*）中，曾用諷刺的筆法描繪歇斯底里這個新觀念。拜耳貝老爹

（Père Barbey）的女兒出現歇斯底里症狀時，出現下列情況：「她的精神危機以啜泣嗚咽開始，以淚流滿面告終。」[24]布瓦爾治療她的方式，是摩擦她的腹部，並在摩擦時按壓卵巢的部位†，遵照夏爾科醫生學徒的方式。從某些方面來看，包法利夫人也是個歇斯底里的女人。她慾火焚身，嗜財如命，既抑鬱又激情，有時會看見一道裂縫在自己的靈魂中延展開來，漆黑叵測，讓她六神無主：

> 她像是被擊碎，喘著氣，一動也不動，小聲地抽抽答答，流著淚。
>
> 「為什麼不告訴先生呢？」在她發作時，家裡的僕人這樣問。
>
> 「只是發神經罷了，」艾瑪回答，「別跟他說，你會讓他心情不好。」[25]

在包法利夫人的女僕菲莉絲特眼中，包法利夫人的狀況和蓋杭老爹（Père Guérin）女兒的狀況類似，她被人發現趴在海邊的礫灘上哭泣。包法利夫人告訴菲莉絲特，蓋杭老爹的女兒結了

---

* 請見〈序〉譯註1。

† 請見〈第一部第三章〉譯註4，關於「歇斯底里」字根的解釋。

婚就會沒事，但繼續說道：「而我呢，是結了婚才開始有這個問題的。」她未竟的夢想和這些精神困擾有什麼關係呢？福樓拜十分熟悉當時的醫學文獻，在這裡的描述並未遵循當時的醫學對歇斯底里的理解方式。在《包法利夫人》中，歇斯底里不只是子宮疾病或少女思春，還和想像力關係密切。

不過，歇斯底里的面目本就千變萬化，讓醫生們覺得十分棘手，處處都能見到歇斯底里的蹤跡。於是，貝爾傑醫師（Docteur Berger）曾經針對歇斯底里的流淚寫過專題文章，認為這種歇斯底里展現的方式，是過量的眼淚分泌。[26]它好發於受到感染的子宮或是嚴重的歇斯底里患者，標誌著一種在當時並未受到重視的歇斯底里症狀，而且還可能發展出比這更為惱人的其他病徵。在這樣的案例中，「歇斯底里表現出來的形式，是眼淚的感染，連帶證明夏爾科在命名歇斯底里時別具洞見，因為他將之稱為模仿性的疾病（maladie simulatrice）。」在醫生與歇斯底里進行的捉迷藏中，隱含許多利害關係，有以下奇妙的推論為證：「在某些流淚的案例中，病患淚腺已經移除了，但還是有可能對任何治療毫無反應，只有這些是歇斯底里流淚的案例。」移除眼淚的來源，是弄清楚到底模仿性疾病是否在此裝神弄鬼的上上之策，人們為了活捉證據，直切要害，對歇斯底里患者下刀，摘下她的面具。不過，其實還有其他方式可以確定，我們面對的是否是「分泌作用發神經」，檢驗方式如下：如果她在家感到無聊而且哭得比較多，而外出或投身於喜歡的活動（諸如騎馬或腳踏車競賽，貝爾傑醫師曾一派天真地評論，說女性參與最後這項運動，有助於塑造現代女性的形象，能勇敢地無視那些冷嘲熱諷）時，或是面對她信得過的醫生時，卻哭得比較少，那結果就出來了。這類的歇斯底里還包括其他症狀，患者哭是會哭，也有哭泣的困擾，但卻無法在情緒來的時候流淚。這是因為她無理哭泣的次數太多，所以無法展現真正情感的表徵。另外，流淚和乾眼，兩者都被視為歇斯底里的症狀，因為它們都讓一般認知中的情感表徵變得模糊。歇斯底里的人，就是超過的人，也基於這個設定，永遠不會在該哭的時候哭。針對這些問題，提供建議和催眠都是受到推薦的治療方式——那時，佛洛依德還沒出現，但也不遠了。

言情迷幻藥對女人造成的影響

假使女人是穿裙子的馬基維利*，為了避免受到責怪或爭寵，會操作淚水，或歇斯底里症發作，完整揮灑她們維妙維肖的假裝能力，但同時，面對所謂的「多愁善感」，女人也是其中的受害者。不管是音樂、歌曲、二流文學或聖敘爾畢思式的宗教（religion saint-sulpicienne），都會讓她感動落淚。言情的陳腔濫調總是有成功的時候，也總是會吸引女人的注目。不論社會階級高

* 關於馬基維利，請見〈第二部第三章〉譯註2。

低，女人好像都會為了芝麻小事哭哭啼啼。就算出身貴族世家，也無一倖免：「一整年下來，每天晚上，愛彌兒・德吉哈丹夫人（Mme Émile de Girardin）有篇不足掛齒的小品題為〈喜悅讓人害怕〉，催出了出身最顯赫的讀者眼淚」，十九世紀《拉胡斯大百科》關於眼淚的條目有這樣的記載。[27] 女人心，沒有階級的藩籬。好人家的閨女聞鋼琴小曲而落淚，而尋常百姓家的姑娘則為言情小說小鹿亂撞。除此之外，女人哭泣的場合還有第一次領聖餐禮、披白紗出嫁和其他俗套，諸如當媽媽，或是愚昧如鄉村風情和小鳥。女人提及這些主題或情景，是為了感受心靈感動的愉悅，而作家則會斥責這種多愁善感的品味，因為它讓女人心有旁騖，擺盪不定。那些被充滿淚水的言情小說點燃想像力的人，往往會迷失方向。譬如在《包法利夫人》中，即將成為包法利夫人的艾瑪還在女子修道院住讀時，有學姊是大革命打下來的沒落豪門，她從這個學姊手中接收了幾本言情小說。

> 寫的不過是愛情與戀人，在空屋昏倒的受罰女子，每次到了驛站就會被殺的信使，每一頁都累得氣喘吁吁的馬，漆黑的森林，難過與憂傷，誓言，啜泣，淚珠，親吻，月光下的小船，林蔭中的夜鶯，和獅子一樣勇敢、和小羊一樣溫柔而且品德高尚的紳士，他們總是英俊瀟灑，哭起來像口倒出來的甕。[28]

在閱讀這些滿布淚水的小說時，艾瑪十分陶醉，相信她能和丈夫一起過日子。她想要「為愛獻身」，在月光下吟哦滿腔熱情的詩句，哼唱憂鬱的慢板樂章。但是，艾瑪的丈夫查爾斯並未「更加充滿愛意，也沒有更加激昂」。[29]不過，查爾斯是真心愛著艾瑪的，只是他是用自己的方式愛她。艾瑪不領情，她說服自己，認為老公對她並沒有熾烈滾燙的激情，只有不冷不熱的態度，這都是因為他沒有用「通俗常見的方式」對她傳情。包法利夫人的想像力完全受到小說的灌輸，形成她和老公之間的隔閡，因為包法利先生不符合她夢中情人的樣子。《包法利夫人》中關於沃比莎舞會（bal de Vaubyessard）的橋段，接續了這份隔閡的體悟，完全讓艾瑪陷入對無聊鄉村生活的憎惡，憎惡自己做為小布爾喬亞的存在狀態：

> 愛難道不像來自印度的植物一樣，需要精心調配的土壤和特殊的溫度，才能好好生長嗎？月光下的嘆息、深長的擁抱、別離時鬆手留在掌心的淚水、肉體的所有熾熱和耳鬢廝磨的繾綣，種種情景都無法和大宅院的陽台分開。那樣的宅院是多麼閑雅秀逸，閨房掛著絲簾，鋪著厚厚的地毯，花團簇擁，床有底座抬高，不需要用閃閃發光的寶石綴飾，也不用僕役制服的穗帶增輝。

在這裡，月光下的眼淚還添加了巴黎生活的優雅與奢華。艾瑪的出軌跟這兩個象徵同時出現。在認識雷雍的第一天，艾瑪就對他充滿好感，因為他跟她談論音樂、小說和詩歌等話題，而且對戀愛與情感的各種俗套有反應。也就是說，雷雍和餵養艾瑪想像力的整套文學處於同一條陣線：

「你有沒有這樣的感受過，」雷雍繼續道，「在書上讀到自己隱約有過的想法，某個來自遠方的朦朧畫面，卻好像心有靈犀，完全捕捉你最幽微的感受？」

「有，我遇過。」她回答。

「這就是為何我最喜歡詩人。」他說。「我覺得詩句比散文來得溫柔，而且讀起來比較好哭。」[30]

縱使艾瑪是個小說迷，但這並未稍減這位年輕人的魅力，因為他喜歡持卷而泣。至於艾瑪的另一位情人魯道夫（Rodolphe）出手則更為大膽，不但有巴黎的派頭，還有英俊小生的神祕黑暗面。魯道夫看準了艾瑪喜歡書中的兒女情長，說出各種足以使她落淚的話語，並對她投放含淚的目光。[31]獨處的艾瑪會回憶在書中讀到的女主角，覺得自己「恰恰就是那種她羨慕已久的情人」。[32]當魯道夫對艾瑪失去興致，不再熱衷於她的浪漫儀式以及各式各樣的私奔計畫（另一個耽溺浪漫的例子），他決定用信件宣告自己的離開。最後，他靈機一動，搬出最陽春的情書寫作技倆：

「這可憐的小女人，」他怔怔想著，「她會以為我鐵石心腸。應該滴個幾滴眼淚在上面，但哭不出來又不是我的錯。」於是，他在杯中斟了些水，用手指蘸了蘸，然後讓一大滴水落在信紙上，在筆墨上形成淡淡的漬痕。[33]

多數時候，包法利夫人的不快樂，來自她毫無節制地追求感人或浪漫的時刻，攝取過量的「嗑藥文學」（littérature de drogue）或「成藥文學」（littérature de pharmacien），而非誠如米歇爾·布陀（Michel Butor）指出的另一種典型，也就是福樓拜提倡的「醫師文學」（littérature de médecin）。[34]

艾德蒙·龔固爾（Edmond de Goncourt）在《女孩艾莉莎》（*La fille Élisa*）中也批評過小說的負面影響，認為小說對平民有害，尤其是平民女性。「我們對自知為虛構的人類故事投射自己的興趣、情緒、感動，甚至有時候還為之垂淚。如果我們自己都像這樣被欺矇，那沒受過多少教育的淳樸民女如何不被蠱惑？」[35]這裡的意思是說，揮灑想像力的作品能感動具有文化素養的讀者，卻會對貧窮女子的生活造成困擾。在《女孩艾莉莎》中，布爾勒蒙（Bourlement）閱覽室的藏書，讓艾莉莎瘋狂沉迷於各式各樣的廉價意象，諸如東方、瀰漫著低級新天主教氣氛的巴勒斯坦城市猶地亞（Judée）——「一個懷春的貧窮村姑原本腳踏實地，在醜陋的小鎮討生活，在讀了所有上演於犯罪大道的故事、所有騎士精神的胡扯、所有的虛情假意等等之後，她會被沖昏頭，好像飛上湛藍的三重天。」[36]這種二流的浪漫主義混雜灑狗血的戲劇情節，很快能撩動愚闇的心弦。女孩艾莉莎從書上獲得熱戀的想法，在真實世界中迷上一個在外跑業務的推銷員，決定和他離開，離開她的鄉下小鎮。當艾莉莎發現這個推銷員其實是個盯梢的線民後，她大失所望，反感擴及所有男人。這就是閱覽室和民眾教育帶來的成果。言情小說的催淚效應讓不只一名女性迷失墮落，還讓女孩艾莉莎走向犯罪之途，再從犯罪步入瘋狂。

在于斯曼的小說中，對平民女子這個群體來說，浪漫是一個重要的觀念指標。當戴希蕊．瓦達（Désirée Vatard）的爸爸反對女兒愛上一個名叫奧古斯特（Auguste）的男子，結果，同工作坊的所有女工都不希望自己的女兒遇到類似的阻難，因而對這件事表達集體的關切和支援：

> 有相當多關於苦戀怨偶的小說和曲子，讓他們浸淫在痴情執迷之中，毫不自知。哭哭啼啼的善感情調於是在民間瀰漫開來。而瓦達先生因此變成了怪獸。如果有需要，她們樂於幫助奧古斯特來騙過他。[37]

多愁善感的主題，構成了平民女性潛意識中的集體記憶，甚至會驅動她們去違逆一個父親的權威。

在十九世紀末的文學中，對這種民間想像的鄙視比比皆是。這份想像充滿感動的淚水，尤其體現在女性身上。它在作家筆下得到充分發展，因為這種感動不但顯得荒謬滑稽，而且對善良風俗和家庭秩序有害。在十八世紀時，為一本小說而哭的舉動昭示著道德感化，但到了這時，卻完全相反：小說故事的感動讓女人變得傷風敗俗，甚至墮落自毀。情感文學到了此刻地位低微，沉淪到善感濫情的格局。

出於宗教情懷的哭泣，曾在浪漫時期蔚為風潮，也是少女常見的情緒風景，卻難逃作家鋒利如手術刀的針砭批削。她們從中獲得的情緒波動，只不過是濫情泛湧的泡沫罷了。女人和神父具有的易哭傾向在此受到責難。女人之所以會對神職人員產生依賴，是因為神職人員善解人意，舉止溫良，讓女人傾吐心事，進而受到神職人員的影響。在馬賽爾・普列沃斯的一本小說中，胡杰神父（l'abbé Hyguet）是眾多巴黎仕女的告解對象，他對女人的心瞭若指掌。「他說的話聽起來體貼入微，好像能把你層層包住，像是精神愛撫，觸動女人的神經。蘇傑爾夫人說到落淚時，他會握起她的手。」[38]神父之所以能成功導引女人的良知，讓她們許下誓言和承諾，就是透過嫻熟地操縱她們纖細的神經，致使她們流淚。左拉認為，教廷對這方面的態度出現過轉變。在《神父穆雷的過錯》（*La Faute de l'abbé Mouret*）中，亞尚吉亞神父（frère Archangias）認知中的上帝嚴厲而且會記仇，他曾這樣感嘆：

> 宗教在鄉間逐漸式微，因為它變得太過女性化。只要在發言時像個不輕易原諒人的情婦，宗教就會受到尊敬。我不知道他們在布道時都對你們講了些什麼。那些新來的教區神父和信眾一起哭得像孩子一樣。神好像完全變了似的……[39]

為女人量身打造服務的，不只是教牧關懷而已，神父本身也時常哭哭啼啼，缺乏陽剛氣概。穆雷神父正是這樣的典型：「女性化，幾乎是個天使，除淨性別的表徵，也沒有男人的體味。」整個人物形象深陷聖母崇拜的各種影響。[40]我們知道左拉反神職人員的立場，以及遺傳命定論的人生觀，這些體現在穆雷神父身上的方式，就是讓他變成各種遺傳包袱的受害者。不過，我們能在這裡觀察到，福樓拜或龔固爾兄弟參與的文學和意識形態戰爭以陽剛價值為名目，從這個觀點出發，眼淚標誌著病態黯淡的女性氣質。而這些陰柔的神父總是一副準備好要大哭一場的樣子，他們周邊的宗教器物也透露出一股多愁善感的小家子氣。正是因為如此，戴希蕊．瓦達會凝望著擺在窗邊的崇拜信物或褪色聖像，直到失神，「版畫中滿是雙膝下跪的小男孩、五體投地的女子、手指天際的胖天使、悽苦的聖母等等，無不以德拉羅什*的畫風鳩合而成，淚眼汪汪，掌心放光。」[41]為了擄獲女性的注意力，沒有什麼比情感迷幻藥來得有效。從告誠者的群像到聖敘爾畢斯的窗口，宗教為了帶動情感和鞏固女性信眾，吹起一股矯飾風潮，因為女人出於奇異的天性善感易哭，便要投其所好。

不安及智者的回應

在十九世紀下半葉的小說中，男人走投無路時會放聲大哭，陷入嚴重的精神危機，因為啜泣抽噎而難以呼吸，摧殘身心。這些男性人物因為哭泣，重現兒時的恐懼，出現心智脫序的情形。不過，身心煎熬不再只是個人的私密體驗，有時候恰恰相反，它是自我失控的痛苦啟示，內傷的外放。在這幅心靈風景中，女人好像對眼淚的侵襲瞭若指掌，比男人有更高的恢復力。這究竟是因為她們比較習慣哭泣，還是因為她們不覺得形象失格構成一種威脅呢？她們不像男人一樣受到淚水摧殘，反而能被淚水安慰，好像出於內在經濟體系的需求，需要藉由宣洩來取得神經系統的平衡。這項差異根植於天生的不同。女人天生需要清空淚腺，所以使她們沉迷言

* 保羅．德拉羅什（Paul Delaroche, 1797-1856），法國著名畫家，以歷史畫著稱，繪畫風格接近新古典與學院派畫風，法度嚴謹，保守精緻。他是時任羅馬法國學院（Académie de France à Rome）主任霍拉斯．維爾涅（Horace Vernet）的女婿。此機構定期頒發羅馬獎給年輕畫家赴羅馬進修觀摩，新古典畫家大衛便是極有代表性的得獎者，由此可以看出德拉羅什畫風靠近的陣營為何。

情小說。梨花帶淚的女子會讓男人感到困擾，這個問題被當時的醫生認定為歇斯底里症狀的一部分。歇斯底里患者會不可理喻地哭鬧，但也有可能是故意假裝。女人天生好哭，但卻很難劃分哪些眼淚是身體組成使然，因為體弱和神經纖細所致，而哪些眼淚又是瞞天過海的表演，是以柔克剛的武器。歇斯底里症的現代觀念一成形，女人就不再是史學家米舍雷理想中的人物典型和大自然表率，任由各種液體川流而過，而且是個雙面人，一方面身體有自己的衝動要表達，另一方面又有內心戲上演。歇斯底里之人彷彿人格解體[42]，她不由自主地啼哭，但有時可能是假哭，到了她真的該哭的場合時，卻又無淚可流。在這方面，十九世紀下半葉小說描繪的極端處境，呈現男女在哭泣時令人不安之處，將隱藏在主體內心的真實感受抒發出來，因為這份感受遭到忽視，只有在身體處於危機時才會完整現形，而且在現形時無視主體當下的身心狀況。也就是說，一個人的內心深處出現了差異性和陌生感，透過哭泣迸放出來。

其實，夏爾科醫師在硝石庫慈善醫院（hôpital Salpêtrière）試圖揭露的這些怪異現象，並非科學對剖析眼淚做出的唯一嘗試。以達爾文為首的演化論主義（évolutionnisme）也提過一套情緒理論，結合各種特質，包括先天承襲和後天習得、原始與孩童、男人與女人等指標，最後想透過總覽生命各個階段的現象，統整出一個全面性的解釋。達爾文曾表示，哭泣是人的天性，但還是有必要闡述哭泣如何開始。[43]新生兒哭的時候並不會掉淚，當新生兒開始分泌淚水，在達爾文看來，這代表與生俱來的本能正在取代後天的一項習慣，開始運作。這也證明人類從類人猿的共同始祖分化出去時，習得了哭泣的行為，新生兒能讓人看見原始人是什麼樣子。另一方面，達爾文也觀察自己的孩子，眼淚的特徵很早就開始演變。一開始，眼淚和憤怒有關，然後很快地變成專屬哀傷的表現。他認為這種習慣性的壓抑是透過遺傳傳遞的，早於初次展現出來的時刻。所以，他強調眼淚具備的人性，但將從童年開始逐漸發展出來的管控機制，視為演化的進程，久而久之，後天習得的特徵會成為後代的本能。他指出，身體的痛苦並不會引發成年男性流淚，不管是在野蠻部族或文明國家裡，一個人用任何外在的形式顯示肢體痛苦，都不值得被敬重。對其他情緒，情況卻不是這樣。這是為何野蠻人仍會因為「枝微末節之事」流眼淚，而發瘋的人則會毫無節制地任由自己被各種情緒宰制牽動。無論原因為何（除了智能障礙之外）他們受到的影響越深，就哭得越頻繁。於是，野蠻人和瘋人的特徵，就是對眼淚的肇因缺乏辨識和區隔的能力。他在觀察歐洲經過文明教化的民族時，發現有些差異值得注意，並允許讀者歸結出以下的認知：達爾文將英國人視為進步的高峰，因為英國人只會在承受「最艱鉅的精神考驗與煎熬」時哭泣，而「在歐陸的某些族群中，男人很容易就嚎啕大哭」。至於女人，達爾文發現風俗習慣能增加哭泣的能力，因為他曾見過紐西蘭土著為了榮耀死者，將任意大放悲聲視為一項值得驕傲的能力。至於在文明的女人身上，任憑她們投注多少努力在抑制眼淚上，似乎對控制淚腺起不了顯著作用，甚至會適得其反。達爾文還引述一位老醫師說過的話，這位醫師見過「不可理喻的淚水有時發作在女人身上」，會奉勸那些女人千萬別嘗試壓抑哭意，並且向她們保證，除了大量長時地分泌淚水，要緩解她們的狀況別無他法。與其杯水車薪，不如讓她們「一哭永逸」，因為自我克制的徒勞嘗試，只會耗盡她們嬌弱的氣力。

一切仰賴的，都是能量的平衡。費瑞醫師（Docteur Féré）曾經評論過達爾文的著述，指出當人有意阻止用眼淚、吆喝或哀嚎傳達痛苦，「需要耗費可觀的能量」。[44]費瑞醫師認為演化過的身體和能量的身體兩兩相對，在這樣的觀念對比中，女人無一倖免。女人不具有優越的情緒控管機制，她們的情緒系統有缺陷：

女性廣泛與個別的感性能力比較低落，這是一個眾所皆知而且經過驗證的事實。她們所謂的琢磨過的情緒表現，更常讓她們的行為舉止失當。

在這裡，行為是衡量一切的標準，也替有用的情感建立一套階層化的標準。我們不妨回想傳統中的希臘英雄，他們縱使哭泣，還是有辦法締造英勇的事蹟，這和女人麻木癱瘓的啼哭有著天壤之別——這不就是善用能量嗎？

曼迪加札教授（professeur Mantegazza）的立場仍承繼達爾文傳統，曾提出一套邏輯嚴謹的理論系統。[45]他經過觀察發現，男人和女人用不同的方式表達痛苦，而且表達痛苦的差異程度，會跟著「個人與種族階層的提高」而遞增：

一般來說，痛苦展現在女人身上的形式，就是驚愕麻木或激烈反應，哭泣十分常見。男人由於天生比較勇敢有活力，在表達痛苦時，顯得頗具侵略性。男人將痛苦和災厄訴諸大自然和天神。朝天握拳，便是男子氣概受到痛苦激勵時的表現。

受苦的陽剛樣態受到肯定，和女人受苦的樣態相對，由於女人的受苦標誌著柔弱，而且其中蘊含暴亂與失序。不過，曼迪加札教授也指出，女人有比較強的同情心，高漲的宗教與慈善情懷讓「苦情的表演多了虔誠悲憫的性格」。反之，男人的自我中心凌駕一切。「女人受苦時會祈禱和行善，而男人比較常出現褻瀆的言行和威脅逼迫。」每個人都各自扮演著自己的角色。女人簡直有受苦的天賦本能，而男人則摩拳擦掌，準備好要跟苦難正面對決。曼迪加札教授的立論不只如此，因為年齡也會影響一個人表達痛苦的方式。當一個孩子開始有了自尊、嫉妒，並對所有物產生情感，就會開始有精神情緒上的困擾。這時，孩子便會在哭泣中展現情感的差異。當他逐漸長大，便不那麼易哭，因為眼淚開始被其他情緒表徵取代。「在最聰明的孩子中，我們見到高度的秩序感在他們身上露出曙光，例如寡言或諷刺的微笑，或是憂鬱的愁緒。」這些具有美學價值的情緒形式，在青少年時期經過雕琢，並在青年時期展現出「極致的美」。於是，浪漫主義僅限於一個人的青春，而諷刺與憂鬱，則屬於比易哭的淚水還要高等的情緒形式，但這些都還不算邁入成年的尾聲。如果說年輕男子哭泣的時機極為罕見，那一般的成人則已完全抛去原本習得而來的哭泣行為。自愛和自尊會修飾表達痛苦的方式，不過，很快地隨著神經中樞的衰退，人又會發展出易哭的傾向。這個轉變標誌著「生命寓言開始走下坡的前幾步」。在這裡，老年時期無一處受到肯定，因為它集所有成年男女的缺陷於一身：老人多淚的情緒表現，代表著脆弱和戰敗的狀態，只剩增強自尊能予以制衡。走過青少年時期的寧靜哀愁與憂鬱，經過陽剛盛年的乖張脅迫，人垂老時，特徵是哀號呻吟和眼淚。

在這套眼淚的讀法中，眼淚操弄年齡、性別和不同的文明程度，分派角色給每個人，並且將各種情緒的表徵階層分類。這樣的做法看起來有著令人擔憂的天真，卻不失一語道破之處，令人驚訝。[46]這可說是眼淚的達爾文主義，它沒有把空間留給文化差異、社會歷史變遷，或眼淚本身蘊含的怪異之處。眼淚的達爾文主義採取的詮釋路線筆直俐落：文明的成年男性具備表達情緒的完整形式，而其他人不是不完整，就是衰敗。歧異性的極端案例，包括發瘋的人、野蠻人或老人，這些人都和孩童與青少年區分開來，因為孩童與青少年是邁向成年男性未來的準備期。女人帶著濫情與不完美等特質，則處於奇妙的位置。惻隱之心被視為女性特質，能讓人心向善，柔化男性的情感，在某種程度上壓制「天然」的本性。雖然女人被視為天生柔弱，因此宣洩情緒注定頻率高、時程長，卻在有些時候有權流淚。女人流淚合情合理的時機，出現在當她的情緒對人類物種的存續具有必要性（扮演賢妻良母），或是對維繫社會秩序有幫助（情緒上的幫助，女人能寬慰不幸的人）。

第三章　大眾小說中的眼淚

《巴黎祕辛》：眼淚豪雨

歐仁．蘇會依他想要觸動的讀者群，替筆下人物塑造各式各樣的流淚型態。如果對此進行分析比較，其中逸趣橫生。在寫《巴黎祕辛》（*Les Mystères de Paris*）之前，歐仁．蘇寫過一些航海小說，情節充斥浪漫主義反諷的淚水，對於風俗民情的刻劃讓人想到巴爾札克。在他的少作《亞瑟》（*Arthur*）之中，社交生活充斥偽善和冷嘲熱諷，儼然是遍布荊棘的格鬥場。於是，就連一個寡婦流淚，也可能被認為是矯揉造作。在這樣的世界中，一個人妻淚眼汪汪，不是善於逢場作戲，就是犯蠢，無法在沙龍中扮演有趣的角色。男女之間對眼淚的誤解，常常成為故事的主軸。這本小說對男性應對個人情感的方式持批判態度，也呈現男性角色對女性的傷害。不過，雖然女人時常是受害者，但她們也有可能主動出擊或自我防衛：

> 在社交往來中，女子之間正在上演一場戰爭。戰爭進行的方式雖然是被動的，但戰況激烈，使用的武器是花朵、緞帶、珠寶和一顰一笑，無聲無息，卻有著慘烈的後果，充滿殘忍的煎熬、強嚥的淚水以及未知的絕望。[1]

在這裡，矜持、諷刺和各種悲慘的下場會讓人抑制情緒，阻止眼淚恣意泛流。當歐仁．蘇轉戰大眾小說時，他放棄了這些滿腹狐疑的人物和錯綜複雜的情感，連帶拋下沙龍場景的描繪，取而代之的，是性格飽滿的人物，流淚直白，不帶別的意思。也就是說，沒有只做一半的姿態，沒有低調的眼淚或感性的反轉，也沒有質疑感性表徵的空間。在反派角色的眼淚和好人的情緒宣洩之間，只有道德立場提供區隔的判準。基本上，壞人對溫柔好心人流下的眼淚漠然無感。賈克．費鴻（Jacques Ferrand）是一個惡名昭彰的公證人，曾經對路瑟奈夫人（Mme de Lucernay）說過這樣的話：「妳來這裡哭哭啼啼，是想動搖我的吧？沒用的……」[2]還有更糟的，拉叔威特（La Chouette）發現瑪麗花哭泣時，上門購買杏仁糖漿的路人會變多，他便毒打瑪麗花，讓她常保淚眼婆娑。[3]而且，故事中的壞人時常虛情假意地哭泣，會這麼做的人包括想讓羅道夫娶她的莎拉，或是壞心後母羅蘭太太（Mme Roland），她裝出慈愛的樣子，臉上掛著虛假的淚水替繼女說話，但她其實敢對人下毒。[4]又或是像托迪亞（Tortillard），他是個頑劣的孩子，在學校裡，先是在桌底下狠狠踹了老師一角，然後又裝出一副乖乖牌的溫良恭儉模樣。[5]

歐仁．蘇塑造的反派善於冒充細膩的情感，騙取同情並取得大眾的信任（不過讀者始終有受到警告，表示故事中有虛偽的眼淚）。最後，正派終將獲勝，反派會被處罰，甚至有些反派會在此時潸然淚下。賈克．費鴻便是這樣，他終將要在瑟西麗（Cécily）腳下流淚。瑟西麗是羅道夫派來的人，是島上的女孩，是「美豔的吸血鬼，能透過駭人的誘惑把受害者迷得如癡如醉，把他們身上的最後一把金子和最後一滴血榨乾，讓他——就像鄉下諺語說的一樣——徒留淚水解渴，徒留自己的心可吃。」[6] 值得一提的還有位狠心的學校老師，羅道夫在將這位老師的雙眼矇上時，曾預言他有天會悔過，最後果真為曾經受害的人哭泣。眼睛被蒙上時，就好像罪犯鋃鐺入獄，澈底悔悟，讓他痛哭流涕。這些人為過錯付出代價的方式，就是傷心落淚。至於好人則時常哭泣，無論男女，有時是因為滿腹苦衷，有時則是心懷感動，或是在行善時大發慈悲，也有可能是喜極而泣或由衷感恩。瑪麗花出場的時候，幾乎場場必哭，有時候是因為被樂善好施的人感動，有時候是回首過往，被回憶糾纏。瑪麗花有著天使般的臉龐，天真中透著一股憂鬱，在梨花帶淚時楚楚動人。她的態度和瑞格蕾特（Rigolette）互為對比，因為瑞格蕾特時時興高采烈，不過在路見不平時，會心有所感，如果動容落淚，連自己都感到訝異。歐仁．蘇的男主角也會哭泣，不過他們的表達方式和我們在先前的段落中見到的，迥然不同。所以就算羅道夫出身高貴，處事冷靜嚴謹，面對任何考驗都勇敢果斷，在聽瑪麗花說話時，卻無法止住淚水奪眶而出，因為她十分動人。羅道夫第一次帶瑪麗花到鄉間時，她有著無邪的吸引力：

> 當羅道夫聽到這個被拋棄、被輕賤、如此失落，居無定所而且三餐不繼的可憐傢伙，發出歡欣的感嘆，而且帶著對造物主難以言喻的感謝時，他不由得流下淚水，因為她見到青草地和一縷陽光都如此欣喜雀躍。[7]

有段時間，瑪麗花一直以為羅道夫只是個扇子畫家，那時候羅道夫哭的頻率比瑪麗花來得高。她甚至建議他應該要把錢存進銀行，讓羅道夫在對朋友墨夫（Murph）講起這件事時，有這樣的表述：「我太感動了，噢，感動到淚如雨下了我。我不是告訴過你了？大家還嫌我枯燥嚴厲、缺乏彈性，咳！才不是呢！感謝上天，我可以感受到新的跳動，充滿熱情，慷慨昂揚。」[8]他外表看似對事事不為所動，讓旁人懷疑他是否存有一絲感性，卻在見到純真無邪的景象時感動莫名，激發出情感的湧動。友情和柔情、悲憫一樣，在他寬大的心胸占有一席之地。有一次他受困於地窖之中，知道好友墨夫有難卻束手無策，生怕墨夫命喪殺手的刀下，難過流淚。墨夫跟羅道夫一樣，既溫柔又英勇，但他的感動時刻在小說中別具喜感，因為他出身內斂的不列顛，以及身為騎士侍從的自豪，都是他表露情緒的牽絆，阻卻他放得太開。所以，他會轉過身去，或藏到窗簾後面，接著大聲擤鼻子，這被小說的敘事者稱為半鬧劇的事件，只是為了讓讀者知道究竟發生了什麼事情。他不想在瑪麗花面前流下眼淚，所以請求上級允許讓他暫緩去找她，他說自己又不是鐵打的漢子，用「大力士海格力斯的手腕」擦眼睛。[9]這位英國紳士卓爾不群，又是個豪爽的彪形大漢，雖然不至於顯得荒誕，但能透過眼淚令人莞爾一笑。引人發笑之處並不來自他的情緒，而是他想要藏匿收斂的弄巧成拙。故事中的好人會出於情感和道德的執著而哭，更勝一籌者，則能用他們的眼淚軟化鐵石心腸。瑪麗花因此讓聖拉札監獄中的受刑人流下淚來，雖然其中有個綽號母狼的人對此舉進行了一番抵抗，因為哭泣被視為脆弱的表現，但最後仍不敵美德的感化，動容落淚。[10]同樣地，羅道夫也曾讓叔利勒（Chourineur）哭得「像頭鹿」，使他改過遷善。[11]所以，假使雞鳴狗盜之徒還存有一絲善心，眼淚能讓它展露無遺。這部小說不講內心戲的曲折，除了與罪行等比的悔悟，或是純情如瑪麗花過度的自我檢討之外，不寫內心世界的煎熬，人們感覺良好就哭，和儲蓄銀行站在同一條道德陣線。在這裡，虛情假意很明顯是反派特質。故事人物不具有難以排遣的困擾，讓他們的主觀性靈陷入深淵。要是吃太多苦，人就會瘋掉，就像工匠莫瑞（Morel）一樣。人妻受到委屈，不會把眼淚往肚裡吞，而是會設法把丈夫弄哭，就像達維爾太太（Mme d'Harville）的案例一樣。達維爾太太的丈夫患有癲癇症，意識到自己的病痛牽累了太太一輩子，流下既悔悟又溫存的淚水，並且帶著妥協的愉快，自殺了斷。這裡沒有狂飆的熱情和附加的熱淚，也沒有男性對眼淚的敵視，只要是戀人，不分社會階級高低，並肩同哭。這裡也很少有進入眼淚枯水期的人，卻有許多人因為道德感化而淚流滿面。見到書中的人因為喜悅、感恩或慈悲心流下眼淚，聽他們基於仁義道德、天真樸實或情緒感動發出種種感言，我們幾乎可以看見歐仁・蘇的小說和某些十八世紀小說之間的關聯。不過，在找尋相似之處時，我們更應該去看十九世紀前半葉的煽情戲劇，因為裡面充滿笑與淚的綜合呈現，手無寸鐵的受害者、駭人的反派、滑稽的配角、領銜的主角，以及這兩個文類究竟是如何構成的，這牽涉一系列跌宕起伏的情節和情緒起伏，形塑出文類的主要內容和節奏。和煽情劇一樣，大眾小說持續描寫遭到不公平迫害的無辜受害者，不過他們最後會被好人主角解救。不過，道德感化的論述和情緒感動（仁義道德、感恩與慈悲）會被鼓盪的激情取代。

《倫敦祕辛》與《羅坎博》：轉變的元素

雖然保羅・費瓦（Paul Féval）的《倫敦祕辛》（*Les Mystères de Londres*）的出版時機，緊接在歐仁・蘇的小說暢銷大賣之後，但《倫敦祕辛》並不是《巴黎祕辛》的複製品。在《倫敦祕辛》中出現的眼淚，鮮少是正向感覺的表徵，反而比較常代表戀愛的痛苦，類似浪漫主義式的激情。《倫敦祕辛》的出場角色包括不識苦澀淚水為何物的純真少女，在成長為女人的過程中，宣洩謎樣的祕密熱情，或因為遭到背叛，才了解到痛心啜泣和熱淚盈眶的滋味。崔沃小姐（Miss Trévor）和達比伯爵夫人（la comtesse de Derby）都有著蒼白的皮膚和厚重的眼袋，顯露倦怠和哭過的憔悴。[12] 崔沃小姐因為在情感上歷經滄桑，曾經給史督華小姐（Miss Stewart）這樣的忠告：「看妳笑得這樣開心，還是永遠別戀愛吧！戀愛讓人吃的苦，實在是太多了！戀愛讓人學會哭泣，變得蒼白……還讓妳夜夜做夢！」[13]

正向情感帶來的感動，只有在牽涉家庭時保有戲分。因此，蘇珊娜（Susannah）透過閱讀《韋克菲爾德的牧師》（*Le Vicaire de Walkfield*），更了解她媽媽那一輩的快樂，並為找到這感人的連結而流下眼淚。露（Loo）和她的父親在傳達親情時，一起流下感動的淚水，至於綽號蝸牛（Snail）的兒子，則因為感動到不能自己，責怪他們害他哭得像個孩子。[14]比起一般的道德泛論，《倫敦祕辛》描寫的親情更親炙眼淚。當小說人物里歐桑妥斯（Rio-Santos）發現手足安格斯（Angus）處境可憐時，「眼瞼掛著淚水」。[15]要知道里歐桑妥斯在情場善於色誘，又是個心高氣傲的不法之徒，曾經為了拯救愛爾蘭，加入抵抗英國的戰役，簡直就是個浪漫主義式的英雄。當他回憶起唯一愛過的人時，有道旋律在腦中被喚醒，讓他淚如雨下，「流過他低垂的眼睫」。[16]《倫敦祕辛》中的好人家姑娘，時常在救濟窮人時感動落淚，而男性角色則只在絕望或激情難抑時落淚，不過都不至於氾濫，僅止於眼眶濕潤或語帶哽咽。不過，書中還是有令人討厭的角色，就算見到親愛的人落淚，仍無動於衷，譬如白曼諾（White Manor）曾用狗鍊栓著老婆走在倫敦的大街上，讓路上的家畜販子見了為之動容，叫道：「可好了呦！要是她能就此死在淚水之中，可好了呦！要是她過了這關還活得下去，還能哭泣和受苦，可好了呦！」[17]

同樣的道理也可見於《羅坎博》（*Rocambole*），故事中的反派角色也不會被眼淚感動，而且如果有必要讓陰謀詭計奏效，他們不惜假裝痛苦。另外，《羅坎博》也有像德柏沛歐先生（M. de Beaupréau）這樣的角色，十足的孬種癟三，喜歡霸凌弱者，卻在強者跟前哭哭啼啼。[18]故事中的好人主角名叫亞爾蒙・德切爾伽（Armand de Kergaz）雖然時常濟弱扶傾，卻不會因為抽象教條的道德感召而落淚。他只哭過一次，原因是他得知心儀的女子因為情勢所逼，需要脫手自己的鋼琴。他連忙要替她補上一台，於是她「眼中盈滿淚水」地挑了一台韋伯牌鋼琴。彈奏時，她彷彿從那台樂器汲取出「如泣如訴的樂音，讓許多人聞之淚如雨下。」[19]好人家姑娘會在彈奏鋼琴和祈禱時哭泣，至少還能在受到痛苦時保存一絲尊嚴。有位名叫赫爾敏（Hermine）的女孩認定自己被未婚夫費迪南（Ferdinand）背叛，卻沒有哭泣。她「怔著，一動也不動，像是被閃電擊中。她回望德柏沛歐先生和媽媽，眼眶乾燥，好像用那道目光表示，她的人生就此破碎，全世界於她都變得無所謂。」[20]她的內心深處被痛苦吞噬，最後在媽媽的懷中泣不成聲，讓媽媽生怕女兒因此遁入空門，進入修道院。[21]出於母愛，媽媽的哭戲比女兒還要多。在《倫敦祕辛》中，哭得最多的人物是妓女巴卡拉（Baccarat），她也喜歡費迪南。巴卡拉熟諳各種激情濃烈的鬼泣神嚎，和邪惡勢力狼狽為奸，出賣自己的姐妹賽莉絲（Cerise），讓她落入登徒子德柏沛歐先生的手中。不過，巴卡拉最後改邪歸正，為了讓好人得到快樂，自我犧牲。她參加了他們三人的婚禮，淚流滿面又祈禱祝福，身穿見習生的灰袍，洗盡鉛華。[22]這個妓女帶著愛意與懺悔，進入修道院贖罪時流下串串淚珠。在小說中，激情與愛情的交替出現，伴隨著許多哭泣場景。面無血色的女主角被煎熬席捲，而不法之徒則帶著他們濃烈的情感或性格，在走出煎熬時受到匡正，而且歷經一番成長。《巴黎祕辛》講道時叨叨絮絮，人物刻劃十分透明，經過重複性的哭泣強化這些特質，但《倫敦祕辛》則與上述元素截然不同。在《倫敦祕辛》裡，心胸寬大的男性角色不會輕易掉淚，他們具有男性的自尊，有淚不輕彈。但若在他人傷心流淚時無動於衷，仍令人不齒，用哭來表達同情已非必要，能付諸行動更好。善良的心地、惻隱之心、感恩、虔誠等情感牽動的眼淚喪失了鞏固的基礎。只有親情，始終能激發出具有教示意味的情緒感動。

十九世紀末，大眾小說中富人的眼淚

十九世紀末的大眾小說偏好勾勒家庭劇情，勝過點染大城市的神祕傳說和悲慘事件。出版人德高爾斯－卡多（Degorce-Cadot）在預告一套題為《罪惡與美德》（Vices et Vertus）的插畫小說集時，他保證此書能讓人笑淚併發，但同時也加註道：「這可不像歐仁・蘇的《大罪》（*Péchés Capitaux*）一樣，傳達某些中心思想和政治辯論，這套書會好好地推出真正的家庭劇。」故事的主要劇情環繞在一個名譽正受到威脅的家庭。污點事件牽涉一個年輕女子，不管她有罪還是清白，都會受到責難，接著矛頭會指向她的孩子，因為對某些人來說，這個孩子的出身值得懷疑。如果我們再看看愛彌兒・瑞希布爾格（Émile Richebourg）的插畫小說《小米雍》（*La petite Mionne*）的開場，便可了解為何這些小說情節如此引人入勝：

> 財富對是否能獲得快樂無濟於事，因為快樂不像藝術品或奢侈品，可以用錢買到。而且，很多時候我們羨慕的快樂只是表象而已。有多少面帶微笑的人其實渴望哭泣？藏起來的哀傷，才是最淒楚的。多少家裡有著淌血的傷口，有著不可告人的祕辛，不為人知的曲折劇情！沒有人能逃過悲慘，悲慘殃及高高在上的人和位處底層的人一樣容易。[23]

富人的世界鑲著軟墊，發生在裡頭的痛苦與淚水無法向外透露，卻被小說揭發。幸福美滿的表象不能輕信，因為人一旦在社會上有頭有臉，便得藏住因為咬牙隱忍而更痛徹心扉的苦楚。不過，小說讓人有了置身事件核心的機會。小說讓我們得知，年輕的伯爵夫人芮蒙（Raymonde）因為愛上獵場看守人而出軌。芮蒙的婆婆得知後，在房中蒙受揪心的煎熬：

> 她的眼波原本帶有黑暗的火焰，現在卻被斗大的淚珠澆熄。她的胸口劇烈起伏，雙唇顫抖，鼻孔張開，面如白蠟，教人一看便知她的靈魂被猛力撕碎。[24]

在這場哭泣之中，芮蒙婆婆的表情姿態充滿病態的收縮，映照出內心世界飽受摧殘和威脅。在這段描寫中，伯爵老太太被傷心啜泣拖垮，最後哭到眼淚乾涸，卻遠比不上他的兒子在知道醜聞後的反應：

整整兩天，他糟得不像話。他的眼睛乾澀，卻瑩瑩熠著光，全身不斷痙攣，長吁短嘆卻沒說話，只會偶爾吐出斷斷續續、意思離奇的隻字片語。我當時生怕他會失去理智。不過，慢慢地，他逐漸出現好轉的樣子。流淚和啜泣似乎讓他緩解許多，平復精神的過度亢奮，然後，他會趴在原處好幾個小時，最後陷入深沉的低潮，久久揮之不去。[25]

於是，痛苦會經過一系列令人擔憂的階段，先是出現瀕臨發瘋、但沒有哭泣的精神危機，再來是緩解緊張的難過流淚，接著是四肢無力癱軟在地，奄奄一息，無精打采。被痛苦攫住的身體出現什麼樣的型態，被鉅細靡遺的描摹出來，這是前所未有的事情。如果人們開始使用新方法來表現嚴重的精神危機，那麼一定會找到適用這套方法的緩解之道。伯爵與伯爵老太太母子兩人緊緊相擁，伯爵在媽媽的臂彎中哭得像個孩子：

「好吧，你就哭吧，我的孩子。」她這樣說，在他的額頭和臉頰覆蓋好幾個吻。「哭吧，繼續哭，哭會對你好。但在哭完後，你得重新找到力量，重新把自己拼回來。〔…〕啊，你現在哭出的眼淚，將讓他們付出沉痛的代價。」[26]

或許眼淚能對這個年輕男子帶來一些安慰，不過他還是得在報復的時機來臨時，準備就緒，拿出強硬不撓的態度，不能有一絲柔弱。同時，伯爵也遵照媽媽的建議，透過行善來治療心中的傷口。擦去他人的淚水，能讓自己的淚水不再流動。伯爵的深度絕望受到母愛的關照撫慰，在接納兒子眼淚的同時，伯爵老太太還囑咐了一套行為準則，希望他難過完可以依循。與之相比，芮蒙的行為毫無人性可言。年輕的伯爵夫人紅杏出牆，在哭泣時狀如野獸：

> 她讓人聽見自己發出一道哀嚎，眼淚從晶瑩的雙眼流出。但讓眼淚迸流而出的，可不是情緒低潮或悔恨，更不是巨大的傷痛。讓芮蒙流淚的，是氣憤，她氣憤再也不能自欺欺人。她將就此受到指指點點和譴責，無法反駁。[27]

芮蒙不知悔過為何物，沒有感受到精神困擾，也沒有被撕扯的感覺。她流下的眼淚屬於比較低的層次，因為那是因為氣憤而哭的淚水，而且氣的還是罪有應得的懲處。源自深度煎熬的眼淚危機只發生在好人身上，反派角色徒具表象，衝動行事。但要是論及家庭門戶的名望，一個母親犯下的錯誤便會落到孩子的頭上。

關於這一點，保羅・德庫賽爾（Paul Decourcelle）的小說《兩個小鬼》（*Les deux gosses*）有著同樣的情節特徵。在第六章，作者寫出了同樣的情境。一個看似平靜溫馨的家庭，讓人路過時見狀無不嘆道：「在這麼漂亮的屋子裡，該有多快樂呀！」可是，如果他們見到裡面實際的狀況，「發生在那些緊閉的窗戶後面，隔著厚厚的簾幕，而且簾幕繩線都仔細綁好」，他們便會大失所望。因為，他們會在屋內見到以下狀況：

> 一個哭了很久，癱軟在地，因抽噎造成身體劇烈起伏的女人；一個雙膝跪在跪墊上的母親，哭紅雙眼，傷心欲絕；一個男子埋首於掌中，滿腔怒火，喉嚨乾澀，胸膛被指甲抓破，整個人失魂落魄，深陷於自己的思緒之中。[28]

這個屋子的內部舒適無比，令人見了怦然心動，簡直就是個快樂的窩，但卻窩藏通姦情事，在有錢人的身體與心靈颳起一陣風暴。不過在這裡，癱軟在地的女子名為海倫（Hélène），受到莫須有的罪名指控，她只不過是提醒嫂子卡門該負的責任還是要負，是時候該和她的愛人分離了。可是，檯面上的表象對海倫不利，她因此遭到丈夫不公平的責罰，甚至殃及她的孩子，因為丈夫誤以為孩子是私生子。海倫的丈夫名叫拉蒙（Ramon），始終陷於絕望和憤怒的情緒中。他身上流著些許西班牙的血液，這解釋了他為何為人衝動，為何善妒，以及為何精於報復的藝術。在這本小說中，血源時常是構成小說人物性格的要素。在家門顏面掃地之後，拉蒙改變了自己的主意，這些轉變可見於以下段落：

他時不時會停下腳步，若有所思，接著眼中湧出斗大的淚珠。但他很快地就會用指頭指掉眼淚，馬上恢復一派輕鬆的表情。[29]

他情不自禁地掉淚，接著速速擦乾淚水，這些舉動絲毫沒有消滅他可怕的決定：他要把孩子送給一個盜匪。接下來的幾個晚上，他輾轉反覆想著通姦的種種證據，一想就是好幾個小時，「胸中湧現哭意時，他便痛哭流涕，好像要把眼淚哭個乾淨。他因為失去的愛而哭，因為受傷的希望而哭，因為破碎的生活而哭，也因為父親身分遭到玷污而哭。然後，他站起身，帶著殘忍的喜悅，喃喃自語道：『這個仇，報了！』」[30]如果他有時被強烈的情緒沖垮，並且淚如雨下，能驅使他迅速脫身的，是憤怒或是復仇的喜悅。又因為他性格剛烈衝動，因此很少讓愁緒或美好的回憶滋生疑慮，因此躊躇不前。他的痛苦情緒總是受到血源的宰制。至於海倫經過這場扭轉人生的風波之後，大病一場，恢復地十分緩慢。痊癒時，她變成了另一個女人：

她容光煥發，美得不可思議。但她那雙曾經盈滿平靜與快樂的湛藍大眼，如今卻蒙上一層具有詩意的憂鬱。在她長長的眼睫下，好像時時有淚水快要掉下來。[31]

海倫的臉展現愁苦的魅力和清白人的平靜，讓她儼然是個動人且高貴的女主角。海倫千方百計地想說服家裡相信她的清白，並試圖找回自己的孩子，但卻徒勞無功。她一度萬念俱灰：

大自然強過人的意志，強過人的勇氣。她痛哭失聲，嗚咽不止，問上天為何不讓她死，一了百了。她的言語幾近褻瀆，因為她被心理的煎熬拖來拽去。不過，她還是持續祈禱……最後，在她絕望的深處，一線希望透了出來。[32]

身為女人，海倫有時會覺得力不從心，意思是她贏不過自己的眼淚。她的抵抗並不持久，取而代之的，是她的信仰。能替她帶來寬慰的，不是憤怒，而是禱祝。她充滿女性的同情，開始去消除不幸者的淚水[33]，並在獨處時，對著丈夫和孩子的照片掉淚，這形成親情在文學場景中的新意象。那個被拋棄到流氓手中的孩子名叫范范（Fanfan），幸好結識了患難與共的夥伴，逃離了踏上不歸路的命運。雖然迫害范范和夥伴克勞迪奈（Claudinet）的人嚴格禁止他們哭泣[34]，但他們兩個會一起流淚，在脆弱中團結凝聚，互相提攜和提醒美好的感受，重溫一些記憶中的道德教示：「然後，他們互相替對方擦去淚水，如果對方精疲力竭，便要拉他一把，有難同當，假設有小小的愉悅浮現，也會有樂同享。」[35]這些受虐兒在不幸的淵藪中，還能保有一絲純真和良好的教養，這展現在他們的互相關照之中，在十九世紀末的大眾小說裡，舉足輕重。這些殘留的情操成為一種伏筆，替結局的大和解（噢，好感人！）和重逢鋪路。

十九世紀末，大眾小說刻劃的危機、淚水、血濃於水的骨肉親情或良知，時常發生在一個內部空間，經過層層疊疊，難以穿透，於是帶來了一些新的元素。這些布爾喬亞家庭雖然看似春風得意，在內裝精巧的家中過好日子，當陷入危機或遭逢困厄時，卻跟窮人無異。故事人物在哭泣時會坦露內心的煎熬，背景多半設定為居家內部，通姦出軌則時常是戲劇張力的種子。大眾小說的筆法，結合面相體態的觀念和遺傳命定論，讓哭泣的樣態映照人物的性格，表現陽剛氣概、陰柔氣質或孩提稚氣的形象。不過，這種類型的小說開始侷限於女性讀者群，因為對她們而言，家庭悲劇比冒險主題更為吸睛。

在《巴黎祕辛》中，好人的溫情淚水和壞人的虛假眼淚形成對比。從這個架構出發，流淚成為改邪歸正的途徑之一，畫出壞人轉為好人的路線，從罪惡走向懺悔。這個道德教化的傾向結合一些動作場面，和十九世紀初的煽情戲劇有異曲同工之妙。煽情和使壞並肩而行，揮灑出五花八門，但相對單純的情感樣態。在《羅坎博》和《倫敦祕辛》中，故事人物的情感則出現了變化。溫情眼淚的出場時機變少了，連面容蒼白的女主角也時時需要收斂情緒。帶有浪漫主義特質的人物，諸如法外之徒或從良妓女，無不滿腔熱血，他們的眼淚有著另一種特質和意涵。痛苦受到藏匿，情感有了濃淡之別，激情能颳起氣旋，這些都驅使人們用不同的方式去解讀情感。男人變得鮮少哭泣。在十九世紀末的大眾小說中，眼淚出現的時機，是人物遭逢不幸和不名譽的試煉，這些試煉會逼出他們的真性情。這些小說的文字描述，時常關切極端的狀態，處於極端狀態的身體完全被苦痛擄獲。出現在大眾小說中的悲劇情節、煎熬和痛苦回憶，讓親情以及對童年經驗的關注受到發展。於是，大眾小說透過眼淚的表現形式，重新劃分了情感和身體的意象。就算性別的角色差異仍然存在，戀愛或家庭關係能讓溫情出現一些澄明的覺醒時刻，人物陷入危機時，還是會被眼淚沖垮。

帶著暢銷佳績，大眾小說的文字呈現出另一套情感樣態，和福樓拜、于斯曼或龔固爾兄弟的小說大相逕庭。大眾小說的創作者和讀者群的浪漫期待，共同催生出另一種傳達情感的文學形式。而且，《巴黎祕辛》人物的哭泣方式，再次呼應大眾小說感性的特色，這到十九世紀末時，便已出現差異。除卻文學中的社會學向度，純粹去翻閱這些著作時，能讓我們看見情緒感動的新面目，在仁義道德、情愛、親情或其他受到重視的情緒觸角之間，發生了價值的大洗牌。在十九世紀末，仁義道德已經不是大眾小說的焦點，但這卻是歐仁．蘇《巴黎祕辛》的重要主題。取而代之的，是家庭劇。在半個世紀內，大眾小說中的眼淚問題經過了不少變遷，同時，為特定潛在讀者群量身創作的小說，也在這個時期開枝散葉。冒險不再和言情混為一談。

到了二十世紀初，主要寫給男性讀者的偵探小說，便和寫給女性讀者的言情小說區分得十分清楚。而且，言情小說被視為低等的文類，其中的例外，只有創作天主教寓言的女性作家，因為她們出書是為了布道，不然，言情小說作者在各類作家的排行中墊底。[36]經過這個文化背景的襯托，我們能知道眼淚在大眾小說中有什麼樣的地位，並瞭解為什麼于斯曼極力抨擊這些書敗壞女子民風。在他的眼中，當言情小說的讀者開始限縮於女性，溫情融洽就變成一種病態。

第四章　情緒的社會與政治規範

在書寫時汲取一手經驗的好處，是讓人更精確地掌握情感表現中的社會文化差異。其中一種方式，是將工作經驗化為寫作題材，雖然這類的人生敘事並不多見，而且很難詮釋，但它還是有上述的可取之處。而且，我們不能光用社會學的觀點來看待工匠或勞工的自傳作品，因為他們通常有特定的政治關注。諾爾貝・特魯崗（Norbert Truquin）的《一個無產階級者橫跨革命的回憶錄》（*Mémoires d'un prolétaire à travers la Révolution*）並沒有將眼淚納入故事的內容，而且光從書名來看，一八四八年的革命構成全書主軸。在《李奧納多，克勒茲的磚石匠》（*Léonard, maçon de la Creuse*）中，作者馬丁・納多（Martin Nadaud）說的故事是工人的城鄉遷徙，描述他離開的鄉下社會有何風貌，並將他的情感活動放入政治表述的空間。

奉行聖西蒙派觀念的勞工曾經有過愉悅的眼淚經驗*，但這在十九世紀下半葉變得過時。即使是這樣，在一場辭情洋溢的演說中，亞蒙丁・維爾內（Amandine Vernet）仍讓現場罷工的賽

* 關於聖西蒙學派，請見第二部第一章〈溫柔淚水的憧憬，以及感性交流的遺緒〉。

文區（Cévennes）礦工感動落淚。[1]奇妙的是，眼淚也能透露政治風向，並且對變動中的世界提出疑問，因為這些變動讓勞工的工作條件以及鄉村的生活方式受到壓縮，不再遙遙相隔。

朱爾・瓦列斯（Jules Vallès）是個專職作家，在城鄉世界的交界度過童年。他的原生家庭有著布爾喬亞的意識形態，不過他的鄰居階級稍低，情感的表現比較不受拘束。在家庭生活的政治關係中，眼淚至關重要。瓦列斯的父母認真投資兒女教育，如果他發出叛逆的叫喊或表現出社會主義的憧憬，便會付出高昂的代價。所以，這個愛哭的孩子學會了如何自我克制。瓦列斯小說人物的分身名叫賈克・凡特拉（Jacques Vingtras），因為家教使然，賈克的眼淚多被諷刺籠罩，反映了布爾喬亞矜持的情感教育，並伴隨著對自我表達的關注。

眼淚的缺席

在寫回憶錄時，諾爾貝・特魯崗發展的文字主題，非關痛苦或愉悅的眼淚，也不涉及人道關懷的心靈感動。就算他小時候受到欺凌壓迫，而且在年輕時參加過一八四八年六月的革命，度過轟轟烈烈的日子，他都沒有因此掉淚，至少在書寫自己的人生故事時，不覺得有提及眼淚的必要。回憶錄書名中的「一八四八年革命」，劃下了回不去的節點，那是個讓許多希望褪色的時刻。雖然他在闡述主見時滔滔不絕，但在處理感性內容或情緒時，沒有訴諸眼淚，也不會想要和無產階級的弟兄們分享淚水。他只有一次提及眼淚，帶著幾分打趣的眼光看待這位萍水相逢的夥伴，這位夥伴置身一位慈善企業家的行伍之中，雖然那位企業家行為慷慨，卻沒有縮短他和資助對象的距離。特魯崗見到這位企業主沒有和勞工同桌共餐，便進而批評他的行為，因為這樣的區隔抹煞了慈善援助的關係，讓雙方關係的性質回到家長式的權力關係：

我們這邊有位退伍的士兵，曾經三度派駐阿爾及利亞。他這個人很妙，他懂得如何半張臉笑容可掬，同時另外半張臉愁雲慘霧。他厲害到讓雇主送他幾件舊衣服（褲子和外套），接著立馬拿去變賣兌現。他總是有辦法收服人心。[2]

無產階級勞工心照不宣的眨眨眼，透露了動用淚水感動雇主，此舉另有蹊蹺，這也解釋了為什麼就算企業主慷慨捐獻，但還是會和無產階級保持距離。企業主的慈善行為和哈斯拜曾經夢想過的分擔淚水、共享知識南轅北轍。特魯崗完全不受情緒或感性表達的感染：他不去書寫眼淚。不過，在講述人生經歷時，他十分在意一個區別，也就是見到窮人與富人深陷悲慘事件時，他對窮人具有比較多的同情，面對富人時，則時常有好理由袖手旁觀。他經歷的種種冒險延續著社會鬥爭，並講述一個孩子如何被拋棄和尋獲的來龍去脈。在這之中，家庭並非情感蕩漾的首要場域。這無非是他在自我描繪時的一項抉擇：他偏好具有原創性的政治見解，勝過抒發情感。

同樣地，馬丁・納多的回憶錄顯少著墨於情緒感動的眼淚或個人承受過的苦難，也很少談論集體的感動體驗。誠如尚－皮耶・黎烏（Jean-Pierre Rioux）在書序中提到的一樣，「馬丁・納多正面投入人生，毫不保留，也不訴諸什麼靈魂的狀態或親密愁緒。」[3]不過，馬丁・納多在書中曾經提到，眼淚如何揭示了他的政治立場，以及自己是如何成為共和主義的支持者。他談到了巴黎工人們的眼淚，他們在一八四九年被強制遣散，成為被迫失業的受害者。他敘述那些人歷經的苦難，關注的向度精神大過於身體，讓受到社會排擠的無產階級城市勞工躍然紙上。他們的遭遇引發不平之鳴，帶來共和主義者的抗議，讓社會議題升溫。馬丁・納多的政治情操拒絕姑息不公不義，因為這些不公平待遇，以勞工和共和主義者首當其衝。由於這個緣故，我們能把法庭上的情景看得更明白。在以下的訴訟中，律師的角色象徵著秉持共和立場的布爾喬亞階級，樂意捍衛勞工權益。受審的被告是名裁縫，他因為在一八三四年起義期間手持軍械被逮，由名為克雷米厄（Crémieux）的律師辯護。馬丁・納多在出庭觀審時感動落淚：

他太太和小孩的座位離我非常近，他們熱淚盈眶。律師在辯護時手勢頻頻，辯詞如連珠砲似地吐出，雄辯之勢感染了在場聽眾。聽著這個男人在譴責不義時，是如此的高尚和驕傲，我無法克制自己的眼淚。[4]

於是，撼動馬丁．納多的，是勞工的尊嚴、被告家庭的哀傷以及律師的雄辯，並且感召他奉行共和主義的立場：「從這刻起，我能說自己已成為共和理念的忠實支持者。」當庭流淚成為作者投向共和理念的臨門一腳。另外，這個情景也描繪出另一種因慈善付出而引發的追隨，和先前特魯尚筆下的企業主有所不同。在這裡，他寫的是一名律師秉持自由主義和共和的立場為人辯護，而他未來將成為七月共和政權的司法部部長，甘貝塔（Gambetta）的閣員。

在利穆贊哭泣

其實，馬丁．納多回憶錄提及的眼淚，還告訴了我們別的事情，也就是作者在利穆贊（Limousin）的家，說他如何受教育，並且被培育成一個來自克勒茲小區、在巴黎就業的磚石匠。這段人生經歷，充滿離開與回歸，有著虧欠與收益，儼然是一幅眼淚民族誌的小小風情畫，背景設定在鄉下，依循季節性遷徙的節奏流轉。這本書關注一個利穆贊磚石匠的回憶，追述他如何成為共和黨的民意代表，記敘他社會流動的路程，並替它增澤。那裡的女人生下來的孩子、身邊的兄弟、枕邊的丈夫通通都是磚石匠，一年到頭長期在外，甚至一離家就是兩三年不等，見到他們要離去，涕泗交頤。馬丁．納多十四歲離家，但他感受到的離情不是淚水，而是家中婦女分別時的啼哭。「那時，我們得讓媽媽、祖母和姊妹好好地抱一抱。那是個痛苦且艱難的時刻。我想，要是我們遭到掩埋，沒有什麼會比她們的哭喊還要撕心裂肺。」[5]拔足啟程，是離開童年與母姊婦女的世界，進入男人的世界，那裡布滿死亡的威脅。於是，離家變成哀悼的典禮，有著呼天搶地的儀式和為亡者聲淚俱下的女子。另一場分別的儀式——這次是發生在一座牢牢上鎖的糧倉裡——他要揮別童年玩伴，玩伴要去里昂，他則要到巴黎去。「最後，在我們還來不及擦乾眼淚之前，分離的時候到了。」[6]他寫的是別離的撕扯、淒惶女子的叫喊以及兒時玩伴的眼淚。馬丁．納多在離開長大的村落時，留在背後的是哭天喚地。不過，這趟旅程會讓他踏入男人的世界，他必須勇敢面對，而且還要承受長途跋涉的痛苦，不流下一滴眼淚。「為了安慰我，父親對我說：『我到旺代（Vendée）的時候年紀比你還小，那時我可沒哭哭啼啼，不像你，好像要哭不哭的。』」[7]他的成年禮，便是面對痛苦和疲勞的咬牙堅忍。為了表現不落人後，他得懂得如何保持眼眶乾燥，向父兄前輩學習：「像托瑞（Thaury）這樣做工時堅毅勇敢的人，遇到事情他連眉頭都不會皺一下。人就是要冷靜，如果只是手上幾個地方破皮，豈能哭哭啼啼？」[8]當磚石匠們回到利穆贊的家中時，我們能在納多家裡見到兩種眼淚，一種是有債未償的難過眼淚，含著背負高利貸的羞恥和威脅家庭的不幸，另一種則是喜悅的眼淚，眼見移工回家，帶了錢好還債，喜不自勝。可是，馬丁．納多資歷尚淺，打工季節離家，在工地受傷，回家時身無分文。她媽媽眼見他差事中斷，賺到的錢通通拿去支付醫藥費，便悲從中來：

「她淚流不止，一邊啜泣，一邊告訴我家裡處境有多困難。」[9]馬丁・納多的家庭債務纏身，同時還得湊錢把家裡的幾個女兒嫁出去。他爸爸找到的借款對象要收取極高的利息，讓家裡陷入一片愁雲慘霧。在歸途中，馬丁・納多看到爸爸愁容滿面，幾乎快被自己的眼淚淹沒，然後隻身進入墓園，在雙親的墳前下跪，並高聲講述自己的困擾和羞愧：「父親用斷斷續續的聲音，嗚咽道：『借貸利率降至三成，唉！早知如此，我的朋友對我根本不會有信心。我的債主信心見底了，劈頭就要請執法官上門來找我。』」[10]馬丁的父親李奧納多在墳前老淚縱橫地訴苦，說自己的家庭是如何面臨被債務拖垮的威脅，讓列祖列宗見證他挺身處理問題的勇氣和誠信。李奧納多的眼淚，與造訪墓園、向祖宗訴苦互相連結，這個夜幕之下的場景非常關鍵，因為它在孩子心中永遠留下了盡孝義務的印象。總歸來說，這是一齣鄉下的悲劇，命運藉由高利貸給予個體重重的一擊。

此外，這本書也描寫另一種回歸，時間是一八四二年。由於是喜事臨門，所以流淚的場景趨於和緩：

> 可想而知，當移工終於歸來，家裡感受到的，不只是喜悅而已，尤其是因為他的收益帶來了不小的挹注，幾乎成為大家賴以為生的棟樑。家裡人人喜上眉梢，語無倫次，大家都流下淚來。[11]

遊子歸來之樂，帶來喜極而泣的眼淚。當馬丁·納多從囊中取出錢財，當著全家人的面放在桌上，大家互相擁抱，淚流滿面：「我們看著彼此，語帶哽咽，擁抱到最後，大家都累了。」[12]群體的情感釋放標誌著愉快的時光。馬丁·納多敘述的眼淚有著特殊的功能。從家中婦女幾近儀式性的哭喊、父親李奧納多向死者的呼喚、到遊子去留的悲喜，點染出鄉下家庭生活的風情畫，依循著遷徙的步調運轉。男孩在步入工作場域時，要學習堅毅勇敢，讓書中年輕的磚石匠就算心志筋骨苦痛勞累，還是得克制淚水。最後，不公不義帶來的淚水，讓共和主義者群情激憤，由辯護律師指出真正的罪魁禍首，標誌著馬丁·納多步入政壇的第一步。在這部傳記的敘事中，政治參與和踏入另一個價值認同的領域，都是融入另一個文化的重要進程，而眼淚的感染與迸放，成為這些進程的起手式。家庭的流淚場景根植於各種習俗儀式，紀念受到揚棄的鄉村生活，因為主角的心已轉向共和的理念，並在感化的過程淚濕滿襟，這些追求取代了偏鄉的過往。

馬丁·納多和諾爾貝·特魯崗都刻劃出刻苦堅毅的男性勞工形象。這些角色無論如何勞碌辛苦，都拒絕流淚。他們也不會去提遷徙造成的根系斷裂，講述新的遭遇或浮現出來的希望。對馬丁·納多而言，移工是鄉村生活模式的參與者，流淚的場景富含悼念、別離、歸來以及全家的喜悅與憂傷，鑲嵌在一個歷時悠長的傳統之中。然而，共和精神標誌著當下，驅策個人的生命歷程，透過敘事向前邁進。馬丁．納多並不排斥描述家人哭泣的樣態，或是提及共和派的政治參與如何引發流淚的感動。但是諾爾貝．特魯崗並未顯現懷舊的傾向，也沒有提到讓人感動落淚的願景感召。他書寫的傳記具有英雄色彩和政治關注，並未讓情緒感動成為敘事的主要訴求。

瓦列斯：十九世紀小布爾喬亞的教育

做為瓦列斯小說的主角，賈克．凡特拉的養成教育替眼淚留下專屬的位置，趣味盎然。凡特拉的雙親是小布爾喬亞，社會地位正在爬升，但因為預算仍然有限，只能和平民家庭居住在同一棟房子裡，同時極力想展現自己鶴立雞群。所以，賈克的家教和左鄰右舍的玩伴截然不同，關起門來傳達親情的方式自然也不一樣。於是，賈克在孩提時便能兩相比較不同的情感生活，例如在法布爾或是文森家都是平民階級，賈克聽聞他們家裡的人是怎麼哭泣的，便能對照自己的父母如何試圖樹立一套秩序，那套家中的秩序又如何岌岌可危。文森家的爸爸想離開成婚的家庭，帶兒子出去分居，但未能如願。賈克便曾見過文森家的爸爸在路邊哭泣：

> 我見到有父親哭喪難過，有母親嬉皮笑臉，但在我家，我從來沒見過眼淚或笑容。在我

> 家，我們不是微詞抱怨，就是叫出聲來。這是因為我爸爸是教書的人，在社會上有頭有臉，而我媽媽則堅忍強韌，要把我教養成該有的樣子。[13]

布爾喬亞認知中的尊嚴臉面和笑容相對，認為笑出來太吵而且粗俗，偏好正色斂容。至於眼淚則暴露了脆弱，不應該展現出來，在兒女面前必須立下榜樣，為人應剛毅勇敢。這些性格特質，和賈克爸爸的職業，以及媽媽為人母的教養角色息息相關。而且，在凡特拉太太眼中，法布爾太太和文森太太的教養方式輕率隨便，因為她們放任小孩哭鬧。「她們不敢打小孩，因為她們見到孩子被打到哭出來，會於心不忍！（我媽媽勇敢多了）」[14]這樣的媽媽為了兒子好，非但不容許自己被兒子的眼淚打動，當然也會防止他受到不良影響。為了處罰他，她會不准他去法布爾家裡玩，賈克覺得這道禁令嚴厲不公，流下淚來：

> 小時候，我有時候會哭。出現眼淚的段落不只一頁，你之後還會讀到。但是，我不知道為什麼我記得的那天特別傷心、特別難過，好像我媽媽做了一件殘忍的事，非常壞。[15]

這段關於童年經驗的文字，傳達出凡特拉夫婦的教育方針，是故意忽視小賈克流下的眼淚。為了兒子的人格養成，他們不應該任由孩子哭泣，不能屈服於孩子的「眼淚勒索」。「如果我因為某件事感到難過、反感或因此想哭，我媽媽會立即約束我：『小孩子不應該有自己的想法，他們要想辦法習慣每件事。』」[16]賈克的媽媽不畏阻撓，甚至把他逼哭，讓他更進一步地順從。為了讓他能良好發展，他應該要追求痛苦，遠離樂趣。媽媽見到他喜歡吃韭蔥，就會把韭蔥拿走。

「為什麼我不能吃韭蔥？」我哭著問媽媽。

「因為你喜歡韭蔥。」她這樣回答，因為她是位明智的女人，不想讓兒子情有獨鍾。[17]

父母對兒女的管教權威沒有上限，而做為一個被諄諄教誨弄得非常困擾的孩子，小賈克並非唯一：「年紀小的時候，我爸爸會讓我哭泣或流血——我必須服從和尊敬他。」[18]奇妙的是，當他的父母對他管束稍微放鬆了點，他卻對緊繃隱忍習以為常，突然沒了責罰，讓他的方向感瓦解。「我感受到哭的需要！我不再挨打了，也許就是因為這件事的緣故吧，因為我已經習慣承受痛苦和怒氣，好像時時都在發燒似的。」[19]有天，他因為一件事極為難過，原因是他認識的一個小女孩被她的父親打死了，他為此哭泣，卻被媽媽責備哭得太多。媽媽是這樣責備他的：要是他因為現在這件事就哭得那麼傷心，那麼來日她過世，他根本無法承受下葬的別離之苦。也就是說，人不應該為別人傷心以及過度流淚，為家人保留傷心的額度，是必要的。賈克．凡特拉在學習疏導情緒時，遭遇了這些互相衝突的義務守則。

更廣泛地來說，賈克．凡特拉不知道他有權利展現哪些情緒。有一次，因為爸爸對媽媽不忠，爆發爭端。賈克在場，目睹了慘狀，見到媽媽傷痛欲絕的表情，不禁熱淚盈眶。這時，他得到了片刻溫柔。他媽媽喚著他的名字，還握起他的手。不過，這不是他記憶最深刻的部分。反倒是隔天的不舒服讓他記得格外清楚。他因為不知道該對家裡的爭端作何反應，因此感到不舒服。「奇怪的是，比起害怕，這個我毫不知情的戲碼浮上檯面，我更害怕自己的笨拙、躁進或在錯的時機哭泣。」他生怕自己因為宣洩了情感而惹惱父母：「如果他們一大早被你的啼哭吵醒，會一肚子氣，氣你沒擺脫掉這些勞什子，這些早該隨著最後一次哭喊而煙消雲散的鬼影。」[20]被悲慘事件激發出的情緒困擾應該被驅逐，人不應該展現不合時宜的淚水，更不應該走到前台展現不健康的多愁善感。在這個情況中，孩子害怕自己的情緒得到負面反應，怕自己舉止出錯，所以只好奉行緘默的法則。任何能喚起那則事件的情緒訊號，都被貶抑為尷尬舉動，只不過是些讓人頭痛的荒謬怨言，出自一個沒家教的孩子的嘴。這種自我展現的不確定性，似乎是年輕的凡特拉所受的布爾喬亞式教育的核心。快成年時，他即將離家到巴黎去，在火車離站時他感到片刻的悸動，但卻不准自己在其他乘客面前流露離情：

就著那些自豪和勇氣，我發覺自己臉色發白，好像快要哭了〔……〕我裝出感冒的樣子，藉此合理化濕潤的眼睛，在快要啜泣時假裝打噴嚏，掩飾哽咽。我這麼做過不只一次。內心的情感，我永遠藏著，戴上一派輕鬆的面具，頂著諷刺打哈哈的假髮。[21]

後來，他成為一名記者，若是在文章中遇見觸及自己內心牽掛的事物，因此一籌莫展、不知該如何是好時，便只好自嘲：「你這頭蠢豬！哎呀，這孩子！這凡特拉是個什麼東西！看他用雙眼撒尿，因為他沒辦法在《社會報》上寫文章，在吉哈丹的辦公室裡，做不到！」賈克．凡特拉見到自己哭態乍現，便以恥笑與自我解嘲回應。假設書寫童年時是著眼於描寫雙親所造成的眼淚，[22]青年與成年時期的敘事則轉向別的樣態，關心眼淚如何受到反諷的琢磨與精緻化，在這裡展現出一個人的拘謹和故作輕鬆的作態。自傳式小說充滿了這樣的情緒疏離，同時，作者也描述這本書被寫出來的過程：「它就這樣攤展在我面前——它笑，它哭，在諷刺與眼淚之間掙扎。」[23]更有甚者，他還呈現出十九世紀中產階級社會的眼淚歷史，如何與笑容的歷史相連在一起。但又是哪一種笑呢？這裡所說的，是幽默諧趣、諷刺打趣的笑，根據文學批評巴克金的說法，是一種「矮化的形式」（與之相對的，是巴克金研究拉布雷作品中嘉年華與民間狂歡的笑容形式）。它雖然受到矮化，卻能展現「個體內部無比幽微的質素」。[24]於是，透過賈克．凡特拉的故事，我們便更加明白為何十九世紀的親密情感，會在笑與淚之間糾纏。賈克走過童年的難過，邁向成年的堅忍硬化，他為了保持眼眶乾燥，採取嘲諷的立場。

從他的小說，我們能看出孩子都是布爾喬亞式和平民教養典範的關注焦點，兩者南轅北轍。人格培育、強化堅毅的形象、否認家庭衝突等等，都是布爾喬亞式情感教育的當務之急，而且並非人人皆有之的特徵。在養成的早期，敏感的孩童還沒受到自我表述的教育，這到了學校和社會上，會形成一場自我意志的訓練，對眼淚充滿不信任，嗤之以鼻。劇場與文學作品以各種場景弘揚了親情的溫存，自我表述的教育，則為流淚場景提供了反面內容，源自比較小眾的文類以及茶餘飯後的餘興節目。總而言之，人們偏好帶著嘲諷的矜持，勝過感性的揮灑，這份偏好讓人知道流淚會招致不幸的社會代價，進而走向自我疏離。

描繪人們如何表現情感的文字，展現了這個約束情緒的趨勢，也揭示了這個趨勢的社會文化意涵。隨著諸如「汪汪淚眼」、「我的聲音被哽咽打斷」的一連串詞語在十九世紀漸漸式微，它們卻重新出現在馬丁．納多的書中。呈現出修辭多樣性的作品，還包括環繞在瑪爾特（*Marthe*）人物周邊的信件集，這本書十分出名，而且所言真切。當事人的家庭成員是具有貴族血統的布爾喬亞家族，言談風度和瑪爾特的丈夫截然不同，因為她丈夫出身的階級較低。她丈夫會這樣說話：「一想到我被誹謗攻擊，我便淚流不止。」[25]這樣的表達方式其實承繼信件文學和通信的筆墨藝術，但最後卻流傳在平民百姓和小布爾喬亞階級之中。

第五章　煽情戲劇中的不幸

從動人情節到煽情戲劇

布爾喬亞的戲劇曾經受到狄德羅的捍衛，在法國大革命之後，轉向更為廣泛的觀眾群。[1] 在熱月政變（Thermidor）發生前後，尚－尼古拉．布伊的作品膾炙人口，並獲得「眼淚詩人」的稱號。*而劇作家博馬舍（Beaumarchais）則因為《有罪的母親》（*La Mère coupable*）一劇，拿下了原屬嚴肅劇種的代表地位。該劇在一七九二年的演出並不成功，不過在一七九七年的重演扳回一城。該劇的引言便是替一七九七年的重演寫的，文字仍十分推崇眼淚的價值：「我們在劇場見到風俗民情的模仿，並流下眼淚。那些劇情並不像現實一般殘酷，甚至很甜美。在察覺自

* 參照第二部第一章。

已熱淚盈眶時，我們有著最好的樣子。經過一番悲憫的感動，我們會有良好的感受。」[2]除了在引言中提及殘酷的現實和虛構劇情帶來的樂趣——這裡指的是大革命歷史的動盪——博馬舍直接繼承了他的前輩們，讚譽眼淚在劇場的功效，並且聲援描繪中產階級風俗的倫理劇。雖然劇場座無虛席，但高人氣並不代表人們達成共識。喬福瓦（Geoffroy）曾批評博馬舍的作品建立在言情小說和風花雪月上，感嘆世上已無懂戲的人。[3]《一七九七年戲劇禮讚》（*Étrennes dramatiques pour l'année 1797*）便宣稱大革命把文化人摧殘殆盡。對這些有品味教養的人而言，戲劇藝術的衰頹要歸咎於新布爾喬亞階級的抬頭，這個族群在十八世紀末將新的財富注入劇場。一七九六年三月三十日的《十日報》（*Décade*）談論的，便是顧店的櫃姐、鎖匠伙計或是來自巴黎大堂*的搬運工，進劇場打發時間或展售珠寶。

從此以後，劇場的眼淚歷史便印上了某個族群的意志，他們是傳統劇場的支持者，包括文人和「有教養的」布爾喬亞階級，見到販夫走卒進劇場尋覓情感與淚水的宣洩，想和他們劃清界線。瑟儂古便提倡受到制衡的中庸感性：

劇場裡有好些樂悠悠的觀眾，他們總是相信眼前所見屬實，所以其實根本不需要在台上見到維妙維肖的模仿。而且，不管戲是怎麼演的，他們只要一見到有人嘆息或有匕首探出刃來，便有哭的必要。至於那些不哭的人，他們進劇場要看的，不是在家裡就能讀完的東西，他們是要來看劇本內容如何被呈現出來，並且比較不同演員處理同一個段落的手法。[4]

真正愛劇場的人對劇本瞭若指掌，去看戲為的不是要尋覓情緒的感染，而是比較各家演員的演技和詮釋方式，這些才是表演最主要的旨趣。這些戲劇藝術的鑑賞與愛好者，和無知的人形成對比；後者跟著模仿的幻覺隨波逐流，不去探究擬真的技巧原理，見到陳腔濫調就哭，完全不具有批判的距離。這兩種觀眾性格，分別點出腹有詩書氣自華的出眾，以及樂於埋單採信的大眾。

煽情戲劇及其觀眾的轉變

戲劇史學家一致認同，煽情戲劇（le mélodrame）出現在一八〇〇年左右。[5]煽情戲劇屬於大眾文類，雖然仍屬戲劇的一種，但特徵包括可觀的舞台效果。如果要搬演悲劇或嚇人的事

* 巴黎大堂區（Les Halles）位於今天巴黎市中心第一區，從中世紀起便是中央市場，是各種果菜食貨的集散地。左拉的小說《巴黎之腹》（*Le Ventre de Paris*）便以此區為故事場景。

件，煽情戲劇會穿插喜劇橋段或芭蕾演出。煽情戲劇是一套完整的表演，配樂不但鋪陳人物的出場，也能提升戲劇張力，或暗示台上的劇情帶著暗潮洶湧的情緒。表演的身段與動作自然而然具有主導地位，不過，和道德倫理互相結合的感性表現，對煽情戲劇來說，更是不可或缺。觀眾會為好人流淚，好人通常脆弱、瘖啞、失明、殘障或手無寸鐵，只有復仇的英雄是例外，英雄有著一切的優點。[6]正向人物一亮相，觀眾就萌生同情，當特質感人的角色深陷千鈞一髮的險境，便會產生催淚效應。《乞丐女孩》（*La Fille mendiates*）上演於模稜兩可劇場（théâtre Ambigu），大受歡迎，門票銷售一空。故事描寫一個失明的公主，流落街頭，乞討為生，有天她被想殺害她的盜匪團團包圍，旁觀的還有一個失聰的隱士。除此之外，還有動人的道德宣示、母愛的舐犢情深、親情的慈孝和各種情感的投入。看煽情戲劇的時候，人們因為害怕而顫抖，因為悲憫而落淚，心弦不斷受到絲絲情感的撩動。

皮克楔雷庫（Pixérécourt）是最賣座的煽情戲劇創作者（三千場演出），他曾說他為那些無法閱讀的人創作。諾迪耶（Nodier）曾為皮克楔雷庫的作品撰寫序言，解釋他的劇作為何如此成功，原因在於他巧妙調和了煽情戲劇的濃烈情感，以及人們經過法國大革命的心路歷程，在大街演出「最偉大的歷史情節」。

這些觀眾渾身揚著彈藥煙硝，帶著血漬，隨著社會回歸秩序，切斷了革命時的震盪與悸動，所以他們在劇場需要強度可以與之匹配的情緒。他們需要陰謀、地窖、拒馬、戰場、彈藥與鮮血。[7]

根據諾迪耶的解釋，一個民族因為長期缺乏宗教的號召，精神上的需要擦亮了戲劇感性和道德感化的觸角。這讓下定判斷變得十分困難，因為我們必須了解這些觀眾對倫理常規有什麼樣的觀念，這些觀念又是如何投射到虛構的故事中，才能詳加了解此時的公眾對戲劇作何反應。劇評家喬福瓦將這樣的劇作傾向，理解成平民百姓感性的表現：「高貴的行為發揚善良及感性的人性，人們想為此傾心和哭泣。笑是一種布爾喬亞的行為，邪佞偏差。一個女僕若在看戲時感動落淚，這能讓她覺得自己彷彿有著公主的情操。」[8]喬福瓦一邊闡釋有教養的劇場觀眾有著什麼樣的意見，一邊嘲笑正向情緒的堆砌，將觀眾比喻成「小孩聽老婆婆講故事，又享受又害怕」，畢竟在那時，民間傳說的滋味還沒受到廣泛的青睞（一八〇四年十一月二十七日，《辯論》〔*Débats*〕）。不過，這樣的論述僅限於小眾。巴黎修賽昂坦路（Chaussée d'Antin）一帶的名流仍會擠去大道區（les Boulevards）看戲，並不會因為情緒感動而羞赧。哥爾畢耶伯爵夫人（la comtesse de Corbières）是路易十八在位時社會教育部部長（ministre de l'Instruction publique）的夫人，她在見到皮克楔雷庫本人時曾說：「我必須謝謝你，讓我留下了這麼多眼淚！」[9]當人們把上演煽情戲劇的劇院擠得水泄不通，法國人劇院（Le Théâtre Français）做為經典戲碼的堡壘，卻門可羅雀，一片冷清。年輕的斯湯達爾是法國人劇院的常客，曾在一八〇四年六月六日的日記中這樣說：「塔爾瑪（Talma）一有自然的表現（昨天有一次），我就會被她打動。有位漂亮的年輕小姐和我坐得很近，她看到淚流不止，真是罕見。」[10]在這幾年間，經典悲劇的觀眾群縮水不少。班傑明・康斯坦曾在《關於悲劇的反思》（*Réflexions sur la Tragédie*）一書中提到，以情感為主題能獲得的成功有限：

在我看來，以愛情為主軸的悲劇似乎不再可能吸引大量觀眾，因為它無法跟人們形成共鳴。我知道還是有若干例外，但它們日漸稀少，而且這種戲吸引到的觀眾群多半非常年輕，不是十八的少男就是十五歲的少女。[11]

這段話的意思是說，人們在有水準的劇院是不會哭泣的，只有在年紀還小的時候，會為愛情故事傷心落淚。人們要的，是崇高宏偉的事物。夏多布里昂在當時的貴族沙龍大受歡迎，針對這點，他能解釋為何這樣的意見在當時蔚為風潮。他的《英國文學文集》（*Essai sur la Littérature anglaise*）收錄了一篇關於莎士比亞的文章，夏多布里昂曾在這篇文章中說：「比起最崇高的悲劇，最劣等的戲催出的眼淚有千倍之多。」[12]法國人劇院的觀眾，為了和通俗劇或煽情戲劇的觀眾做出區隔，受到感動時不喜流淚，喜歡靜靜聆賞經典劇作的演出。至於布爾喬亞的觀眾呢，雖然他們曾經和巴黎大道區劇院的平民觀眾駢肩累踵，但到了一八二〇、三〇年代，他們便拋棄那個觀眾群了。原因在於，布爾喬亞階級了解文化與象徵的資本和物質的財富一樣重要。拿破崙做為一個愛好秩序的統治者，曾為了規範民眾而限制劇院開放時段，還在一八〇七年關了十九間劇院。他要求看戲的人要守秩序，於是到了一八〇九年，《歐洲通信報》（*Le Courrier de l'Europe*）便評論看戲的觀眾變得比較有分寸。這也有可能是因為上流社會一回歸穩定，便對新加入的人產生約束力，所以這些新來的人就算會因為遷就上流的品味而無聊透頂，但為了取得認同和尊敬，還是會依照上流社會的慣例。於是，官方劇院和經典悲劇的戲碼，因此重新獲得重視。

在復辟時期（la Restauration），布爾喬亞的觀眾愛上了卡西米・德拉汶（Casimir Delavigne）在巴黎奧德雍劇院（Odéon）的劇本創作，因為德拉汶用經典的品味，傳達出自由及愛國的意識形態。對自由開放的中產階級而言，德拉汶的文字之於人，就像《聖經》在一般老百姓家裡的地位一樣。吉姆納斯劇院（Gymnasse）的觀眾群像，則匯聚了中產階級的婆婆媽媽、年輕姑娘和中學生。在一八二〇年至一八三〇年間，特約劇作家歐仁・史格利博（Eugène Scribe）的作品中，有種人物引領風騷，就是既風流又深情的帝國軍人，會為了少女惆悵嘆息。《米歇爾與克莉絲汀》（*Michel et Christine*）中的投彈手史丹尼斯拉斯為什麼會讓觀眾熱淚盈眶，令人費解。只能說在劇場中的情緒帶有政治意涵，因為人們會在中場休息時，朗讀福瓦將軍（général Foy）

的演講稿。和原先那些占滿劇院節目的煽情戲劇有所不同的是，史格利博的言情輕喜劇更合觀眾的口味，因為一八三〇年的觀眾看膩了忠勇的拿破崙軍士，在布爾喬亞家庭上演的戲，想把眼淚擦一擦。不過，這個風潮並未持久。劇作家樂古維（Legouvé）到了老年，回顧那些拿破崙時期的禁衛隊老兵和上校，這些角色曾讓人潸然淚下，而今卻令人莞爾發笑。[13]在這之後，史格利博的戲路喜歡捍衛布爾喬亞家庭和這些家庭的經濟利益，尤其反對門當戶不對的婚姻，情感倒是用得不多。史格利博和德拉汶在各自擅長的文類中，重新建構了看戲的布爾喬亞觀眾，此時的觀眾正逐漸遠離煽情戲劇，見到氾濫的浪漫情節、憔悴的面影或不道德的情事，會瑟瑟發抖。而年輕的觀眾群則繼續支持浪漫主義，蓄意和布爾喬亞的成規唱反調。

浪漫戲劇

浪漫戲劇的理論家先鋒，著眼於改革劇場成規，將改革的動機訴諸廣大觀眾群需要引導，以及劇場與時俱進的必要。斯戴爾夫人見到悲劇並非多數人民能夠聆賞的藝術，感到可惜：「法國人民竟然對我們那些美麗的悲劇作品興趣缺缺，理由是他們的品味太過純粹，情感太過纖細，恐怕無法承擔某些感動，於是將藝術一分為二。」[14]她基於這個立場，認為劇場要有更多的悲愴元素，這樣貫徹情緒的力道才足。不過，與之相對的是其他劇場愛好者的純粹主義，將悲劇劃入精英的範疇。在《文學與藝術札記》（*Journal de la Littérature et des Arts*）中，舞台設計師布東（Boutton）曾經說過：

> 在巴黎，沒有哪個聖馬丁運河廣場（Carré Saint Martin）的女工、玻璃廠路（rue de la Verrerie）的矮短店小二，會寧可不為《可憐的家庭》（*La pauvre famille*）哭泣，不為了皮克楔雷庫《蒙塔爾吉的小狗》（*Le Chien de Montargis*）陶醉心動，而跑去看讓人呵欠連連的《費德爾》*，或是去看年代較近的其他悲劇，這樣他們就更有理由表現出無聊的樣子。[15]

在《拉辛與莎士比亞》（*Racine et Shakespeare*）中，斯湯達爾曾經想像，如果拉辛活在十九世紀，會寫出什麼樣的劇本：「拉辛不相信悲劇寫作有別的方式。如果他活在我們的時代，而且敢遵循新的規範，寫出來的作品會比《伊芙琴尼亞》（*Iphigénie*）好上一百倍。除了讓人心生欽佩，這種相對較冷的情緒，拉辛能讓人感動到泣不成聲。」[16]在將經典奉為圭臬的另一面，與之拉鋸的是與時俱進，發明創新和感動人心。

---

* 《費德爾》（*Phèdre*）是十七世紀法國劇作家尚．拉辛一六七七年創作的悲劇，堪稱「經典悲劇」的翹楚。

有些人像是彭朗胥，一方面批判浪漫戲劇的形式，另一方面也撻伐詩人查特同（Chatterton）。一八三五年二月，繆塞曾經寫了一首十四行詩指責彭朗胥：

記者先生們，當你們證明
查特同死得沒沒無聞是個錯誤
證明他在法國劇場受到曲解
當你們喊出七聲無神論的宣言

七聲悖論，再加上七聲詭辯之辭
你們將無法證明我沒有哭
面對這些掉書袋的筆墨，如果我的眼淚有錯
眾蚊蚋呀，你們可知道我會對你們說什麼嗎？

我會對你們說，要知道人的眼淚
和大海的波瀾壯闊一樣！
細細分析不會有任何好的結果

若足足哭出兩噸的淚水
再讓淚水乾去，明天，你只會有
凝在掌心的一把壞鹽。[17]

至情淚水和分析的手法針鋒相對，在這裡，冷靜的理性被視若敝屣。浪漫主義的支持者對情緒的批評和劇場的情感，採取激進的態度，這也是為何繆塞會聲援煽情戲劇，一個讓瑪爾戈（Margot）淚眼婆娑的劇種。繆塞曾經寫過一封信給布洛茲，信中的內容詳加闡述了這樣的態度：

告訴他，如果你見到了他（阿爾弗雷德．維尼〔Alfred de Vigny〕），告訴他我有多佩服查特同。而且，我也由衷地感謝他，因為他向我們所有人證明，不管我們遭遇了什麼樣的橫逆，就算被摧磨成黯淡無光的人，頹然衰敗、驚魂未定，我們還有哭泣的本錢，還有可能感受內心的脈動。[18]

由此可見，繆塞想要感謝維尼，因為維尼讓他走出木然無感的困頓，不受時代風氣的拘束，不讓自己的心變得麻木灰暗。所以，劇場戲路和浪漫戲劇的情感訴求，襯托的其實是情感表現頹然委頓的時代氛圍。

詩人雨果（Hugo）在劇作《安哲羅：帕多瓦暴君》（*Angelo, tyran de Padoue*）的序言中，揭示自己的創作動機，是想要觸動全體人民，讓人人讀了無不潸然淚下。《安哲羅：帕多瓦暴君》最動人的場景，是關於蒂斯貝（Tisbé）的一幕，由瑪爾斯小姐飾演。在劇中，蒂斯貝是出身平民的女演員，為了自己的愛人和一位德高望重的仕女犧牲自己。在這一幕，蒂斯貝遇見了對手，由瑪麗·多爾瓦飾演（Marie Dorval）。但對一個作家來說，要打動觀眾並不總是一件值得費心的事。古斯塔夫·彭朗胥做為備受肯定的劇評，認為《安哲羅：帕多瓦暴君》的劇場效果太過廉價：「雨果先生怎麼會從抒情詩的高峰，跌進煽情戲劇的舞台鷹架呢？」[19]雨果此舉，無非是項挑戰。一個作家若想為人民寫作劇本，令他們感動落淚，那他們十之八九會踩到真正鑑賞家的紅線。即使蒂斯貝這個角色，與大道區劇院那些美德過人的女主角相比，並無太多相似之處，但《安哲羅：帕多瓦暴君》煽情就是煽情。所以，在浪漫主義作家和巴黎劇評之間出現了衝突，這個衝突牽涉作品感動他人的能力。如果作者太在意情緒感動，他冒的風險便是讓自己被視為末流。在法國，觀眾其實鮮少讓自己被情感牽動。由喬治·桑做過的比較，我們可以看見義大利人在看戲時更容易被打動：

這些了不起的義大利人完全相反。他們見到什麼都拍手，什麼都能哭，什麼都能笑，什麼都能跺腳，什麼都能悸動，他們很容易感動。他們善惡不拘。只要能撩動他們的心弦，就算是支掃把也沒關係。仲馬先生會深深擄獲他們的心，而若是是柯茨卜（Kotzebue）的妙語輕輕一點，他們也能哭得恰到好處。[20]

義大利人易哭，但這並沒有讓他們的感性鑑賞力變得比較粗糙。喬治・桑樂見其成，似乎覺得法國觀眾過於冷感，有點可惜。

演員的地位與劇種的演變

演員的詮釋，是煽情戲劇發生轉變的背後重要推手。一八二三年出現了一齣題為《阿德烈的旅館》（*L'auberge des Adrets*）的劇本，它是由三名演員，分別是班傑明・安提耶夫人（Mrs Benjamin Antier）、保亞爾斯（Paulyarse）以及聖安蒙（Saint Amand）合作編寫。這齣煽情戲劇使盡該劇種的各種把戲，包括招牌角色、受害的好人及加害的壞人等等。劇中有個盜賊惡貫滿盈，他殺害了一個旅人之後，將罪行栽贓給一個無辜的人。這個盜賊名叫羅柏・馬開（Robert Macaire），由腓特烈・樂梅特（Frédérick Lemaître）擔綱主演。[21]在這裡，壞人的角色完全被演員的詮釋顛覆，將角色的壞打磨成目無律法、笑傲世間的姿態，他一邊欺瞞憲警、一邊對受害者割喉，又一邊嬉笑怒罵。以往詮釋渾身血跡的盜賊的方式，包括鬼鬼祟祟的身段和因為滿腹密謀所以疑神疑鬼的樣子，這些樂梅特都沒有遵循——他亮相時氣勢十足，雖然戲服襤褸，舉手投足卻彷彿公侯將相。這部戲原本要讓觀眾戰慄哭泣，卻搖身一變成為一齣成功的逗趣喜劇，場場客滿，直到演出第八十場時遭禁。這起審查事件的始末值得一提，因為它牽涉遭到調侃的眼淚。《阿德烈的旅館》以羅柏・馬開的死收場。在場觀眾包括警察廳長的太太，她受到結局的感動，當場啜泣。在這一幕，樂梅特通常會從衣衫中掏出一張寫好的懺悔辭（在這段文字中，他承認自己是旅館老闆未來女婿的爸爸，同時是老闆母親的情人，同時他也曾把自己犯下的罪行栽贓給這名女子）。此時，樂梅特沒有錯過天外飛來一筆的發揮時機，這次，他從鞋子中抽出那張懺悔辭。廳長太太大為震驚，控告樂梅特讓她被牽動的情緒變得荒唐無比，還毀了她的幻想。問題出在廳長太太不喜歡大家在哭點上哈哈大笑。因為這樣——假設樂梅特的傳記作者沒錯——這齣戲就被禁了。[22]這齣戲在一八三四年重新演出，並讓一個文學和社會的新角色浮上檯面，和過往的煽情戲劇人物做出區隔，驅散了煽情戲劇反派的神祕煙霧。詩人波特萊爾（Baudelaire）察覺到其中含有道德和文學的重要標記。[23]羅柏・馬開被視為反叛社會的浪漫英雄的一員，同時也是惡之貴族。在「犯罪大道」（Boulevard du crime）上*，仁義道德和周邊的情緒感染力榮景不再。[24]不管構成這個變遷的，是法外之徒的孤高迷人，還是是演員出色地扭轉擔綱角色，腓特烈．樂梅特帶來了新的人物風貌，獲得觀眾喝采。這位偉大的演員透過翻轉傳統劇本和對角色的詮釋，展現出懾服觀眾的能力。因此，作家戈提耶認為瑪麗．多爾瓦的演藝成就「本質上是現代的」，這位女演員的生涯包括演出多項煽情戲劇和浪漫戲劇。[25]「多爾瓦女士的才華帶著滿滿的熱忱，這不是說她罔顧藝術，而是她深受藝術的內在啟發，在拿捏分寸時，用的不是外在的舉手投足而已……」由此可見，演員的藝術詮釋超越了技藝的琢磨，以及摹想入戲的功夫，啟發才足以代表演戲的稟賦，帶來靈魂的加分。

> 她將自己放入劇中人的處境，變成了那位劇中人，感她所感，做她會做的事。從最簡單的一句如「我的天啊！」的感嘆，她放出的效果宛如通電，簡直是神來之筆，連劇作家本人都無法質疑。

這種體現劇中人的特殊才華，讓演員與劇中人合而為一，並且超越劇本的框架，讓劇場觀眾大吃一驚，戰慄興奮。「她的叫聲傳達出的真實性具有穿刺力，她的哭泣撕開胸臆，痛哭流涕時又渾然天成，淚水誠摯，讓人忘記自己在看戲，再也無法相信陽春的痛苦。」演員表現出的

* 關於「犯罪大道」的典故，請參照引言譯註。

痛苦顯得如此真實，竟然能使劇場的成規蕩然無存。在十八世紀時，才不會有人去談論女演員誠摯的眼淚。觀眾對真情的崇尚，維繫在幻覺之上。

在追蹤一個女演員演藝生涯的變化時，人們曾經哭泣、愛戀，並跟著她一起受苦，以詩人逸興遄飛賜予的名字，標記她的角色身分。在那位演員和你們之間——一邊是她燈光下的風華絕代，一邊是失形於漆黑觀眾席的你們——有著一股磁場，很難不形成互相吸引的關係。

觀眾湮沒在黑暗之中，和女演員同聲哭泣，也同時受到她的宰制，讓觀眾想像彼此之間有關係發生，一種親密性，一種兩人之間的「磁場」。劇場情感流動的主要發生地，不再僅限於包廂和觀眾席中。這樣的情緒磁場，也不再是十八世紀末那種似乎能讓人觸電的劇場想像。劇場的人造性全面消失，女演員變得更為真實，比自然的樣子還要感人。「你根本不是一個上了妝的浮誇鬼魂，跟我們之間還有一道火線相隔。我們相信你的愛，相信你的絕望，跟你相比，個人的傷痛從來沒有如此揪心，眼瞼也沒有你的紅。」女演員的演技能傳達真實的情感，營造出極為親密的參與感，親密到沒有任何（甚至是物質上的）障礙能阻擋，讓觀眾親炙現實生活無法觸及的悸動。

從男演員隻手扭轉煽情戲劇的路線，到浪漫戲劇女演員的顛倒眾生，腓特烈．樂梅特和瑪麗．多爾瓦似乎皆是劇場翹楚。他們成功以兩個劇種拓展演藝生涯。他們不因襲可以立即被觀眾辨識的人物樣板，而是透過掌握角色，進而傾注獨到的個人特色，因此舞台上觸發驚喜和仰慕。他們不去撩動情緒的俗套，而是以和過往截然不同的方式，觸發一連串的催淚效應，撼動人心。在十八世紀，觀眾進劇場看戲是要投射出自己的情感，場景感人是已知之事，已在預料之內，甚至還被評斷過了。但是在十九世紀，觀眾似乎突然被演員的某個重點、某個手勢或姿態打動，這些發展是無從預期的，劇場的擬真幻覺被延伸擴大，好像劇場即實境，劇場似乎消失了，留下觀眾直接面對男女演員逼真的情感。祖克（Zouc）對禱告有過一段觀察，這段話可以做為理解十九世紀觀眾矛盾的借鏡。觀眾哭的時候「齊聲一致，卻又人人為己。」所以，我們可以理解，非常個人的情感會伴隨一定程度的拘謹矜持，這個時期的人與其談論集體宣洩的眼淚，寧可去關心自身感性受到觸動的時刻。在這點上，我們會想要連帶認定文學和劇場發生了同樣的現象，也就是情緒的個人化，浪漫的作家如何坦露自己的性靈，演員就如何透過逼真的身段表情感動觀眾。悲劇性和喜劇性取代了感性的地位，人們想要的，不只是受到感動而已，人們想要在笑與淚中獲得不經意的觸動。在感性劇場中，演員會試圖想要用過去的成規擄獲觀眾，但觀眾已經不吃這套了。

劇場情感的分寸

十九世紀下半葉，人們仍會在劇場哭泣，觀眾的眼淚也仍然是演出成功的標誌。喬治・桑在一八六七年的日記中，曾經記載《金樹林的紳士們》（*Messieurs du Bois doré*）的演出。這部劇改編自保羅・莫里斯（Paul Maurice）的作品，在演出時，喬治・桑曾經這樣寫道：「我覺得這部劇引人入勝，而且演得很好〔…〕它很討喜，非常成功，觀眾沒有受到指使，自然而然地感動落淚。」[26]《維樂梅》（*Villemer*）改編自喬治・桑的小說，一八六四年二月二十九日在奧德雍劇院演出，福樓拜坐在拿破崙王子的包廂看戲，喬治・桑也在。人們見到福樓拜「哭得像個女人一樣」，這是為了讓喬治・桑開心嗎？[27]福樓拜的反應，確實在當時會被視為陰柔之舉，而且這麼做有可能是出於個人因素，並非美學立場。每次喬治・桑把自己的劇作讀給福樓拜聽，或是福樓拜去看喬治・桑的戲演出，「他哭得像頭小牛」，不然就是「三番兩次地哭」。[28]我們該把這解讀成他自己所謂的「男性歇斯底里」嗎？畢竟，我們知道福樓拜對女性作家的小說縱使有激賞之處，但也遠不及無限上綱地擁戴。在一封寫給露易絲・柯列的信中，他表示自己對於文學或戲劇作品中的催淚效果並不熱衷：

情感，通常是犧牲掉某些詩意的細節而獲得的，這完全是另一件事，而且次等。我曾經在那種門票只要幾十分錢的煽情劇場中哭泣，不過讀歌德的時候，要不是出於仰慕，我的眼眶從來沒有因此濕潤過。[29]

在一封寫給艾伏列・鮑德瑞（Alfred Baudry）的信中，福樓拜曾經提到朋友路易・布易雷的作品《蒙塔西夫人》（*Madame de Montarcy*）在一八五六年十一月六日的首演。這次，哭的人不是他，而是在場的女人：

> 表演風格棒透了，這我先擱置一旁。我想讓你知道的，是這是場成功的演出。就像尚・賈克說的一樣，包廂裡不乏梨花帶淚的美人。而且到了演出快結束的時候，人們紛紛掏出手帕，讓人彷彿置身洗衣間。[30]

和以往一樣，福樓拜會依照收信人是誰切換語氣，不管是逢迎圓融或關注美學的向度，冷嘲熱諷或動人肺腑，他能一邊調侃眼淚，一邊哭泣。話說回來，在劇場哭泣的方式看起來和具有表演性的放縱，相去甚遠。龔固爾兄弟的日記中，有一段關於拿破崙三世皇后歐傑妮（Eugénie）在看戲時流淚的記載：

> 我在那裡見到了皇后，在包廂中端坐著的側面，罩著瑪麗·安東尼式的披肩，因為情緒起伏而顫動，熱淚盈眶。一開始，她想用扇子遮住眼淚，但後來決定用布爾喬亞的方式以手帕的一角擦去眼淚。[31]

龔固爾兄弟對這一連串動作進行符號解剖，呈現出矜持所具備的技巧和心眼，貴族的扇子和布爾喬亞手帕的截角，通通派上用場。對一個女人——當然也包括皇后——而言，要舉止得體就要曉得如何在公眾場合低調地哭。原因在於，如果此時的劇場還容許觀眾哭泣，身為女人，就不應該哭得像平庸的民女。

實際上，十九世紀下半葉的文人在談論劇場或煽情戲劇時，總是採取打趣的觀察者的立場，對劇場觀眾冷嘲熱諷。在他們眼裡，這個劇種的觀眾根本是異國人士，甚至尚未開化。在一八七〇年名為《巴黎樂子》（*Paris s'amuse*）的導覽中，作者皮耶·維宏（Pierre Véron）在描繪聖馬丁城門一區的劇場觀眾時，和一個旅行者談論原始部族的方式並無二致。

> 都到了十九世紀，世界上還有這樣的原始生靈，居然會因為女主角在舞台上演出的種種不幸，哭得一塌糊塗〔…〕別只是為了一探究竟這些率真工人、老實小布爾喬亞如何在哭泣時開誠布公，就跑去這間劇場看戲〔…〕。讓這些可憐人享享福吧！他們在自身的

> 無可救藥中是如此的快樂！[32]

民智未開的觀眾有著生活的挫敗和一派天真，他們的態度和受過教養的觀眾有著天壤之別，因為教養會讓觀眾保持靜默而且態度拘謹，只會容許自己見識到複雜的情感時受到感動，要是見到陳腔濫調則會沉下臉來，不發一語。要了解這些，把目光投向舞台並非必要，而是要去看看觀眾席。劇場的觀察者進行著一種具有調適效果的民族誌調查，逐步辨識高人一等的標記和濫情感動的陷阱。在見到有人不知該如何拿捏舉手投足的分寸時，他們便覺趣味橫生。這些觀察者感受到的，並非具有警覺的觀眾遭遇個人情緒時經歷的起起伏伏，還要在黑暗中去除眼淚。因此，龔固爾兄弟曾在日記中記下了他們對一位朋友的觀察。觀察對象是諷刺漫畫家加瓦爾尼（Gavarni）：

> 告訴我還有什麼會比這些了不得的人還要逗趣？他們酒足飯飽之後，身體還忙著消化，就擠進那些裝著隔音墊的表演廳，熱得一身汗，還不能放屁，周身都是被塞入馬甲的女人。在那裡，他們飽覽那些哭哭啼啼的言情戲碼，一邊看戲，一邊抑制打嗝的衝動和情緒感動。[33]

這段敘述刻劃出小布爾喬亞的身體是如何忙碌，對眼淚的反胃和消化過程出現的不適被劃上等號。表演廳做為密閉空間，被呈現得非常不健康，和台上演出的言情主題一模一樣，被視為下品，而且動物性格外突出。在劇場觀察者的價值體系中，這種牽動原始情感的二流劇種，和自然的生理機制十分接近。抵制這種只堪餐後消化的戲碼，變成一個常見的話題。對這種感覺良好和辭溢乎情的低下品味，龔固爾兄弟大加撻伐，甚至還歸結出大道區劇院節目風格的固定特徵：

> 好幾年下來，大道區那邊其實只出過一場戲，也就是迷途的女兒和兒子，失而復得後，讓爸爸媽媽的父性母性澎湃感動，五音齊發，從銅管樂器到低音大號，無不嗚咽。真的，那裡只有小孩能催淚，我們幾乎能說，人類竟突然對自己生出來的種大發慈悲，溫柔百倍，在巴黎人的圈圈中，世界絕對只剩下爸爸媽媽的感動。[34]

在這裡，相認的場景顯得愚蠢。縱使這能討大道區劇場觀眾的歡心，在文人眼中卻無比荒謬。龔固爾兄弟指控劇作家根本在煽動民粹，劇作家藉由《我媽媽》（*Ma mère*）的玩笑哄抬自己的人氣。在劇場，情感主題只是促銷手法。親情做為十八世紀催淚劇和家庭劇的核心主題，到了十九世紀不再受到有教養的觀眾青睞，這些劇種取悅的，僅限販夫走卒和小布爾喬亞。

在十九世紀，進劇場觀賞煽情戲劇，透過感人場景、劇情窠臼或套好的情節來獲取強烈的悸動，此舉雖然能讓平民百姓秉著一股溫情宣洩淚水，卻愈發顯得不合時宜。眼淚若要顯得清新脫俗，就得出其不意，因為劇場演出逼真的幻覺，需仰賴情緒的坦露，取得個別觀眾的認同，讓他們各個覺得那份情緒比自然還要真實。在現實生活中，對真情的追尋極為罕見，到了劇場則成為一種體驗，因為觀眾席一片漆黑，所以可能發生。在那裡，我們能觀察到被諾爾貝・艾利亞斯稱為「去形式化」（déformatisation）的現象，也就是說，人們對約定俗成的催淚方式喪失信心，並且開始尋求其他表達形式，更契合個人的特殊情感。[35]

結語

即使身體會透過身段動作、舉手投足的姿態及其他表徵釋放訊號，而這些訊號也有對應的規範系統，這樣看似發展出了一套語言，但其實仍算不上語言，更遑論文學。上述悠遠淚水的泉源早已乾涸，不過，剩下的還有那些淚水的痕跡，像是十八世紀日記作家露西・德幕蘭（Lucile Desmoulins）稿紙上暈開的墨水，或是印刷品中的內容，上面寫著眼淚宛如泉湧、眼眶如何濕潤以及嗚咽啜泣。我爬梳了小說、回憶錄、信件和日記，外加看戲或政治事件的感想、哲學論述、醫學與科學文獻以及禮儀手冊，為的是找尋構成眼淚價值變遷的元素。我觀察眼淚在陌生人或親友之間、從大街上到房間裡，或從廣場到閨房有著什麼樣的風貌，也關注在界定男性與女性的角色時，眼淚有著什麼樣的功能。

在十八世紀，我們能歸納出一套感性的流動模式。流淚伴隨閱讀的行為，也隨著讀者群的擴大，變成讀者憧憬的內容。這些讀者透過參與文字宣洩的情感，和作者建立關係。這樣的行為在十八世紀下半葉進入鼎盛時期，加上那時開始流行一種小說，結合言情和恐怖的素材。當法國進入舊體制的末年，各式各樣的印刷品廣為流通，強化了上述文學場景的特色。此外，信件成為化用眼淚語彙的場域，而且寫信的人樂此不疲。不管是在小說或書信的藝術裡，綻放情感被奉為圭臬。這樣的寫作風格也是啟蒙精神不可或缺的一部分，高度發展心靈感動的意涵。在這些眼淚的流動中，氾濫是可以接受的；可是，眼淚的交流則受到人物關係的規範，也被情節發展的波折形塑。也就是說，人們授予或混雜淚水，也會以流淚做為付出代價的形式。如果跑出這些規則的界限之外，則會被視為分離、背叛、虛偽甚至野蠻。眼淚在家庭內部的流動也受到規則的限制，流淚賦予人際關係額外的身體參與，也刷新人們互相投射情感與目光的方式。在家庭中，情感的交融並不常見，敬意、責任心、榮譽心和仁義道德是分享眼淚的界線。當眼淚的交融出現在纏綿的場景或是憧憬的夢境，時常蘊藏危機，不管是踩到道德紅線，或是違逆社會綱常，又或者是縱慾的情感寄生關係。所以，人們也在摯友的胸臆中哭泣，為了得到一絲安慰。

在劇場，感傷喜劇和布爾喬亞戲劇蔚為風行，和這些情感模式形成呼應。舞台上呈現的，就是一個家的內部，演出家庭親情、童年的敏感、愛情、美德與悲天憫人之心，這些情感受到推崇，也讓觀眾淚如雨下。在席間，觀眾哭得開誠布公，用這樣的方式表彰發自內心的情感，讓自己變成感性的取景內容。宮廷禮節的典範在那時離奇地崩壞，在城市裡，人們覺得純真才是奢侈，紛紛投向真情的懷抱。來自布爾喬亞階級和豪門貴族的觀眾，一起觀賞家庭和樂融融的細緻芭蕾，端看真情的起伏衝動，一起感動落淚。他們共享約定俗成的感動模式，同時這樣的模式也能在小說中找到對應的部分。於是，劇場的觀眾陶醉在感性的表演之中。溫柔感動的藝術和悲情的敘事，聯手構成沙龍社交與美學風尚的基本元素。不過，當時的感性族群意識到，男女皆有可能受到情感氾濫、昏厥或抽搐等不穩定狀態的衝擊與宰制，所以想要克服生理心理的限制，避免落入相關的陷阱之中。因此，人們在界定什麼樣的眼淚具有正向價值的時候，便將某些女人的矯揉作態以及孩童的彆扭胡鬧排除在外。眼淚是身體參與情感的方式，但不應該受到身體的囿限，因為如果一個人神經纖弱過度顫動，這時他展現出來的情緒，算不上有涵養的感性表現。

另外，十八世紀並沒有將獨處的情感樣態拋諸腦後。人們很早就開始頌揚哭泣的樂趣，因為哭泣雜揉了溫情與愁緒，彷彿這個跌宕起伏的主觀體驗不能沒有外顯的表徵相輔相成。有時候，獨自哭泣的體驗被形容成遁逃、溶解或時間的凝結，這些譬喻，是對這個主觀的情緒體驗，提出了歷史地位的質疑。這個情緒體驗有著既脆弱又特殊的形式，意象又總是水汪汪一片，在自我書寫的場域獨占鰲頭。

另外，感性的典範也讓眼淚具有普世語言的向度。素昧平生的人能因為情緒感染、悲天憫人或人道關懷，而跟彼此建立連結。當時的人認為，沒有人不會被慈悲的聲音感召，所以當他們意識到彼此有著患難與共的關係時，會受到悲憫的驅使，交換淚水。在這裡，人與人之間情緒的關係，不應該被化約成哭哭啼啼的博愛情懷，一個時常遭到譏笑的態度。盧梭在批評劇場眼淚的本質上有哪裡不足時，就是秉持這個想法。情緒感動的來源，也包括針砭舊體制的沉痾腐敗、關於生靈塗炭的感嘆。眼淚的語彙時而撫慰人心，時而帶刺扎人。它無法單單被視為宣揚布爾喬亞價值的管道，它也是一種思索當下處境的方式。

隨著法國大革命的爆發，人民集體哭泣的場景形成了什麼樣的文化想像，眼淚的催眠效應鋪天蓋地，能帶來啟示：置身其中的人會獲得無與倫比的體驗，處於「令人陶醉的時刻」。此時的人泣涕零如雨，互相擁抱，在彼此的臂彎中沒有預料與算計，一起夢想新的社會連結。奇妙的是，這些發生在革命節慶活動的眼淚，剛好呼應到一個歷史時刻，此時，個體成為構成政治體制的基本單位。這些感人的時刻出現在議會以及街頭的政治集會，顯示一種感性表現的模式在輿論間廣泛傳遞，同時也產生新的實踐方式。整個公眾空間變成分享眼淚的空間，根據盧梭的觀念，這樣的空間表現出眾人的感性。聯盟慶典的熱淚激情過去後，眼淚在某些罕見的時機，匯集了因為大革命而意見分歧的人，讓他們能透過情緒的共感，弘揚團結的重要性，畢竟團結雖然是眾所盼望的目標，卻時時受到威脅。不過，眼淚的修辭術除了團結人心，也有排拒的效果。在演講的藝術中，那些投機客和鄉愿的溫和派使人左支右絀，最後窮途末路，令人傷心落淚，卻又暢飲那些淚水，被視為野蠻人和吸血鬼，必須嚴加懲治。另外，雖然這個時代流傳著許多催淚的情感風俗，同時也浮現出一種缺乏彈性的態度，這個態度依照情感的風俗，重新劃定慈悲心的界線。在大革命的法庭中，由於公領域和私領域之間缺乏界線，如果有人太容易因為見到他人的不幸而痛哭流涕，會受到譴責。雅各賓黨人自認為了快樂而努力，最後卻眾叛親離，一方面被指控是壞心的飲血人，另一方面只能在暗自飲泣的苦甜雜陳中獲得慰藉。

經過法國大革命之後，作家紛紛開始重新界定感性為何。瑟儂古轉向官能主義，同時他排斥陳舊的譬喻和濫情的表演，認為感性出自高等的感知能力，需要時時自我克制。在斯湯達爾和班傑明・康斯坦的日記裡，我們可以見到種種對真情線索的探查，想要明辨虛有其表和一片真心的差異。他們頻頻記載和自己過從甚密的女人，細細審視她們的眼淚，觀察她們如何利用眼淚感動男人，甚至軟化男人。另一方面，新天主教的痛苦主義一反啟蒙時期的觀念典範，革新眼淚在基督教傳統中的意涵，並且被浪漫主義所沿襲。在這裡，眼淚是私密的體驗，不但標示一個人的墮落罪過，也帶來具有淨化作用的宣洩。眼淚是祈禱的良伴，也被稱為上天的贈禮。隨著美學情感發展成熟，私密煎熬透過出版擴大了它觸及的讀者群，變成文學書寫的一部分。更廣泛來說，眼淚萌生自深刻的內傷。坦露罕見情緒的時機非常稀少，而且一旦揭露，並不會有任何好處。原因在於，人出了社會，便要顧及自己的利益，所以要穿上一套盔甲來自我防護，不但要逢場作戲，也要在情緒表現上逢迎流俗。到了此時，眼淚在公眾場域坦然流動，除了在聖西蒙派的社會運動夥伴與工匠之間留有此風，在其他地方已然過時。這些匠人仍然憧憬能和無產階級的兄弟分享甜美的淚水，將淚水視為人道關懷的波動與液體，與之相對的，是原子的孤立意象（受到物理學的揭示），以及社會上「人不為己，天誅地滅」的風氣。

解讀他人的態度十分困難，在不同場合舉止得當也不容易，如果他人把情緒藏在檯面下，那縱使有蛛絲馬跡透露出來，也顯得飄忽不定，造成他人不可知的一般印象。這些問題在男女關係中尤其明顯，因為其中牽涉許多承襲而來的偏見，同時又因為新的禮儀典範要人自制並且收斂真情，在在讓眼淚的價值發生轉變。由於女人內心戲豐富，又常常讓當時的處境陷入尷尬，同時又能以巧手撩撥心弦，對上男人的玩世不恭和鐵面無情，讓雙方的溝通斷線，誤會連連。在這裡，眼淚變成一種表達方式，本身不具有特定價值。在小說中，哭泣的行為能表現人物的動機和刻劃性格。因此，我們更能明白，為什麼眼淚不但證明女人善於假裝，本身就是女性（féminité）或深刻性靈的標記（在當時，坦白說，假裝就是女人的本性）。假裝講的是外在的表現，而女性的性靈則是內在的真實情況。在這兩個對立的極端之間，還需要考慮年齡的因素。女人原本可以善感易哭，但韶光年華一過，女人便要注意社會形象對眼淚形成的規範。她們必須克制眼淚，尤其要在家庭裡好好扮演人妻和母親的角色。在她們臉上，我們能讀到克制眼淚的痕跡，也能藉此知道，她們默默隱忍許多坎坷艱辛。公眾生活設下了另一套規矩，不准男人展現自己的感性面和當下的情緒，因為這些在他人目光的注視之下，都可能變成嘉惠他人的把柄。年輕男子的自我認識尚未完備，也還沒有實實在在地硬起來，要付出一定的代價和經歷某些怵目驚心的羞恥時刻，才能累積經驗。如果一個男人容易流淚，不是柔弱就是痴傻。假使善於自制的男人有朝一日哭了，那顯現出來的，必是他們深刻的心意，和驅使他們一言一行的終極熱情。這時，哭泣的時刻等同真相大白的時刻。

將焦點轉向浪漫主義感性的眼淚，其中富含宗教痛苦主義的精神和女性崇拜，重要的特徵包括精神危機、由笑轉哭的情緒失常、神經病發作、眼淚乾涸，甚至是無法哭泣的困擾。這些眼淚參與的，是情感個人化的總體變遷，這個過程同時也牽涉十九世紀布爾喬亞崇尚的拘謹和自制。感性的眼淚儼然是自制典範的反動，被諾爾貝・艾利亞斯稱為「結構性的浪漫主義」（romantisme structurel）。透過出版的流通，文學對大眾提供了個人內心世界的形象，讓閱讀帶來的印證，保護出入社會的陌生眼光，同時這些形象提供的認知，也成為社交空間的基礎。某種程度上，人們能在劇場觀察這個現象，因為好演員會因為演出傳神受到褒揚，和觀眾形成一種認同關係，因為那時的觀眾處於被動狀態，不再張揚個人情感，而是受到拘謹典範的約束。

在十九世紀下半葉，有些作家抵制在創作時凸顯個人情感和痛苦，讓這個抒情的風潮放慢腳步。他們認為，內心煎熬不值得做為文學作品的擔保，藝術（l'Art）有更高的追求。而且，在文學中灑淚啼哭標誌著一種女性氣質，頌揚梨花帶淚的善感女子，讓文學的形象乏善可陳，需要來點陽剛氣概來提振提振。另一方面，男性的尊嚴強調人不應該展現自己受到的痛苦和委屈，就算這些情緒有時會在獨處時炸開，或是在喪失親友的悲痛中迸發，反而是在罕見的例外時刻顯現情緒，才會讓那份情緒彌足珍貴。出入公眾場合時，人不透露精神狀態，也不讓情緒露白，此舉無非顯示，過往約定俗成的表達方式，根本無法適切地傳達自己的感受（除非要讓自己顯得荒唐難堪），也顯示人們追求的理想，成了絕對的自我駕馭。即便如此，當時的女人仍持續陶醉於言情的俗套、良好的溫情，而且愛哭，當時的人認為，罪魁禍首便是她們的神經系統和身體組成。因為身體組成的關係，女人無法平衡情緒，所以不時需要清空淚腺。人們期望女人可以在上教堂時聞道而哭，或透過看小說、彈鋼琴、受到陳腔濫調的觸發，或純粹因為自己多愁善感而哭泣，無論如何，就是別在家人面前哭。另外，由於女人能說哭就哭，所以她們有時會將自己的脆弱鑄成情場上的武器，讓男人忌憚三分。

同時，社會上也出現一套屬於男性的行為典範，而這套典範的崩壞，變成許多小說的描繪對象。男人有時會出現抽噎不止的情緒危機，顯示他的個人完整性建立在情緒的自制之上，一遇到危機爆發，就脫序走樣。這時的男人極度憔悴而且六神無主，嗚咽起來，和女人及小孩無異。受到壓抑的眼淚一旦發動逆襲，常常伴隨著悔恨、屈辱和與日俱增的內心煎熬，讓內心世界頓時顯得陌生難辨，無法排遣。相較之下，女人對眼淚流動的經濟活動駕輕就熟，在情緒危機發生時自處得宜，甚至能化險為夷，利用時機。此舉讓人想到當時的歇斯底里女患者，讓醫生憂心忡忡，因為她們有時是精神疾病的受害者，有時又有辦法佯裝症狀，裝神弄鬼。

此外，十九世紀下半葉教養水準較高的觀眾會鼓起勇氣，跑去大道區的劇院一探究竟，看勞工和小布爾喬亞階級的觀眾，如何因為觀賞煽情戲劇而哭哭啼啼。市井小民的多愁善感被視為天真無邪和民智未開的樣本，跟他們是否內心純善，一點關係都沒有，反倒是顯現他們心智粗魯，甚至原始。種種缺點在平民女子身上被放大，她們的多愁善感來自愚蠢。她們越是受到情愛和良好感受的感動而潸然淚下，越是顯示她們處境堪慮，可能因此迷失，走向更糟的下場。經過對大眾小說的一番調查，我們可以發現，書中表述情感的方式和調整的步調很快，讓不少人認為這是過往主流模式經過改組後的回歸，很大一部分也因為美好年代*的言情小說讀者群，以女性為限。但是，作家瓦列斯在笑與淚的表現之間糾纏不清之際，清楚見識到他的小布爾喬亞家庭和勞工階層鄰居的家教，有著多大的鴻溝。他的家教將自律的意志奉為圭臬，也變成傳達親情的典範，還有最後他父母對待眼淚的方式，都和他在鄰居玩伴家中見到的景象迥然不同，在鄰居家裡，他們並不會對情感的表達方式加以設限。

在十八世紀和十九世紀之間，眼淚做為溝通的符號，其價值和地位被重新分配，也設下新的差異之別，提出新的觀念。感性的交流原本是啟蒙思想至關重要的一環，到了十九世紀逐漸支離破碎，新的情感形式則像後起之浪一一浮現，將之覆蓋。此時的政治空間受到重新界定，空間的性質同時囊括社會與性別。透過追索眼淚流動的蹤跡，我們檢視如何表情、如何傳情、以及如何行為得體的典範，甚至是其中發生了什麼轉換，又如何和政治、社會與性別的意涵互相交織。從社會連結的表現到自我的表現，從溝通到表達，從親密到公眾，從女性到男性，從自我認同到他者的陌異，在十九世紀末，評述種種現象的動態比較容易。不過，身體發出信號的來源地遭到了移轉。因為，對親密關係的強調，並不單只是創建出一個受到保護的私密空間，強調親密關係也有可能將眼淚轉化成陌生的信號，變成令人焦慮的體驗，讓人不能自己，不認識自己。這樣一來，人格的逐步養成和自我控制的緩慢進程，便受到威脅，一被扳倒，就讓人氣脫委頓，甚至出現令人擔憂的身心症狀。雖然眼淚在此時看起來是女人的專利，但情緒的氾濫和多愁善感過了頭，並不會讓她們更添風姿。若是要在大庭廣眾之下表現情緒，社會早就期望女人有所克制。於是，她們只能在私下、在祕密、或在黑暗中，細品眼淚的滋味。

* 美好年代（la Belle Époque）泛指普法戰爭（一八七〇年－一八七一年）之後，到第一次世界大戰爆發之間的年代。此時的法國政治體制進入第三共和，逐漸走出戰敗的頹敗風氣，工商發展繁榮，科學技術演進一日千里（例如：汽車、電話），文藝活動鼎盛，海外殖民地也顯著擴張（如法屬印度支那），雖然有世紀末的頹廢與焦慮，但尚未見識到一戰的殘酷蕭索，故稱「美好年代」。

註釋

序

1 Hélène Monsacre, *Les Larmes d'Achille. Le héros, la femme et la souffrance dans la poésie d'Homère*, Paris, Albin Michel, 1984.

2 Florence Dupont, *L'Insignifiance tragique*, Paris, Gallimard, 2001.

3 Piroska Nagy, *Le Don des larmes au Moyen Âge*, Paris, Albin Michel, 2000.

4 Arlette Farge, *La Vie fragile. Violence, pouvoir et solidarité à Paris aux VIIIe siècle*, Paris, Hachette 1986.

5 Anne Vincent-Buffault, *L'Exercice de l'amitié. Pour une histoire des pratiques amicales au XVIIIe et XIXe siècle*, Paris, Seuil, 1995, p. 113 sq.

6 David D. Denby, *Sentimental Narrative and the Social Order in France, 1760-1820*, Cambridge University Press, 1994.

7 Niklas Luhmann, *L'Amour comme passion*, Paris, Aubier, 1990. 本書作者身為社會學家，寫下關於愛情和友情的歷史。

8 Colloque de l'Université libre de Bruxelles du 29 au 31 mars 2001. « Délectations moroses. Expression sociale musicale des sentiments doux-amers de la séparation, de l'absence et du manque. »

9 Arlette Farge, *La Chambre à deux lits et le cordonnier de Tel-Aviv*, Paris, Seuil, 2000, p. 133.

第一部　眼淚的滋味，感性的交匯

第一章　邊讀邊哭

1 在寫給M***侯爵夫人的信件中，瓦蘭古將軍（Jean-Baptiste-Henri de Valincour）提到《克萊芙王妃》，問她讀到這本書的表白場景時有沒有哭。（J.-J. Roubine, *La Stratégie des larmes au XVIIe siècle*. Littérature no 9, février 1973, p. 69.）

2 Madame de Sévigné, *Correspondance*, 15 janvier 1672.

3 *Lettres de Mlle Aïssé*, éd. E. Asse, Paris, Charpentier, 1873, p. 271, lettre XIV, octobre 1728.

4 Robert Mauzi, *L'Idée de bonheur dans la littérature et la pensée française*, p. 12. 該書作者很有道理地反駁「前浪漫主義」（préromantisme）的觀念，這個觀念將十八世紀後半葉的文學視為浪漫主義文學的預兆。

5 In *Histoire des Idéologies* sous la direction de F. Châtelet, t. III, chap. Rousseau.

6 Dorat, *Les Malheurs de l'inconstance*, Éd. Desjon- quières, p. 11.

7 Baculard d'Arnaud, *La Comtesse d'Alibre ou le cri du sentiment*, 1779, p. 96.

8 Fréron, *Année littéraire 1766*, t. II, p. 195.

9 Mornet, *op. cit.*, p. 125.

10 Madame Riccoboni, Lettres de Milady J. Castesby à *Milady Henriette Campley son amie*, 1759. Desjonquières, 1983, p. 55-56.

11 Joan-Hinde Steward, *Les lettres de madame Ricco- boni à Sir Liston*, in *Aimer en France*, 1769-1860. Actes du Colloque international de Clermont-Ferrand, 1980, t. I, p. 186.

12 André Monglond, *Le Préromantisme français*, t. II. Le maître des âmes sensibles.

13 Roger Chartier, *Du livre au livre*, in *Pratique de la lecture*, Rivages, 1985, p. 75.

14 Marmontel, *Mémoires*, tome II, p. 180.

15 Madame de Graffigny, *Lettres*, Genève, Slatkine Reprints, 1972, p. 39.

16 Mercier, *Mon bonnet de nuit*, tome II, p. 139. 從此處對小說的盛讚，發展出一個後來廣受支持的意見。它來自一名醫生：「也許，在所有影響女性健康的因素裡面，主要的病因是這一百年來出現的小說，不可勝數。」Pomme. *Traité des affections vaporeuses des deux sexes*, 1769, t. II, p. 441.

17 Diderot, *Éloge de Richardson, Œuvres esthétiques*, Garnier, p. 43-44.

18 Robert Darnton,《La lecture rousseauiste et un lecteur ordinaire au XVIIIe siècle》, in *Pratiques de la lecture, op. cit.*, p. 136-140.

19 Claude Labrosse, *Lire au XVIIIe siècle.* La Nouvelle Héloïse *et ses lecteurs*, PUF, 1985, p. 67. 本書特別分析盧梭因為幾本著名小說而收到的讀者來函。

20 *Ibid.*, p. 96.

21 *Ibid.*, p. 86.

22 D. Mornet, *Le Romantisme en France au XVIIIe siècle*, Paris, 1912, p.108. 作者（Daniel Mornet）在書中提及，盧梭在蒙特莫朗西（Montmorency）和莫茨．塔維赫（Motiers-Travers）生活時，曾收到數百封讀者回函，表示讀他的小說如何讓他們陶醉忘形且淚流滿面。

23 Labrosse, p. 87.

24 P. 87.

25 Labrosse, p. 89-90.

26 Mirabeau, Lettres à Julie Dauvert écrites du donjon *de Vincennes*, Paris, 1903, p. 130, novembre 1780.

27 Robert Darnton, *op. cit.*, p. 142-143.

第二章　眼淚的交流及交流規則

1 Robert Muchembled, « Les sorcières, la loi et l'ordre », *Annales*, mars-avril 1985, p. 295.

2 Marcel Gauchet et Gladys Swain, *La pratique de l'esprit humain*, Gallimard, 1980, p. 504.

3 話說回來，有些小說家不想濫用這個文類。這是為何貝松華（Bésenval）在他標題特別有意思的書《憂鬱》（*Le Spleen*）的〈序言〉中宣示：「為了替不幸的角色增添趣味，我努力讓他具有一定程度的感性心靈。不過，我可不想讓他淪為愛哭鬼，若是小說人物一天到晚哭哭啼啼，人們很快就會看膩他的不幸。」出自寫給克雷比翁（Crébillon）先生的信。克雷比翁是皇家檢察官，他創作的小說文類可能對貝松華有些影響。見Bésenval, *Le Spleen*. Flammarion, 1894. Avant-propos. 當然，眼淚的展示有濃淡深淺之分，但感性的重要性鮮少消退。

4 Bakhtin, *Esthétique et théorie du roman*, Gallimard, 1978, p. 208-210.

5 Duclos, *Confessions du Comte de* ***, La Pléiades, « Romanciers du XVIIIe siècle», p. 270-271.

6 Marivaux, *Le Spectateur français* (1721-1724), Jour- naux et œuvres diverses, Garnier, 1969, p. 239-240.

7 Dorat, *Les Malheurs de l'inconstance* (1772), Des- jonquières, 1983, p. 16.

8 Prévost, Histoire du chevalier des Grieux et de Manon Lescaut, p. 164.

9 Rousseau, *La Nouvelle Héloïse*, p. 237.

10 Rousseau, *Confessions*, t. I, p. 36.

11 Mirabeau, *Lettres*, novembre 1780, p. 66.

12 Voir sur cet épisode de *La vie de mon père*, l'article de J. Gélis :《Et si l'amour paternel existait aussi》, *L'His- toire*, fév. 1981, no 31, p. 96.

13 Laclos, *op. cit.*, p. 351.

14 Dorat, *op. cit.*, p. 335.

15 Cazotte, Le diable amoureux, in Romanciers du *XVIIIe siècle*, La Pléiade, t.II, p.373. 根據埃提安博（Étiemble）的判斷，小說的結局並沒有照作者卡佐特的安排走，原本要讓主人翁受到誘惑而墮落。

16 Marmontel, *Mémoires*, Paris, 1891, 3 vol. in 16o, t. I, p. 14.

17 *Idem*, p. 178.

18 Dorat, *op. cit.*, p. 268.

19 Prévost, *op. cit.*, p. 58.

20 Dorat, *op. cit.*, p. 104.

21 *Idem*, p. 348.

22 Rousseau, *La Nouvelle Héloïse*, p. 390.

23 Vauvenargues, *Correspondance*, Hachette, 1968, p. 529, 1739.

24 以上所有引述的內容皆來自: Diderot, *Correspondance*, t. I (1713-1757), Minuit, 1955.

25 Rousseau, *La Nouvelle Héloïse*, p. 7.

26 Dorat, *op. cit.*, p. 25.

27 Mme Riccoboni, *op. cit.*, p. 55-56.

28 Mme de Graffigny, *op. cit.*, p. 271.

29 Mme Riccoboni, *op. cit.*, p. 66 et *La Nouvelle Héloïse*, p. 74.

30 Dorat, p. 332, Riccoboni, p. 68-69 et 93.

31 Dorat, p. 65 et 102. Rousseau, *La Nouvelle Héloïse*, p. 62.

32 Dorat, p. 162.

33 Dorat, p. 79.

34 Crébillon fils, *Écrivains du XVIIIe siècle*, La Pléiade, t. II, p. 1736.

35 Choderlos de Laclos, *Les Liaisons dangereuses*, p. 428.

36 Lettres de Mlle Aïssé, *op. cit.*, Lettre XXI, p. 304.

37 Diderot, *Correspondance*, t. I, Minuit, p. 32.

38 *Ibid.*, p. 46, 1743.

39 Mme Roland, lettre du 17 novembre 1779, cité par A. Grenet et Cl. Jodry, La littérature de sentiment au XVIIIe siècle, Masson, p.23-24.

40 Arlette Farge, *Vivre dans la rue à Paris au XVIIIe siècle*. Coll.«Archives», p.108.

41 Rétif de la Bretonne, *La Vie de mon père*, Garnier, p. 127.

42 Mme de Graffigny, Lettres d'une péruvienne, GF, p. 257.

43 L.S. Mercier, *Mon bonnet de nuit*, 1784, t. II, p. 8.

44 Damiers de Gomicourt, *Dorval ou...* Paris-Ams- terdam, 1768, t. I.

45 Choderlos de Laclos, *Les Liaisons dangereuses*, p. 71.

46 Baudelaire, *L'Art romantique*, Garnier Flammarion, p. 211.

47 Diderot, *Jacques le fataliste*, Œuvres romanesques, Garnier, p. 571.

48 Abbé du Bos, *Réflexions critiques sur la poésie et la peinture*, 1719, cité par Gusdorf. t. VII, Naissance de la conscience romantique au siècle des lumières, p. 299.

49 Rousseau, *Essai sur l'origine des langues*, Aubier, p. 91.

50 Rousseau, *La Nouvelle Héloïse*, p. 524.

51 *Journal intime de l'abbé Mulot,* Tourneux, 1902, p. 54.

52 Cité par A. Monglond, *Le Préromantisme français*, t. II, Corti, 1966, p. 339.

53 *Précis de l'histoire de la Révolution française* (1792). Œuvres de Rabaut-Saint-Étienne, Paris, Laisné Frères, 1826, t. I, p. 257.

54 L.S. Mercier, *Mon bonnet de nuit*, Lausanne, 1786, t. I, p. 26.

55 Nous nous appuyons ici sur les analyses de Mauzi, citant successivement Diderot, d'Holbach et Vauvenargues. *L'idée de bonheur...*, *op. cit.*, p. 222 et 580. 此處，我們主要仰賴莫茲（Mauzi）的分析，他在書中接連引述了狄德羅、霍爾巴赫（Holbach）和沃文納格（Vauvenargues）。

56 Mauzi, op. cit., p. 606.

57 Rousseau, *Discours sur l'origine et les fondements de l'inégalité parmi les hommes*, GF, p. 197.

第三章　情緒如何合情合理

1 *Mémoires d'un homme de qualité*, t. I, p. 264.

2 *Les maîtres de la sensibilité française au XVIIIe siècle*, t. III.「他很容易受到感動，哭泣的時候帶著情感和仰慕之情，既溫柔又不藏私。他哭得沒有理由，有時候是出於恐懼，出於情緒的陰晴不定，出於絕望與憤怒。他會在廟宇哭泣，在瑞士沃韋（Vevey）臨著日內瓦的湖水哭泣。有時，他根本沒察覺自己哭了，有時是哼著歐蘭德與索佛妮故事的歌謠，有時，他在幫助病人的時候善感易哭，一哭起來就渾然忘我，獨自一人。」

3 Rousseau, *Les Confessions*, t. I, p. 204.

4 *La Nouvelle Héloïse*, p. 504.

5 Rousseau, *Correspondance générale*, t. XI, mai 1764, à Mlle Hemette.

6 Correspondance du Prince de Ligne, *Lettre à la Princesse de Coigny* (1787), p. 118.

7 Baculard d'Arnaud, *Épreuve du sentiment*, t. III. *Lorrenzo*. 在這本書中題為〈Liebmann, Anecdote allemande〉的第十個故事中，我們會讀到以下對話：「先生，您真是性情中人！因為這樣，您一定非常不愉快！對，我的多愁善感造成各種困擾，但這些困擾都是珍貴的，為這些困擾流下的淚水對我的靈魂來說，都十分甜蜜。」

8 J.L. « Le cercle Baculard ou l'embonpoint du senti- ment », in *Approches des Lumières*, Klincsiek, 1974.

9 Loaisel de Tréogate, *La Comtesse d'Alibre ou le cri du sentiment*, Éd. 1797, p. 117.

10 Laclos, *Les Liaisons dangereuses*, p. 432-433.

11 Marmontel, *Mémoires*, *op. cit.*, t. I, p. 190.

12 參照波姆醫師（M. Pomme）在著作*Traité des affections vaporeuses des deux sexes*, Paris, 1760, p. 15 所說的話：「悲傷，憂鬱和情緒低落會毒害所有讓人愉快的事。他們的想像就此受到干擾，不管是笑、唱歌、流淚哭泣，都不分青紅皂白。」

13 Mme de Graffigny, Lettres, *op. cit.*, p. 81.

14 Marmontel, *op. cit.*, t. I, p. 281.

15 *Confessions*, t. I, p. 314.

16 Diderot, *Rêve de d'Alembert*, O. Phil., p. 356-357.

17 Diderot, Lettres à Mlle de La Chaux, Corr., t. I, p. 126.

18 Diderot, *O. Philosophiques*, p. 585-586.

19 L.S. Mercier, *Mon bonnet de nuit*, t. II, p. 131.

20 Delisle de la Sales, *Philosophie du bonheur*, t. III, p. 126, cité par Mauzi, *L'Idée de bonheur*, p. 449.

21 Philippe Ariès, *L'Enfant et la vie familiale sous l'Ancien Régime*, p. 454. 見到自己的孩子長出第一顆牙齒，這樣的欣喜值得「讓」一位將軍動筆寫信的嘉獎」來告訴他太太。

22 *Journal et mémoires de Charles Collé sur les hommes de lettres, les ouvrages dramatiques et les événe- ments du règne de Louis XV*, Éd. Bonhomme, 1868, t. III, p. 47, année 1765.

23 Arlette Farge, La vie fragile. Violence, pouvoir et solidarité à Paris au XVIIIe siècle, Hachette, 1986, p.73-74.

24 *L'Émile*, Garnier Flammarion, p. 21, 45-46.

25 *Confessions*, t. I, p. 99.

26 *Ibid.*, p. 75.

27 Ph. Lejeune, Le Pacte autobiographique, cité p. 94 à 99.

28 Rousseau, *Émile ou l'éducation*, Garnier, 1961, *op. cit.*, p. 573-574.

29 Diderot, *Jacques le Fataliste, Œuvres romanesques*, Garnier, p. 672.

30 Diderot, *Œuvres philosophiques*, Réfutation..., p. 585.

31 *Croquis d'un dialogue sur les femmes* par M. l'abbé Galiani, Correspondance littéraire, t. IX, 15 mai 1772.

32 Chamfort, *Petit dialogue philosophique*, Maximes et pensées, Livre de Poche, p. 364.

33 Marivaux, *Le Spectateur français*, Journaux et œuvres diverses, Garnier, p. 162.

34 Marivaux, *La vie de Marianne*, Julliard, p. 168.

35 35. *Ibid.*, p. 151.

36 Laclos, *op. cit.*, p. 188.

37 Sade, *Eugénie de Franval*, Pléiade, Romanciers du XVIIIe siècle, t.II, p.1478.

38 *Les Amants malheureux* (1746) cité par Mornet, p. 8.

39 Bernardin de Saint-Pierre, *Paul et Virginie*, GF, p. 70-71.

40 Mme Riccoboni, *op. cit.*, p. 51.

41 Discours sur la question proposée à l'Académie de Besançon, « Comment l'éducation des femmes pourrait contribuer à rendre les hommes meilleurs », in *Une éducation bourgeoise au XVIIIe siècle*, 10/18, p.167.

第四章　劇場中的眼淚

1 M. Leiris, *La Possession et ses aspects théâtraux chez les Éthiopiens du Gondar*. Introduction, Le Sycomore, 1981.

2 Grimm, correspondance litt. citée par Linthilac, *Histoire générale du théâtre*, t. IV, 《La comédie au XVIIIe siècle》, introduction, Flammarion.

3 La Porte, *Anecdotes dramatiques*, t. I, page 147.

4 Jean-Jacques Roubine, *La stratégie des larmes au XVIIe siècle*, Littérature, no9, février 1973.

5 Racine, *Bérénice*, Préface de l'auteur, édition de 1768, p. 15.

6 引用自Maurice Descotes, *Le Public de théâtre*, PUF, 1964.

7 La Porte et Clément, *Anecdotes dramatiques*, Paris, Veuve Duchesne, 1775, t. I, p. 487.

8 La Bruyère, *Caractères*, De la Cour, remarque 2, p. 202, Paris, Flammarion, 1965.

9 Diderot, *Le Paradoxe sur le comédien.*

10 Argenson (marquis d'), *Notices sur les œuvres théâtrales.*

11 數據引用自H. Lagrave, p. 649.

12 Marivaux, in *Journaux et œuvres diverses*, éd. Garnier, Paris, 1969, p. 205. 人們無不贊同要去看一場《卡斯楚的伊涅斯》。

13 Montesquieu, cité par J. Ehrard, *L'idée de nature en France*, p. 172.

14 Gustave Lanson, *Nivelle de la Chaussée et la comédie larmoyante*, Paris, 2e éd. 1903, 1re partie, chap.

15 Selon Ehrard, chap. Destouches, *Littérature française 1720-1760*, éd. Arthaud.

16 Lanson, *op. cit.*, p. 43.

17 Prévost, *Le Pour et le contre*, 1733-1740, t. V, p. 358.

18 *Journal et mémoires de Charles Collé,* éd. Bonhomme, 1868, t. III.

19 In *Théâtre du XVIIIe siècle*, Pléiade, t. II, p. 1461.

20 Collé, *op. cit.*, t. III, p. 10.

21 L.S. Mercier, *Du théâtre ou nouvel essai sur l'art dramatique*, Amsterdam, 1773, p. 103.

22 Voltaire, Lettres à d'Argental du 11 avril 1767.

23 Diderot, Entretiens sur le Fils naturel, 1757, in *Œuvres esthétiques*, Paris, Garnier, 1968, p. 115.

24 「恐怖」（terrible）的主題偏好來自英國戲劇的「家庭悲劇」（domestic tragedy），起初讓法國觀眾難以接受，因為演出太過暴力。普列沃斯在一七三四年《正反意見》（*Le Pour et le contre*）之中，有提到引進的困難。這個主題到了十八世紀下半葉才獲得觀眾青睞。

25 Bachaumont, *Mémoires secrets*, t. IV, 3 février 1769.

26 Gaiffe, *op. cit.*, chap. 1.

27 D'Alembert, *Œuvres*, éd. 1821. t. III, p. 397.

28 Bachaumont, *op. cit.*, 22 octobre 1769.

29 這就是為何盧梭在關於語言起源的文章中說：「為了要感動年輕人的心，為了要抵制不義的言行，天性告訴我們要透過強調，叫喊和訴求。」éd. Aubier, 1973, p. 96.

30 Diderot, Entretiens sur le Fils naturel. Œuvres esthétiques, éd. Garnier, 1968, p. 101.

31 *Ibid.*, p. 89.

32 Vigarello, *Le Corps redressé, histoire d'un pouvoir pédagogique*, Delarge, 1978, p. 61.

33 「一言以蔽之，說話要像平民，儀態要像貴族。」出自Riccoboni, *L'Art du théâtre*, 1750, p. 43.

34 *Correspondance littéraire*, juillet 1760.

35 L-S. Mercier, *op. cit.*, p. 203.

36 *Ibid.*, p. 215.

37 *Ibid.*, p. 213.

38 M. Mistelet, *De la sensibilité par rapport aux drames, aux romans et à l'éducation*, Amsterdam, 1777, p. 15-16.

39 *Ibid.*, p. 26-27.

40 Chamfort, *Maximes et pensées, caractères et anec- dotes*, 1795, no 846. Le Livre de Poche, 1970, p. 237.

41 Gaiffe, *Le Drame en France au XVIIIe siècle.*

42 Rousseau, *Lettre à d'Alembert sur les spectacles*, 1758, Amsterdam. Œuvres complètes, 1851, t. III, p. 119.

43 *Ibid.*, note (1), p. 123.

44 *De la poésie dramatique*, *Œuvres esthétiques*, Garnier, p. 196.

45 *Paradoxe sur le comédien*, *Œuvres esthétiques*, p. 311.

46 *Ibid.*, p. 314.

47 *Ibid.*, p. 376.

48 *Ibid.*, p. 317. 演員弗蘭索瓦・里可波尼（François Riccoboni）曾表示過相同的看法：「我始終覺得這是一件很明顯的事情，如果我們不幸地真的感受到我們應該表演出來的情感，我們就出戲了」（p. 37）。接著，這位演員還對默劇表演提供了建言：「演員的嘴巴除了笑，其他時候不能動，因為有些人在表現煎熬的時候，為了哭，嘴角兩邊會垂下來，讓臉變得很醜很猥瑣」（p. 77）。In *L'Art du théâtre*, Paris, 1750.

49 49. *Ibid.*, p. 330.

50 *Discours sur l'origine et les fondements de l'inégalité parmi les hommes*, Garnier Flammarion, p. 197.

51 H. Lagrave, *Le théâtre et son public à Paris de 1715 à 1750*. Thèse Klincsiek, 1972, la conclusion.

52 亨利・拉格拉夫（Henri Lagrave）指出，民族主義悲劇的觀眾以男性為主（*op. cit.*, p. 663）。

53 Diderot, *Entretiens sur le Fils naturel*, Garnier, p. 122.

第五章　淚灑大革命（一七八九年－一七九四年）

1 Cité par Soboul, 1789, p. 118.

2 Marmontel, *Mémoires*, t. III, p. 227.

3 Archives Nationales C 27 (181).

4 Cité par Hirsch, *La nuit du 4 août*, coll. « Archives », p. 115.

5 *Mémoires de Bailly*, Paris, 1822, t. II, p. 10 à 25.

6 Cité par Hirsch, *La nuit du 4 août*, p. 115.

7 繼歷史學家米舍雷（Michelet）之後，談論「淚眼汪汪的拉利—托倫達」變成一個傳統。但在我看來，他在那個情境落淚並無特殊之處。

8 Cité par Soboul, 1789, p. 145.

9 Rétif de la Bretonne, *Les Nuits révolutionnaires (1789-1794)*, Livre de Poche, 1978, p. 196.

10 Journal politique national du mardi 28 juillet 1789.

11 Michelet, *Histoire de la Révolution française*, La Pléiade, t. I. p. 175 et sq.

12 *Ibid.*, p. 209.

13 Archives Nationales C 30 (250).

14 Voir R. Darnton, La Fin des Lumières, Le mesmérisme et la Révolution, Perrin, 1984.

15 Cité par Monglond, *op. cit.*, t. II, chap. 4.

16 Michelet, *op. cit.*, p. 409.

17 *Ibid.*, p. 414

18 我們知道米舍雷非常重視聯盟慶典，因為他的父親和爺爺親身經歷過那些事件，向他講述來龍去脈時，慷慨激昂。歷史學家的角色，便是要讓這些崇高的時刻甦醒，「這些綻放天性的慶典，人間為了描摹天上仙境，把仙境請下凡來。」不過，神遊亡者的慶典會觸及個人主義的界線，米舍雷就算身處另一個時空環境，仍彷彿深度參加慶典，他在一八四七年十一月二十日的日記中寫道：「我怎麼不真的是慶典裡的神父？在那年，我把慶典的神壇當作是至聖之所（le saint des saints）。這些崇高的事物讓我潸然淚下，為什麼和我如此疏離？為什麼自然法則固執地將我打回個體的疆界之內？」

19 Robespierre, article du Défenseur de la Constitution, cité par Reinhard, *La Chute de la royauté*, Gallimard, 1969, p. 206.

20 M. Reinhard, *La Révolution démocratique*, cours de la Sorbonne dactylographié, fasc. III, p. 232 et 235.

21 M. Reinhard, La Chute de la royauté, op. cit., p. 372.

22 *Gazette nationale*, t. VII, p. 403, cité par Michelet, *Hist. de la Révolution*, La Pléiade, t. II, p. 486.

23 Durkheim, cité par Dumont, *ibid.*, p. 99.

24 Louis Dumont, *Essai sur l'individualisme*, Seuil, 1983, p. 96. 本書以人類學視角切入現代社會的意識形態，在各種層面上，筆者的研究從這本書獲益良多。

25 Gusdorf, t. VIII, *La Conscience révolutionnaire et les Idéologues*, p. 136.

26 時間「懸而未決」的觀念來自盧梭和康德（Kant）。盧梭在《論人類不平等的起源與基礎》（*Discours sur l'origine et les fondements de l'inégalité parmi les hommes*）中，刻意採取一個不受時空環境限制的立場。老實說，自然狀態也許從來沒有以這樣的形式存在過，好像自然狀態不曾受時空環境的一丁點影響。如果自然狀態能幫助我們思索社會的基礎，那它究竟是不是只是杜撰出來的起源，也沒那麼重要了。至於康德在建構他的形上學基礎時，也將理性（la Raison）放在一個懸空的狀態。經過教條（dogmatique）的闡釋和懷疑論（sceptique）的質疑，人在進入批判（critique）階段時，並沒有超越（dépassement）而是懸置（suspension），這樣才能讓理性進入判斷產生作用。

27 Article du *Magazine Littéraire*, mai 1984. 參照傅柯剖析康德兩篇文章的課程，文章分別為〈啟蒙時代是什麼？〉（Qu'est-ce que les Lumières?）以及〈法國大革命是什麼？〉（Qu'est-ce que la Révolution Française?）。

28 Rétif, *Les Nuits révolutionnaires*, op. cit., p. 49 et 327.

29 Cité par Mathiez, *La Vie chère et le mouvement social*, t. I, p. 34.

30 Cité par Marc Bouloiseau, *La République jacobine*, p. 86. 引用自一七九二年十二月一日的國民公會演說。國民公會演說每週舉行兩次，為期一個月，地點在巴黎天文台。

31 Soboul, *Précis d'histoire de la Révolution française*, p. 265. 出自本書的引文經過摘錄。

32 Mathiez, *op. cit.*, t. I, p. 111.

33 Soboul, *Les Sans culottes*, p. 226.

34 Michelet, *Histoire de la Révolution française*, Pléiade, t. II, p. 73.

35 Philippe Ariès, *L'Homme devant la mort*, Le Seuil, 1977, p. 145.

36 引自警察署檔案（Archives de la Préfecture de police），在此感謝多明尼克・戈第諾（Dominique Godineau）熱心相助，提供本文及其他相關資料。*Cf.* thèse soutenue *Les Femmes des milieux populaires parisiens pendant la Révolution – 1793 – Messidor An III.*

37 R. Lenoble, *Histoire de l'idée de nature.*

38 M. Gauchet, G. Swain, *La pratique de l'esprit...*, op. cit., p. 396.

第二部　從莊重矜持到淚眼乾涸

第一章　朝向新的感性

1 Senancour, *Rêveries sur la nature primitive de l'homme*, 1799.

2 瑟儂古（Senancour）讓關於氣味的論述發生關鍵性的轉變，感受對他有多重要可見一斑，詳見A. Corbin, *Le Miasme et la jonquille. L'odorat et l'imaginaire social XVIIIe-XIXe siècle*, Aubier, 1982.

3 Senancour, *Rêveries*..., Merlant, 1910, p. 142.

4 *Ibid.*, p. 58-59.

5 *Obermann*, 1804, éd. 10/18, Lettre XV, p. 92.

6 Senancour, *Obermann*, Observations, p. 27 et note.

7 *Obermann*, Lettre XLX, p. 207.

8 *Ibid.*, p. 209.

9 *Obermann*, Lettre XII, p. 86.

10 *Obermann*, Lettre XV, p. 92.

11 Ballanche, IIe fragment, 23 juillet 1808.

12 Discours de Chateaubriand, cité dans l'édition d'*Atala*, Garnier, note p. 269.

13 Chateaubriand, *Mémoires d'Outre-Tombe*, Éd. Biré, Garnier, t. I, p. 404.

14 Génie du christianisme, IIe partie, chapitre 9 et Lettre à Fontanes du 12 mars 1800, *Corr. générale*, t. I, p. 114.

15 *René*, éd. Garnier, p. 208.

16 *Atala*, Garnier, p. 51.

17 *Ibid.*, p. 140.

18 *Ibid.*, p. 140.

19 *Ibid.*, p. 100, note.

20 *Ibid.*, p. 6-7.

21 Note *in* Préface d'*Atala*, *op. cit.*, p. 7.

22 Préface d'*Atala*, *op. cit.*, p. 8.

23 在像夏多布里昂這樣的年輕人之間，崇拜藝術十分常見。在很早的年紀，藝術就形成他們心志養分的來源，也讓他們跟現實世界有奇妙的關係，因為藝術的賞析，讓想像世界變成他們思想的主要棲息地，而這又會帶來多大的痛苦！在他年輕時盼望愛情的幻想中，夏多布里昂曾飽受絕望的摧折：「突然之間，我像發了瘋似地滾上床，痛苦翻滾，用沒人看見的熱淚浸濕床單，淚水就這樣流啊流的，慘兮兮地徒勞地流。」*Mémoires d'Outre-Tombe*, t. I, p. 157.

24 *Ibid.*, p. 119.

25 Agricol Perdiguier, *Mémoires d'un compagnon*, Maspéro, 1977, p. 124.

26 *Ibid.*, p. 168.

27 *Ibid.*, p. 191.

28 *Ibid.*, p. 223.

29 *Ibid.*, p. 394.

30 J. Rancière, *La Nuit des prolétaires*, Archives du rêve ouvrier, Fayard, 1981, p. 174.

31 引言出自*Ibid.*, p. 195.

32 *Ibid.*, p. 15.

33 *Ibid.*, p. 115.

34 *Ibid.*, p. 29.

35 *Ibid.*, p. 180-181.

36 *Ibid.*, p. 238.

37 Raspail, *Revue élémentaire de médecine et de pharmacie*, 15 février 1848, cité par J. Rancière. Savoirs hérétiques et émancipation du pauvre, in *Les Sauvages dans la cité*, ouvrage collectif, Champs Vallon, 1985, p. 48.

38 *Ibid.*, p. 434.

39 Béatrice Didier, *Le Journal intime*, PUF, p. 30.

40 G. Genette, *Figure II*, Le Seuil, 1969, p. 165.

41 Stendhal, *Journal*, 3 juin 1811, Gallimard, 1986, t. III, p. 234.

42 *Ibid.*, Vienne, novembre 1809, p. 46.

43 *Ibid.*, 3 juin 1811, p. 227-228.

44 Stendhal, *Journal*, 18 Germinal An XIII (8 avril 1805), La Pléiade, p. 637.

45 *Ibid.*, p. 121.

46 *De l'Amour*, Garnier Flammarion, p. 89.

47 *De l'Amour*, op. cit., p. 53.

48 *Ibid.*, p. 79.

49 Cabanis, *Rapport du physique et du moral*, 3e éd. 1815, Jean Starobinski, *L'œil vivant, la relation critique II*. « Sur l'histoire des fluides imaginaires (des esprits animaux à la libido) », p. 196-213.

50 Esquirol, *Des Passions*, Librairie des deux mondes.

51 *De l'Amour*, op. cit., p. 78.

52 *Journal*, 18 août 1804, La Pléiade, p. 532.

53 Benjamin Constant, *Cécile*, *Œuvres*, La Pléiade, p. 173.

54 *Ibid.*, p. 197.

55 *Ibid.*, p. 147.

56 Journaux intimes, *Œuvres*, p. 250.

57 *Ibid.*, p. 359.

58 Journal, op. cit., p. 385.

59 *Journal*, au 23 avril 1804, p. 297-298.

60 *Ibid.*, p. 742.

61 *Ibid.*, p. 745.

62 *Ibid.*, p. 748.

63 9 septembre 1815, p. 794.

64 *Adolphe*, Garnier-Flammarion, p. 39.

65 *Ibid.*, p. 104-105.

66 *Ibid.*, p. 151.

67 *Corinne ou l'Italie* (1807), Éd. Garnier, p. 52.

68 *Ibid.*, p. 149.

69 *Ibid.*, p. 252.

70 *Ibid.*, p. 243.

71 *Ibid.*, p. 82-83.

72 *Ibid.*, p. 355.

73 *Ibid.*, p. 439.

74 *Ibid.*, p. 416.

第二章　煎熬的幽微魅力

1 Musset, *Les Confessions d'un enfant du siècle*, Folio, p. 31.

2 Préface à la réédition d'*Arthur* en 1840, cité *in Arthur*, Éd. Régine Deforges, 1977, p. 13.

3 Th. Gautier, *Mlle Maupin*, Lettres françaises, p. 204.

4 *Ibid.*, p. 129.

5 *Ibid.*, p. 122.

6 *Ibid.*, p. 140.

7 Mikhaïl Bakhtine, *L'œuvre de François Rabelais*, Gallimard, « Tel », 1970, p. 47 et 53.

8 Musset, *Confessions d'un enfant du siècle*, op. cit., p. 111.

9 Musset, *op. cit.*, p. 71.

10 *Ibid.*, p. 77.

11 Musset, *Confessions d'un enfant du siècle*, op. cit., p. 55.

12 *Ibid.*, p. 62.

13 *Ibid.*, p. 144.

14 *Ibid.*, p. 206.

15 Sainte-Beuve, *Volupté*, GF, p. 80.

16 Sainte-Beuve, *Volupté*, *op. cit.*, p. 137.

17 *Ibid.*, p. 148.

18 *Ibid.*, p. 57.

19 *Ibid.*, p. 77.

20 *Ibid.*, p. 281.
21 *Ibid.*, p. 271.
22 *Ibid.*, p. 331.
23 G. Sand, *Lélia*, *op. cit.*, p. 98.
24 *Ibid.*, p. 23.
25 *Ibid.*, p. 173. 尼薩爾（Nisard）認為喬治・桑在書中散布仇視婚姻的言論。於是，喬治・桑這樣回應：「當作丈夫的不把對方的心情愉快當一回事，一味謾罵、嘲笑和酗酒，並因為此讓妻子哭泣、吞下苦衷和懺悔，連帶無法為家庭製造愉快的氣氛，丈夫也責無旁貸，不能單方怪罪妻子。」這段話表示，女人就算犯了錯，能經過流淚復原，但男人無所用心而且感覺遲鈍，不能輕易原諒。該信件出版於一八三六年六月一日的《巴黎評論》（*Revue de Paris*），引自*Lettres d'un voyageur*, no LXII, GF, p. 316.
26 G. Sand, *Lélia*, *op. cit.*, p. 147, ainsi que les citations qui suivent.
27 Mémoires inédites d'A. de Vigny, *Fragments et projets*, NRF, 1958, p. 70.
28 Maine de Biran, *Journal*, 42e cahier, Neuchâtel, 1955.
29 「亞爾的教區牧師（le curé d'Ars）有著無與倫比的眼淚稟賦，無論是在神壇、講道台還是告解室裡，他總是簌簌落淚。」Alain Corbin, « La Vie exemplaire du curé d'Ars », *L'Histoire*, no 24, p. 12.
30 Odile Arnold, Le Corps et l'âme. La vie des religieuses au XIXe siècle, Le Seuil, 1984, p.120.
31 Michelet, *Journal*, Gallimard, t. II, p. 75.
32 Paul Bénichou, *Le Temps des prophètes*, Gallimard, p. 430 (La Vierge Marie de Ganneau).
33 Michelet, *Ma jeunesse*. 由米舍雷夫人（Mme Michelet）在米舍雷逝世後整理的札記（Calmann-Lévy, 4e éd. 1884, p. 77-78）。

34 *Ibid.*, p. 628.

35 Lettres du 26 novembre et 12 décembre 1848, p. 608 et 611, *Journal*, 5 octobre 1853, Gallimard, t. II, p. 219.

36 Michelet, cité par Roland Barthes, *Écrivains de tou- jours*, p. 129.

37 Michelet, *Journal*, Gallimard, 1962, t. II, p. 27.

38 *Corr. Sand/Musset, op. cit.*, p. 31, 69, 97 et 230.

39 George Sand/Alfred de Musset, *Correspondances* (1833-1840), Éd. du Rocher, 1956, p. 77.

40 *Correspondance Sand/Musset*, op. cit., p. 200.

41 Dictionnaire des gens du monde, à l'usage de la *Cour et de la Ville*, par un jeune ermite, 3e éd. augmentée et diminuée, 1821, p. 127.

第三章　風俗研究

1 Balzac, *Le Père Goriot*, GF, p. 39 et 47.

2 Balzac, *La Femme de trente ans*, Albin Michel, p. 260.

3 Balzac, *Le Cousin Pons* (1846), Le Livre de Poche, p. 24.

4 *La Femme de trente ans*, op. cit., p. 50.

5 *Ibid.*, p. 109.

6 Pour Balzac dans *Le Père Goriot*, *La Femme de trente ans*, *La Recherche de l'absolu*, *Splendeurs et misères des courtisanes*.

7 *Op. cit.*, p. 90.

8 Balzac, *La Femme de trente ans*, op. cit., p. 111.

9 Balzac, *La Recherche de l'absolu*, Folio, p. 177.

10 Balzac, *Le Cousin Pons*, op. cit., p. 107.

11 *Ibid.*, p. 306.

12 *Ibid.*, p. 305.

13 *Ibid.*, p. 360.

14 Balzac, *Une ténébreuse affaire*, Le Livre de Poche, p. 84.

15 *Ibid.*, p. 175.

16 Balzac, *Les Paysans*, Le Livre de Poche, p. 108.

17 Balzac, *La Femme de trente ans*, op. cit., p. 65.

18 *Ibid.*, p. 66.

19 *Ibid.*, p. 111.

20 *Ibid.*, p. 143.

21 *Ibid.*, p. 77.

22 Balzac, *La Femme de trente ans*, op. cit., p. 167.

23 Balzac, *La Recherche de l'absolu*, Folio, p. 37.

24 *Ibid.*, p. 39.

25 *Ibid.*, p. 61.

26 Balzac, *Splendeurs et misères des courtisanes*, *op. cit.*, p. 410.

27 Balzac, *Une ténébreuse affaire*, op. cit., p. 58.

28 *Ibid.*, p. 118.

29 Balzac, *op. cit.*, p. 201.

30 *Ibid.*, p. 83.

31 Balzac, *Le Père Goriot*, op. cit., p. 113.

32 *Ibid.*, p. 93.

33 *Ibid.*, p. 253.

34 Balzac, *Splendeurs et misères des courtisanes*, *op. cit.*, p. 379.

35 *Ibid.*, p. 500.

36 *Ibid.*, p. 597.

37 Balzac, *Une ténébreuse affaire*, op. cit., p. 208.

38 Balzac, *Splendeurs et misères des courtisanes*, *op. cit.*, p. 310.

39 Balzac, *Le Père Goriot*, op. cit., p. 145.

40 *Ibid.*, p. 248.

41 Balzac, *La recherche de l'Absolu*, op. cit., p. 117.

42 Stendhal, *Lucien Leuwen*, op. cit., p. 72.

43 *Ibid.*, p. 74.

44 Stendhal, *Lucien Leuwen*, *op. cit.*, t. II, p. 205.

45 *Ibid.*, t. II, p. 445-446.

46 Stendhal, *Le Rouge et le Noir*, op. cit., p. 52.

47 Stendhal, *Ibid.*, p. 490 et p. 500.

48 Stendhal, *Armance ou quelques scènes d'un salon de Paris en 1827*, Garnier, p. 132.

49 Féra, épisode de roman, *Mémoires inédits d'Alfred de Vigny*, *op. cit.*, p. 322.

50 A. de Vigny, *Journal d'un poète*, Éd. d'Aujourd'hui, p. 62.

51 Théophile Gautier, *Fortunio* (1837-1838), in *Fortunio et autres nouvelles*, *L'Âge d'homme*. Les citations qui suivent renvoient aux pages 75 et *sq*.

第三部　啜泣的危機，情感的風險

第一章　一反情感的病態

1 Musset, *Poésies complètes*, La Pléiade, p. 156 et aussi Mardoche, *Namouna*, lettres de Dupuis à Cotonet.

2 Mürger, *Préface aux Scènes de la vie de bohème* (1851), Julliard, 1964, p. 30.

3 Delacroix, *Journal et correspondance*. Textes choisis, Éd. Égloff, 1943.

4 Flaubert, *Correspondance*. Lettre à L. Colet du 24 avril 1852, La Pléiade, t. II, p. 77-78.

5 *Ibid.*, 26 juin 1852, p. 116-117.

6 *Ibid.*, 15 janvier 1854, p. 508.

7 Flaubert, *Correspondance*. Lettre à Louise Colet du 12 avril 1854, La Pléiade, t. II, p. 549-550.

8 *Ibid.*, 22 avril 1854, p. 557.

9 *Ibid.*, p. 366.

10 Lettre du 21 février 1847. *Correspondance de Flaubert*, La Pléiade, t. I, Appendice III, p. 826.

11 *Ibid.*, t. II, p. 886.

12 *Ibid.*, décembre 1853, t. II, p. 1234.

13 Flaubert, *Correspondance*, 5 octobre 1855, *op. cit.*, t. II, p. 601.

14 *Ibid.*, 13 octobre 1846, t. I, p. 385.

15 *Correspondance Sand/Flaubert*, op. cit., p. 284, 17 mars 1870.

16 *Ibid.*

17 Flaubert, *Correspondance*, La Pléiade, t. I, p. 567, 15 janvier 1850.

18 *Ibid.*, t. II, Appendice IV, p. 1002, 14 août 1858.

19 *Ibid.*, t. I, p. 678. Damas, 4 septembre 1850.

20 Mars 1855, *Journal des Goncourt*, t. I, p. 175.

21 *Ibid.*, 3 juin 1858, p. 483.

22 *Ibid.*, 10 septembre 1855, p. 210.

23 1er janvier 1861, p. 365.

24 12 février 1866, p. 18.

25 Lautréamont, Poésie I. In Les Chants de Maldoror. *Œuvres complètes d'Isidore Ducasse*, Éd. de la Renais- sance, 1972, p. 375.

26 Les Goncourt, *Journal*, *op. cit.*, p. 83, novembre 1852.

27 奧瑞良・碩爾（Aurélian Scholl）曾經這樣評論：「一局飯吃到最後，酒過三巡，大家都醉了，就喜歡開始談論靈魂如何不死。通常，大家會說得興味盎然，有人潸然淚下，有人開始講起自己的媽媽。還有的人冷眼旁觀，看得津津有味，因為這些鬼扯妄言興奮不已。」出自*Les fruits défendus*, 3e éd., 1885, p. 1.

28 *Journal des Goncourt*, *op. cit.*, t. I, p. 295, 21 novembre 1856.

29 *Ibid.*, p. 400, 1857.

30 *Ibid.*, t. II, p. 183, 1er décembre 1868.

31 *Corr. Sand/Flaubert*, *op. cit.*, p. 298, 7 mars 1870.

32 Le Journal intime de Caroline B. Enquête de Michelle Perrot et de Georges Ribeill, Arthaud Montalba, 1985.

33 *Journal de Marie Bashkirtseff*, 1873-1884, Maza- rine, 1980.

34 波拿巴派系（bonapartiste）泛指支持拿破崙稱帝、擴張法國政治影響力版圖，以及樂見拿破崙姪子路易．拿破崙在一八四八年當選法國總統，三年後發動政變，登基稱帝的人。拿破崙三世只有一個兒子，被波拿巴派系的支持者拱為「拿破崙四世」，從非洲傳來的死訊代表拿破崙王朝嫡系斷後。

35 M. Maryan et G. Béal, *Le Fond et la forme. Le savoir-vivre pour les jeunes filles*. Chapitre « Convois, deuil, condoléances » et « Avec les affligés », Paris, 1896.

36 *Civilité non puérile mais honnête de Mme Emmeline Raymond*, Firmin Didot, 1865, p. 201.

第二章　令人不安的怪異之處

1 Fromentin, *Dominique*, p. 193.

2 Zola, *L'Œuvre*, p. 187.

3 Feydeau, *Fanny*, p. 167.

4 *Ibid.*, p. 171-172.

5 Flaubert, *L'Éducation sentimentale*, La Pléiade, p. 438.

6 Zola, *Nana*, *Le Livre de Poche*, p. 209.

7 *Ibid.*, p. 210.

8 Flaubert, *Mme Bovary*, La Pléiade, p. 382.

9 Zola, *Nana*, *op. cit.*, p. 33.

10 Huysmans, *En ménage*, 10/18, p. 365.

11 Gobineau, *Les Pléiades*, Point Seuil, p. 266.

12 Huysmans, *En ménage*, *op. cit.*, p. 104.

13 *Ibid.*, p. 36.

14 Huysmans, *En ménage*, *op. cit.*, p. 147.

15 Flaubert, *L'Éducation sentimentale*, op. cit., p. 124.

16 *Grand dictionnaire universel du XIXe siècle*, Larousse, Paris, 1873, article « Larme ».

17 Zola, *Nana*, *op. cit.*, p. 420.

18 *Ibid.*, p. 421.

19 Flaubert, *L'Éducation sentimentale*, p. 438.

20 Sand, *Le Dernier amour*, op. cit., p. 114.

21 G. Sand, *Le Dernier amour* (1866), Coll. Ressources, Paris, Genève, 1980, p. 270.

22 *Ibid.*, p. 172. 當時的醫生甚至認為，女人不流淚是同性戀的表徵。參照Christian Bonello, *Les images de l'homosexualité dans le discours médical au XIX*[e] *siècle*. Thèse de IIIe cycle. Université Paris-7, 1984.

23 Charcot, *Œuvres complètes* établies par de Bourne- ville (3 tomes), t. I, p. 444.

24 Flaubert, *Bouvard et Pécuchet*, La Pléiade, p. 886.

25 Flaubert, *Mme Bovary*, *op. cit.*, p. 390-391.

26 Docteur Berger, « Du larmoiement hystérique ». Article du *Progrès Médical* du 5 octobre 1895.

27 *Op. cit.*, article « Larmes ».

28 Flaubert, *Mme Bovary, op. cit.*, p. 324-325.

29 *Ibid.*, p. 331.

30 *Ibid.*, p. 367.

31 *Ibid.*, p. 433 et 437.

32 *Ibid.*, p. 440.

33 *Ibid.*, p. 447-478.

34 M. Butor, *Improvisations sur Flaubert*, Éd. de la Différence, 1984, p. 89.

35 E. de Goncourt, *La fille Élisa*, 10/18, p. 60.

36 *Ibid.*, p. 61.

37 Huysmans, *Les sœurs Vatard*, 10/18, 1975, p. 363. 在這本書中，我們能見到民間相同的善感情調。戴希蕊和奧古斯特偏好不同的音樂曲風，這位少女喜歡哀傷柔美的樂曲，而青年則喜歡軍歌：「戴希蕊向他表示她喜歡哀傷柔美的歌，因為這些歌曲中有振翅而飛的小鳥、萌芽成長的樹和哭泣的戀人，觸及靈魂〔…〕而他則喜歡愛國歌曲〔…〕他會一首叫做〈一封孩子的信〉的歌，聽了讓人熱淚盈眶。」（242頁）書中的這段敘述發生在一個平民晚會，席上大家談論各式各樣的社會新聞，言談間十分融洽也投入不少情感。泰斯頓老爹說有個九歲小女孩走失，驚人尋獲時，陳屍在一口井中，生前曾遭到凌虐。「眾人聞之，頃刻間眼眶泛淚，為這個孩子的不幸遭遇感到揪心。」（181頁）

38 Marcel Prévost, *L'Automne d'une femme*, Paris, 1893, p. 20.

39 Zola, *La Faute de l'abbé Mouret*, p. 45.

41 Huysmans, *Les Sœurs Vatard*, op. cit., p. 164.

42 Gladys Swain, *L'âme, la femme, le sexe, et le corps, Les métamorphoses de l'hystérie à la fin du XIXe siècle.*

43 Charles Darwin, *L'expression des émotions chez l'homme et les animaux*. Traduit par Pozzi et Benoît, 2e éd. Paris, 1890, p. 163-167.

44 Charles Féré (Médecin de Bicêtre), *La Pathologie* des émotions, Études physiologiques et cliniques, Paris, 1892, p. 216 et 479.

45 P. Mantegazza, Professeur au Muséum d'Histoire naturelle de Florence, *La Physionomie et l'expression des sentiments*, Paris, 1885.

46 某種形式的達爾文主義至今熱度猶存，而且關於「臉部表情」的研究也大有人在，鑽研這種牽涉人類學和心理學的全面性解釋。不過，「行為主義」（béhaviorisme）在這股潮流中漸占上風。一個名叫艾克曼（Ekman）的非文字溝通專家曾經這樣寫道：「在達爾文關於情緒表現的著作出版一世紀之後，我認為終於有機會歸納出一些結論：人類物種具有普世的臉部表情。」P. Ekman, *L'expression des émotions. La Recherche*, 117, décembre 1980, p. 1415.

第三章　大眾小說中的眼淚

1 E. Sue, *Arthur, 1840*, Éd. Régine Deforge, 1977, p. 174.

2 E. Sue, *Les Mystères de Paris*, J.J. Pauvert, p. 390.

3 *Ibid.*, p. 14.

4 *Ibid.*, p. 211.

5 *Ibid.*, p. 221.

6 *Ibid.*, p. 663.

7 *Ibid.*, p. 43.

8 *Ibid.*, p. 59.

9 *Ibid.*, p. 883.

10 *Ibid.*, p. 420.

11 *Les Mystères de Londres. Le livre populaire*, Fayard, p. 331.

12 *Les Mystères de Londres. Le livre populaire*, Fayard, p. 331.

13 *Ibid.*, p. 335.

14 *Ibid.*, p. 207-208.

15 *Ibid.*, p. 196.

16 *Ibid.*, p. 28.

17 *Ibid.*, p. 215.

18 Ponson du Terrail, *Rocambole. L'héritage mystérieux*, p. 141.

19 18. *Ibid.*, p. 200.

20 *Ibid.*, p. 130.

21 *Ibid.*, p. 266.

22 *Ibid.*, p. 484.

23 E. Richebourg, *La Petite Mionne*, p. 5.

24 *Ibid.*, p. 19.

25 *Ibid.*, p. 34.

26 *Ibid.*, p. 47.

27 *Ibid.*, p. 72.

28 P. Decourcelle, *Les Deux gosses*, p. 160.

29 *Ibid.*, p. 164.

30 *Ibid.*, p. 259.

31 *Ibid.*, p. 245.

32 *Ibid.*, p. 246.

33 *Ibid.*, p. 379.

34 *Ibid.*, p. 226.

35 *Ibid.*, p. 312.

36 這個現象，可以參照Anne-Marie Thiesse, « Les Infortunes littéraires. Carrière de romanciers à la Belle Époque », *Actes de la recherche en Sciences sociales*, no 60, novembre 1985, et « Mutations et permanences de la culture populaire : le cas de la lecture à la Belle Époque », *Les Annales*, I, 1984. 為了瞭解大眾小說文類的分化，有必要去認識讀者認同如何形塑，以及小說和「大眾」男女性讀者之間的關係。對於這點，我們所知甚少，但毋庸置疑地，這類讀者和所謂的布爾喬亞讀者有所不同，相關分析請見R. Hoggart, *La culture du pauvre*, Minuit, 1981.

第四章　情緒的社會與政治規範

1 Michelle Perrot, *Jeunesse de la grève*, 1871-1890, p. 72 et 201.「在荒無人煙的賽文區，嘉德（Gard）的採煤工在鄉間定下集會地點。在羅比雅森林（bois de Robillac）他們聚眾五千人，聽一個慷慨激昂的女孩進行演說，動容落淚。」

2 Norbert Truquin, *Mémoires et aventures d'un prolé- taire à travers la Révolution*, Maspéro, 1877, p. 132.

3 Introduction à Martin Nadaud, *Léonard, maçon de la Creuse*, Maspéro, 1976, p. 7.

4 *Ibid.*, p. 38.

5 *Ibid.*, p. 38.

6 *Ibid.*, p. 39.

7 *Ibid.*, p. 44.

8 *Ibid.*, p. 60.

9 *Ibid.*, p. 11.

10 *Ibid.*, p. 75.

11 *Ibid.*, p. 184.

12 *Ibid.*, p. 185.

13 Jules Vallès, *L'Enfant*, Le Livre de poche, p. 102.

14 *Ibid.*, p. 104.

15 *Ibid.*, p. 112.

16 *Ibid.*, p. 54.

17 *Ibid.*, p. 129.

18 *Ibid.*, p. 174.

19 *Ibid.*, p. 209.

20 Jules Vallès, *Le Bachelier*, p. 8.

21 20. *Ibid.*, p. 205.

22 瓦列斯的《孩子》（*L'Enfant*）對這些主題詳加描寫，包括所有在學校讓人無聊透頂的事情，讓人流淚的家務事，也關心所有被老師暴君式管教和被爸媽毒打的人。

23 Jules Vallès, *L'Insurgé*, p. 47.

24 M. Bakhtine, *L'Œuvre de F. Rabelais*, Gallimard, t. I. p. 47 et 53.

25 Marthe, Lettre de Robert Caron d'Aillot à Charles de Cerilly, 25 novembre 1895. Le Seuil, 1981, p. 116.

第五章　煽情戲劇中的不幸

1 尚・杜維諾（Jean Duvignaud）在《劇場社會學：集體的影子》（*Sociologie du théâtre: Les Ombres collectives*, [PUF, 1973]）一書中，認為劇場的式微，是公眾在社會學層面上的變遷關鍵期。筆者和他的意見不同，這個運動開始於舊體制的末幾年，在大革命時期加強力道。在一七七四年，格林姆（Grimm）便已經在批評觀眾席組成的改變（有假髮匠、書報販子和廚房助手），畢竟在十五年前，觀眾席的成員是「正正當當的中產階級、文人和那些有做功課的人」，而今上流騷人通通跑到包廂去了，他們的想法一點影響力也沒有。

2 Beaumarchais, Un mot sur la Mère coupable, joué le 16 Floréal An V (5 mai 1797), *in Théâtre de Beaumarchais*, GF, 1965, p. 248.

3 Cité par Ch. Dedeyan, *Le Drame romantique en Europe*, Sedes CDU, 1982, p. 80.

4 Senancour, *Obermann*, Lettres XXXIV, *op. cit.*, p. 131.

5 Descotes, *Le Public de théâtre*, *op. cit.*, p. 201, Ch. Dedeyan, *op. cit.*, p. 79.

6 J.-M. Thomasseau, *Le mélodrame sur les scènes parisiennes de Coelins* (1801) à L'Auberge des Adrets (1823). Thèse de l'université de Lille III, 1974.

7 Nodier, *Introduction aux œuvres de Pixérécourt* pour l'édition de 1841, t. I, p. VII-VIII.

8 Geoffroy, Article pour « Les débats » du 8 Thermidor An II.

8 Descotes, *op. cit.*, p. 233.

10 Stendhal, *Journal*, La Pléiade, p. 501.

11 B. Constant, *Œuvres*, La Pléiade, p. 940.

12 Article du 15 Prairial An X, cité dans la Préface d'*Attala*, Garnier, note 1, p. 7.

13 Cité par Descotes, *op. cit.*, p. 285.

14 Cité par Ch. Dedeyan, *op. cit.*, p. 103.

15 In Thomasseau, Thèse citée, p. 467.

16 Stendhal, *Racine et Shakespeare*, édition de 1823 Garnier Flammarion, p. 61

17 In *Correspondance Sand/Musset*, op. cit., p. 225.

18 *Ibid.*, p. 227 (27 février ou 6 mars 1835).

19 Cité par Dedeyan, *Le Drame romantique en Europe*.

20 *Ibid.*, p. 129, 15 juin 1834.

21 J.-M. Thomasseau, Thèse citée, p. 17 et *sq*.

22 R. Baldick, La vie de F. Lemaître, Denoël, p. 43.

23 Baudelaire, *De l'essence du rire*, *Œuvres complètes*, Éd. du Seuil, p. 371.

24 鮑爾狄克（Baldick, *Ibid.*, p. 109）認為在一八三〇年之後，「多愁善感面對激情，相形失色，逐漸退潮，斧頭輸給了匕首，盜賊和牧羊人輸給了下毒的人，偷情的戀人輸給了政客。」有些劇作家不知道如何因應新的劇場品味，所以鎩羽而歸。針對這點，戈提耶曾經引用布夏迪（Bouchardy）為例子，因為布夏迪的作品儘管曾經有不錯的劇場表現，在他在劇中持續使用良好感受的溫情元素，結果觀眾在演出時當場離席。Gautier, *Histoire du Romantisme* (1877), Éd. d'Aujourd'hui, 1978, p. 180.

25 Th. Gautier, *Histoire du Romantisme, op. cit.*, p. 274-275 avec les citations qui suivent.

26 *Correspondance Sand/Flaubert*, op. cit., note p. 44.

27 *Ibid.*, Introduction.

28 Ibid., *Lettre de Sand à Maurice et Lina*, p. 231, et *Lettre de Flaubert à Sand*, p. 284.

29 Lettre à L. Colet du 16 septembre 1853. *Correspondance*, t. II, La Pléiade, p. 431.

30 *Ibid.*, t. II, p. 645-646.

31 Les frères Goncourt, Journal, décembre 1869, *op. cit.*, p. 662.

32 Cité par Sennett, *op. cit.*, p. 158.

33 *Ibid.*, mars 1855.

34 *Ibid.*, 12 octobre 1860.

35 Norbert Élias, « La Solitude du mourant dans la société moderne ». Article paru dans *Le Débat*, no 12, mai 1981.

參考書目

1・著作

(1)・歷史

A 方法論

ARIÈS (Philippe) : *L'enfant et la vie familiale sous l'Ancien Régime*, « L'Univers Historique », Le Seuil, 1973.

–*L'homme devant la mort*, « L'Univers Historique », Le Seuil, 1977.

ARNOLD (Odile) : *Le corps et l'âme. La vie des reli- gieuses au XIXe siècle*, Le Seuil, 1984.

CORBIN (Alain) : *Le miasme et la jonquille. L'odorat et l'imaginaire social XVIIIe-XIXe siècles*, « Collection histo- rique », Aubier, 1982.

–« La vie exemplaire du curé d'Ars », *L'Histoire*, n° 24, juin 1980, p. 7-15.

CSUROS (Klára) : « *Les larmes du repentir*, un topos de la poésie catholique du XVIIe siècle », *Revue XVIIe siècle*, n° 151, avril-juin 1986.

DARNTON (Robert) : *Bohème littéraire et Révolution. Le monde des livres au XVIIIe siècle*, Gallimard-Le Seuil, 1983.

DUBY (Georges) : *Histoire et mentalité*, in *L'Histoire et ses méthodes*, La Pléiade, Gallimard, 1973.

ÉLIAS (Norbert) : *La civilisation des mœurs* (1939 et 1969), Le Livre de Poche, 1973.

–*La société de cour*, Calmann-Lévy, 1974.

–*La dynamique de l'Occident*, Calmann-Lévy, 1975.

FARGE (Arlette) : *Vivre* à *Paris dans la rue au XVIII*e *siècle*, « Collection Archives », Gallimard-Julliard, 1979.

–*La vie fragile. Violence, pouvoir et solidarité* à *Paris au XVIII*e *siècle*, Hachette, 1986.

FLANDRIN (J.-L.) : *Le sexe et l'Occident*, « L'Univers Historique », Le Seuil, 1981.

FOUCAULT (Michel) : *Histoire de la folie* à *l'âge clas- sique*, Gallimard, 1972, « Coll. Tel », Gallimard, 1976.

–*Les mots et les choses*, « Bibliothèque des sciences humaines », Gallimard, 1966.

–*L'archéologie du savoir*, « Bibliothèque des sciences humaines », Gallimard, 1977.

FURET (François) et OZOUF (Jacques) : *Lire et* écrire. *L'alphabétisation des Français de Calvin* à *J. Ferry*, 2 vol., Minuit, 1977.

GAUCHET (Marcel) et SWAIN (Gladys) : *La pratique de l'esprit humain. L'institution asilaire et la révolution démo- cratique*, « Bibliothèque des sciences humaines », Galli- mard, 1980.

GELIS (Jacques) : « Et si l'amour paternel existait », *L'Histoire*, n° 31, fév. 1981, p. 96.

GOUBERT (Pierre) et ROCHE (Daniel) : *Les Français et l'Ancien Régime*, t. II, *Culture et Société*, Armand Colin, 1984.

KNIBIEHLER (Yvonne) et FOUQUET (Catherine) : *La femme et les médecins. Analyse historique*, Hachette, 1983.

–*Les sauvages dans la cité. Auto-émancipation du peuple et instruction des prolétaires au XIX*e *siècle*, ouvrage col- lectif, Le Champ Vallon, 1985.

MONSACRE (Hélène) : *Les larmes d'Achille. Le héros, la femme et la souffrance dans la poésie d'Homère*, Albin Michel, 1984.

MUCHEMBLED (Robert) : « Les sorcières, la loi et l'ordre », *Les Annales*, mars-avril 1985.

PERROT (Michelle) : « Note critique : fait divers et his- toire au XIXe siècle », *Les Annales*, juillet-août 1983, p. 911-919.

–*Les ouvriers en grève. France 1871-1890*, Mouton,1974, in nouvelle édition, *Jeunesse de la grève*, Le Seuil, 1984.

PERROT (Philippe) : *Le travail des apparences ou les transformations du corps féminin (XVIII*e*-XIX*e *siècles)*, Le Seuil, 1984.

–Pratiques de la lecture. Ouvrage collectif sous la direc- tion de Roger Chartier, Rivages, 1985.

RANCIÈRE (Jacques) : *La nuit des prolétaires. Archives du rêve ouvrier*, Fayard, 1981.

ROBIN (Régine) : *Histoire et linguistique*, Armand Colin, 1973.

SWAIN (Gladys) : « L'âme, la femme et le corps. Les métamorphoses de l'hystérie à la fin du XIXe siècle », *Le Débat*, n° 24, mars 1983.

THUILLIER (Guy) : « Les larmes dans l'administration », *Pénélope*, n° 10, print. 1984, p. 132-135.

VERNANT (J.-P.) : Religions, Histoires, Raisons, chap.« Histoire et psychologie », Maspéro, 1979.

VIGARELLO (Georges) : *Le corps redressé. Histoire d'un pouvoir pédagogique*, J.-P. Delarge, 1978.

VOVELLE (Michel) : *Idéologies et mentalités*, Maspéro, 1982.

ZELDIN (Th.) : *Histoire des Passions françaises*, t. V, *Anxiété et hypocrisie*, Encres, 1979.

B 法國大革命的歷史

BOULOISEAU (Marc) : *La république jacobine (1792-1794)*, « Points Histoire ».

DARNTON (Robert) : *La fin des Lumières. Le mesmérisme et la révolution* (1968), Perrin, 1984.

FURET (François) : *Penser la Révolution française*.« Bibliothèque des histoires », Gallimard, 1978.

HIRSCH (J.-P.) : *La nuit du 4 août*, « Archives », Galli- mard-Julliard, 1978.

MATHIEZ : *La vie chère et le mouvement social*, 2 vol.Payot, 1975.

MICHELET (Jules) : *Histoire de la Révolution française* (1847), 2 vol., La Pléiade, Gallimard, 1952.

OZOUF (Mona) : *La Fête révolutionnaire 1789-1799*,« Bibliothèque des histoires », Gallimard, 1976.

REINHARD (Maurice) : *La Chute de la royauté*, « Biblio- thèque des histoires », Gallimard, 1969.

–*La révolution démocratique*, Cours de la Sorbonne, 3 vol. dactylographiés, 1959.

SOBOUL (Albert) : *Précis d'histoire de la Révolution française*, Éd. Sociales, 1975.

–*La civilisation de la Révolution française*, 3 vol., Arthaud, 1970-1983.

–*1789*, Éd. Sociales, 3e éd., 1973.

–*Comprendre la Révolution française*, Maspéro, 1981. TOCQUEVILLE (Alexis de) : *L'Ancien Régime et la Révo-lution*, 1856, 2 vol., NRF Gallimard, 1953 renouvelé en 1980.

VOVELLE (Michel) : *La chute de la monarchie (1789-1792)*, « Points Histoire ».

WORONOFF (Denis) : *La république bourgeoise de Ther- midor* à *Brumaire (1794-1799)*, « Points Histoire ».

(2) 文學研究與評論，思想史

A 總論性著作、研究

ATKINSON (Geoffroy) : *The Sentimental Révolution. French Writers (1690-1740)*, Londres, 1965.

BAKHTINE (Mikhaïl) : *L'œuvre de François Rabelais et la culture populaire au Moyen* Âge *et sous la Renaissance*, Gallimard, 1970, « Coll. Tel », 1982.

–*Esthétique et théorie du roman*, Gallimard, 1978. BARTHES (Roland) : *Michelet*, « Écrivains de toujours », Le Seuil, 1975.

–*Fragments d'un discours amoureux*, « Tel Quel », Le Seuil, 1977.

BENREKASSA (Georges) : *Le concentrique et l'excen- trique. Marges des Lumières*, Payot, 1980.

–« Sphère publique et sphère privée. Le romancier et le philosophe interprètes des Lumières », *Revue des sciences humaines*, n° 182, 1981-2, p. 7-20.

BÉNICHOU (Paul) : *Le sacre de l'écrivain (1750-1830). Essai sur l'avènement d'un pouvoir laïque dans la France moderne*, Corti, 1973.

–*Le temps des prophètes. Doctrines de l'âge roman- tique*, Gallimard, 1977.

BRISSENDEN (R.F.) : Virtue and distress. Studies in the novel of sentiment from Richardson to Sade, Londres, 1974. BUTOR (Michel) : Improvisations sur Flaubert, Essai, « Littérature », Éditions de la Différence, 1984.

Colloque de Clermont-Ferrand : (juin 1972), *Le préro- mantisme*, Klincksieck, 1975.

–(Actes du Colloque international de Clermont) : Aimer en France (1760-1860) 2 vol., 1980.

DIDIER (Béatrice) : *Le journal intime*, PUF, 1976. EHRARD (Jean) : *Littérature française*, t. 9 (1720-1750), Arthaud, 1975.

–*L'idée de nature en France* à *l'aube des Lumières*, Flammarion, 1970.

FABRE (J.) : *Lumières et romantisme*, Klincksieck, 1963.

FAUCHERY (Pierre) : *La destinée féminine dans le roman européen au XVIII*[e] *siècle*, Colin, 1972.

GENETTE (Gérard) : *Figures II*, « Tel Quel », Le Seuil, 1969.

GROTHUYSEN (Bernard) : *Philosophie de la Révolution française*, 1956, Gallimard, « Tel », 1982.

GUSDORF (Georges) : *Les sciences humaines et la pensée occidentale*, t. VIII, *La conscience révolutionnaire. Les Idéologues*, Payot, 1978.

HAZARD (Paul) : *La pensée européenne au XVIII*[e] *siècle*, t. I, Paris, 1946.

– *La crise de la conscience européenne*, 2 t., « Idées », NRF, 1968.

ISOLTI ROSOWSKY (Guiditta) et SORLIN (Pierre), « Lire les textes, écrire l'histoire », *Littérature*, n° 47, octobre 1982.

LABROSSE (Claude) : *Lire au XVIII*[e] *siècle. La Nouvelle Héloïse et ses lecteurs*. Presses Universitaires de Lyon, 1985.

LENOBLE (Robert) : *Histoire de l'idée de Nature*, Albin Michel, 1969.

MAUZI (Robert) : *Littérature française*, t. X (1750-1778), Arthaud, 1977.

– *L'idée de Bonheur au XVIII*[e] *siècle dans la littérature et la pensée française*, 1960, Slatkine reprint, Genève-Paris, 1979.

MORNET (Daniel) : *Le romantisme au XVIII*[e] *siècle*, Paris, 1912.

MONGLOND (André) : *Le préromantisme français*, t. II, *Le maître des* âmes *sensibles*, José Corti, 1966.

ROUBINE (Jean-Jacques) : « La stratégie des larmes au XVIIIe siècle », *Littérature*, n° 9, février 1973.

SARTRE (J.-P.) : *Qu'est-ce que la littérature*, « Idées » NRF, 1970.

– *L'idiot de la famille. Gustave Flaubert de 1821* à *1857*, « Bibliothèque de philosophie », NRF Gallimard, 1971.

TRAHARD (Paul) : *Les maîtres de la sensibilité française au XVIIIe siècle*, Paris, 4 vol., 1931-1933.

B 劇院及其觀眾的歷史

AGHION (Max) : *Le théâtre* à *Paris au XVIIIe siècle*, Bruges-Paris, 1926.

ALBERT (Maurice) : *Les théâtres des boulevards (1781-1848)*, Paris, 1902.

DEDEYAN (Charles) : Le drame romantique en Europe, SEDES CDU, 1982.

DESCOTES (Maurice) : *Le public de théâtre et son his- toire*, PUF, 1964.

DESGRANGES (CH. M.) : *Geoffroy et la critique drama- tique sous le consulat et sous l'Empire (1800-1819)*. Thèse, Paris, Hachette, 1897.

DUVIGNAUD (Jean) : *Les Ombres collectives. Sociologie du théâtre*, PUF, 1973.

EVANS (David Owen) : *Le drame moderne* à *l'époque romantique 1827-1850*. Thèse lettres 1923, Slatkine, 1979. FONTAINE (Léon) : *Le théâtre et la philosophie au XVIIIe siècle*, Versailles, 1878.

GAIFFE (Félix) : *Le drame en France au XVIIIe siècle*, Paris, 1910.

GINISTY (Paul) : *Le mélodrame*, Paris, n. daté.

HOBSON (Harold) : French theatre since 1830, Dallas Texas Riverrun Press, 1979.

LAGRAVE (Henri) : *Le théâtre et le public dans la pre- mière moitié du XVIIIe siècle*, thèse 1969, Klincksieck, 1973.

LANSON (Gustave) : *Nivelle de La Chaussée et la comédie larmoyante*, 2e éd., Paris, 1909.

LARTHOMAS (Pierre) : *Le théâtre en France au XVIIIe siècle*, PUF, 1982.

LINTHILHAC, *Histoire générale du théâtre en France. Dix-huitième siècle*, t. IV, *La Comédie*, Flammarion, 1909. LOUGH (J.) : *Paris theatre audiences in XVIIe an XVIIIe*,Londres, Oxford University Press, 1957.

NEBOUT (Pierre) : Le drame romantique, Paris, 1895, Slatkine reprint, 1977.

PEYRONNET (Pierre) : *La mise en scène au XVIIIe siècle*, thèse IIIe cycle études théâtrales, Paris-III, Paris, 1974.

SIGAUX (Gilbert) : *Le mélodrame, choix et notices*, Levallois-Perret, 1969.

THOMASSEAU (J.-M.) : *Le mélodrame sur les scènes pari- siennes, de Coelina (1800)* à *l'Auberge des Adrets (1823)*. Service de reprographie des thèses, Lille, 1974, 632 p.

(3) 哲學、心理學、社會學和人類學

ARENDT (Hannah) : *La condition de l'homme moderne*, Calmann Lévy, 1961.

BERGSON (Henri) : Le rire. Essai sur la signification du comique, 1900, PUF, 1975.

BERNARD (Michel) : *L'expressivité du corps*, « Coll. Corps et Culture », J.-P. Delarge, 1976.

DARWIN (Ch.) : *L'Expression des* émotions *chez les hommes et les animaux*, Paris, Reinwald, 1974.

DUMAS (Georges) : Les larmes. Journal de psychologie, 1920, p. 45-58.

DUMONT (René) : *Homo hierarchicus* « Bibliothèque des histoires », Gallimard, 1969.

–*Homo aequalis I Genèse et* épanouissement *de l'idéo- logie* économique, « Bibliothèque des histoires », Galli- mard, 1977.

–*Essais sur l'individualisme*, Le Seuil, 1983.

–*ESPRIT* : *Le corps entre illusions et savoirs*, février 1982.

FOUCAULT (Michel), « Un cours inédit (1983) remanié par l'auteur », *Magazine littéraire*, n° 207, mai 1984.

GRANET (Marcel) : « Le langage de la douleur en Chine », *Journal de Psychologie*, 1922, p. 97-118.

GOFFMAN (I.) : *Les rites d'interaction*, Minuit, 1975.

HIRCHMANN (A.O.) : *Bonheur privé, action publique*, Fayard, 1983.

HOGGART (Richard) : *La culture du pauvre*, Présentation J.-C. Passeron, « Le sens commun », Minuit, 1981.

LASCH (Christopher) : *Le complexe de Narcisse. La nou- velle sensibilité américaine*, 1979, Laffont, 1981.

LEIRIS (Michel) : *La possession et ses aspects théâtraux chez les* Éthiopiens *du Gondar*, Le Sycomore, 1980.

LÉVI-STRAUSS (Claude) : *Anthropologie structurale II*, chap. « Rousseau, fondateur des sciences de l'homme », Plon, 1973.

LIPOVESTSKY (Gilles) : *L'ère du vide. Essai sur l'indivi- dualisme contemporain*, NRF, Gallimard, 1984.

MAUSS (Marcel) : *Sociologie et Anthropologie* (1950), préface C. Lévi-Strauss, PUF, 1968. En particulier V^e partie, « Une catégorie de l'esprit humain, la notion de personne, la notion de "moi" ».

– « Réponse à Georges Dumas. L'expression obliga- toire des sentiments dans les rituels oraux funéraires des populations australiennes », *Journal de psychologie*, 1921, p. 425-434.

SARTRE (J.-P.) : *Esquisse d'une théorie des* émotions, Hermann, 1939.

SENNETT (Richard) : *Les tyrannies de l'intimité*, Le Seuil, 1979.

SERRES (Michel) : *Hermès I. La communication*, Minuit, 1976. En particulier la conclusion : « apparition d'Hermès Dom Juan ».

THIEC (Y.J.) : « Le Bon, la Révolution française et la psychologie des révolutions », *Revue de sociologie XXII*, 3, juil.-sept. 1981, p. 413 et *sq*.

VAN GENNEP (Arnold) : *Manuel du folklore français contemporain*, A. Picard, tome premier, I-IV, 1943-1946.

– *Les rites de passage*, Paris. Nourry, 1909.

2・文獻

(1)・十八世紀的文獻

A 小說

ARGENS (J.-B. Boyen marquis d') : *Mémoires de la comtesse de Mirol ou les funestes effets de l'amour et de la jalousie*, La Haye, 1736, in 12.

ARNAUD (François Thomas maris Baculard d') : *Les* épreuves *du sentiment*, Neuchâtel, 1773, 4 vol, in 8º.

BERNARDIN DE ST-PIERRE (Jacques, Henri) : Paul et Vir- ginie, 1788, Garnier-Flammarion, 1966.

BESENVAL (Baron Pierre Victor de) : *Le Spleen*, 1747, Paris, Flammarion, 1899, in 16 XII, 169 p.

CAZOTTE (Jacques) : Le diable amoureux, 1772.

–« Romanciers du XVIIIe siècle », t. II, La Pléiade, Gallimard, 1980.

CRÉBILLON Fils (Claude) : *La nuit et le moment 1755. Le Hasard au coin du feu 1763*, Desjonquières, 1983.

– *Les* égarements *du cœur et de l'esprit* 1736-1738. Romanciers du XVIIIe siècle, t. II, La Pléiade, Gallimard, 1980.

DAMÏENS DE MÉRICOURT (A.P.) : *Dorval ou Mémoires pour servir* à *l'histoire des mœurs au XVIIIe siècle*, Ams- terdam, Paris, 1769, 2 vol. in 8º.

DELBARRE (Th.) : *Zénobie ou la nouvelle Coelina*, 2 t. en 1 vol., Paris an VII.

DIDEROT (Denis) : *La Religieuse* 1760, revue en 1780, éd. 10/18, 1963.

– *Jacques le Fataliste*, post-mortem, 1798, Œuvres romanesques, Garnier, 1967.

DORAT (C.J.) : *Les malheurs de l'inconstance*, 1772, Desjonquières, 1983.

DUCLOS (Charles Pinot, sieur) : *Les confessions du Comte de* ***, 1741, Romanciers du XVIIIe siècle, t. II, La Pléiade, Gallimard, 1980.

GRAFIGNY (Françoise d'Issembourg d'Happoncourt, Dame de) : *Lettres d'une péruvienne*, 1747, Garnier-Flam- marion, 1983.

LACLOS (Pierre, Ambroise, François, CHODERLOS de) : *Les liaisons dangereuses*, 1782, éd. Garnier frères, 1980.

LOAISEL DE TRÉOGATE (J.M.) : *La comtesse d'Alibre ou le cri du sentiment, anecdote française*, La Haye, Paris, Belin 1779, in 8° XII, 146 p.

–*Dolbreuse, ou l'homme du siècle ramené* à *la vérité par le sentiment et par la raison, histoire philosophique*, Amsterdam, Paris, Belin, 1783, 2 t., en 1 vol. in 8°.

MARIVAUX (Pierre Carlet de Chamblain de) : La vie de Marianne, 1731-1741, Garnier, 1963.

PRÉVOST d'EXILÉS (Abbé A.F.) : *Mémoires et aventures d'un homme de qualité*, 1r[e] éd. 1728-1732.

–*Histoire du Chevalier des Grieux et de Manon Les- caut*, 7e vol., éd. 1733, Garnier, 1965.

–*Histoire d'une grecque moderne*, 1740. Garnier, 1965. RICCOBONI (Marie Jeanne Laboras de Mézières, Madame) : *Lettres de Juliette Catesby* à *Milady Henriette Campley son amie*, 1759, Desjonquières, 1983.

ROUSSEAU (J.-J.) : *Julie ou la Nouvelle Héloïse ou lettres de deux amans habitans d'une petite ville au pied des Alpes*, 1761, Garnier frères, 1960.

SADE (A.F. marquis de) : *Eugénie de Franval, 1788, Romanciers du XVIIIe siècle*, t. II, La Pléiade, Gallimard 1980.

VOLTAIRE (F.M. Arouet, dit) : *Romans et contes*, 1759, Garnier frères, 1960.

B 回憶錄，書信，個人著作及自傳

AÏSSÉ (Mademoiselle) : *Lettres Portugaises de Marianne Alcoforado avec les réponses, lettres de Mlle Aïssé, suivies de celles de Monteqieu et de Mlle du Deffand au chevalier d' Ayde*, Éd. E. Asse, Paris, Charpentier, 1879.

DIDEROT (Denis) : Correspondance, 1713-1784, Minuit 16 tomes, 1955-1977.

DU DEFFAND (Marie de Vichy Chantron marquise) : *Cor- respondance avec la Duchesse de Choisel, l'abbé Barthé- lémy...*, Paris,

Michel Lévy, 1866, 3 vol., in 8°.

ÉPINAY (Louise Tardieu d'Esclavelles, marquise d') :*Lettres* à *mon fils*, Genève, 1759, in 18°, 95 p.

GENLIS (J.-F. Comtesse de) : *Mémoires inédites sur le XVIIIe siècle et la Révolution française depuis 1756 jusqu'à nos jours*, Paris, 1825, 10 vol., in 8°.

GRAFIGNY (Françoise d'Issembourg d'Happoncourt Madame de) : *Lettres de Mme de Grafigny suivies de celles de Mmes de Staal, d'Épinay du Bocage, Suard, du cheva- lier de Boufflens, du Marquis de Villette, etc.*, Charpentier, 1879, Slatkine reprint, 1972.

LIGNE (Prince de) : Correspondance, Mercure de France, 1965.

MARMONTEL (J.F.) : *Mémoires*, M. Tourneux, Paris, 1891, 3 vol., in 16.

MIRABEAU (Honoré Gabriel Riqueti, comte de, dit le fils) : *Lettre à Julie Dauvert écrite du donjon de Vincennes*, Paris, 1903.

MULOT (F.V.) : *Journal intime de l'abbé Mulot, biblio- thécaire et grd Prieur de St-Victor (1777-1782)*, Paris, 1902, in 8°, 112 p.

RÉTIF DE LA BRETONNE (Nicolas) : *La vie de mon père*, 1779, Garnier, 1983.

–*Les nuits révolutionnaires 1789-1794*, Le livre de Poche, 1978.

ROLAND (Marie Jeanne, dite Manon Philipon, Madame) : *Une* éducation *bourgeoise au XVIIIe siècle, extraits des Mémoires*, 10/18, 1964.

ROUSSEAU (J.-J.) : Les Confessions 1782-1789, 2 t., Folio.

VAUVENARGUES (Luc de Clapiers, marquis de) : *Corres- pondance*, Œuvres Complètes Hachette, 1968.

VOLTAIRE (F.M. Arouet dit) : *Correspondance*, t. III (janv. 1749-déc. 1753), La Pléiade, Gallimard, 1975.

C 哲學和美學著作，論著及其他

ALEMBERT d- (Jean Le Rond) : Œuvres, éd. 1821-1822, Paris, A. Belin, 5 vol., in 8°.

CHAMFORT (Sébastien Nicolas Roch, dit) : *Maximes et pensées. Caractères et anecdotes*, 1795, Le Livre de Poche, 1970.

DIDEROT (Denis) : Dorval et mol Entretiens sur le Fils Naturel, 1757.

–*Paradoxe sur le comédien (1767-1773 ?)*, publication posthume, 1830.

–*Hommage* à *Richardson*, 1766.

–*Discours sur la poésie dramatique*, 1757-1758.

–Œuvres *esthétiques*, Garnier frères, 1856.

LAFITAU (J.F.) : *Mœurs des sauvages américains comparées aux mœurs des premiers temps*, 1724, La Découverte-Maspéro, 1982.

MERCIER (L.S.) : *Du théâtre ou nouvel essai sur l'Art dramatique*, Amsterdam, 1773, in 8°.

–*Les tableaux de Paris* 1781-1788, textes choisis, Mas- péro, 1979.

–*Le bonheur des gens de lettres, discours*, Londres- Paris, 1766, in 8°, 56 p.

–*Mon Bonnet de nuit, suite aux Tableaux de Paris*, Paris-Neuchâtel, 1784, 4 vol., in 8°.

MISTELET : *De la sensibilité par rapport aux drames, aux romans et* à *l'éducation*, Amsterdam-Paris, Mérigot le jeune, 1777, in 8°, 51 p.

POMME (Docteur Pierre) : Essai sur les affections vapo- reuses des deux sexes, Paris, Desaint et Saillant, 1760, in 12.

RICCOBONI (François) : *L'Art du théâtre,* à *Mme *** suivi d'une lettre sur l'art du théâtre* 1750.

ROUSSEAU (J.-J.) : *L'Émile*, 1762, Classique Garnier, 1961.

–Le Contrat social, 1762, Seghers, 1971.

–*Discours sur l'origine et les fondements de l'inégalité parmi les hommes*, 1755, Garnier-Flammarion.

–*Lettres* à *d'Alembert sur les spectacles, Amsterdam*, 1758, Œuvres *complètes*, 1851, t. III.

–*Essai sur l'origine des langues* (écrit en 1755), Aubier, Paris, 1974.

VILLARET (Claude) : *Considérations sur l'art du théâtre* à *M. J.-J. Rousseau citoyen de Genève*, Genève, 1759, in 8°, 82 p.

D 文學和戲劇雜誌

BACHAUMONT (Louis Petit de) : *Mémoires secrets pour servir* à *l'histoire de la République des Lettres,* édités *et continués par Pisandat de Mairobert et Mouffle d'Argen- ville*, 1777-1789, Paris, 1859, in 18, 468 p.

COLLÉ (Charles) : *Journal et mémoires de Charles Collé sur les hommes de lettres, les ouvrages dramatiques et sur les* événements *les plus mémorables du siècle de Louis XV (1748-1772)*, Éd. Bonhomme, Paris, Firmin Didot, 1863, 3 vol. in 8°.

FRÉRON (Élie) : *L'année littéraire ou Suite de lettres sur quelques* écrits *de ce temps*, Amsterdam et Paris, M. Lam- bert, 1774-1775, in 12.

GRIMM, DIDEROT, RAYNAL, MEITER, etc. : Correspon- *dance littéraire, philosophique et critique*, M. Tourneux, Paris, 1877-1882, 16 vol., in 8°.

DE LA PORTE : *Anecdotes dramatiques par J.B. Clément de Dijon et l'abbé de La Porte*, 1775, in 8°, t. I et II.

MARIVAUX (Pierre Carlet de Chamblain de) : *Journaux et* œuvres *diverses*, Classiques Garnier frères, 1969.

PRÉVOST (A.F. Abbé) : *Le Pour et le Contre, ouvrage périodique d'un goût nouveau*, Didot, 1733-1740, 20 vol., in 12.

(2)．十九世紀的文獻

A 小說

BALZAC (Honoré de) : *Splendeurs et misères des courti- sanes*, 1844, Folio, 1978.

–*Le père Goriot*, 1834, Garnier-Flammarion, 1834.

–*Une ténébreuse affaire*, 1841, Le Livre de Poche, 1963.

–*La recherche de l'Absolu*, 1834, Folio, 1976.

–Les paysans, 1848-1855, Le Livre de Poche, 1968.

–La femme de trente ans, 1831-1834, Albin Michel, 1957.

–Le cousin Pons 1846, Le Livre de Poche, 1963.

CHATEAUBRIAND (François René vicomte de) : *Atala*, 1801.

–*René*, 1802, Garnier frères, 1878.

CONSTANT (Benjamin) : Adolphe, 1816, Garnier Flamma- rion, 1965.

DECOURCELLE (P.) : *Les deux gosses*, 1896, Livre populaire, Arthème Fayard, non daté.

FEVAL (Paul) : *Les mystères de Londres*, 1844. Livre popu- laire, A. Fayard, 1909.

FEYDEAU (Ernest) : Fanny, 1858, Stock, 1948.

FLAUBERT (Gustave) : *Mme Bovary*, 1856, La Pléiade, Gal- limard, t. 1.

–*L'éducation sentimentale*, 1869.

–*Bouvard et Pécuchet*, 1881, La Pléiade, Gallimard, t. II, 1982.

FROMENTIN (Eugène) : *Dominique*, 1863, Classiques Gar- nier, Paris, 1936.

GAUTIER (Théophile) : *Mlle Maupin*, 1833, Lettres fran- çaises, coll. de l'Imprimerie nationale, Paris, 1979.

–*Fortunio et autres nouvelles 1837-1839*, « Roman- tiques », L'Âge d'Homme, 1979.

GOBINEAU (Arthur comte de) : *Ternove*, 1847 (publié dans les Débats), Librairie académique, Perrin, 1929.

– *Les Pléiades*, 10/18, 1982.

GONCOURT (Edmond de) : *La fille* Élisa, 1877, *La Faustin*, 1881, 10/18, 1979.

HUYSMANS (J.K.) : À *Rebours*, 1884, Garnier-Flammarion, 1978.

– *En Ménage*, 1881, 10/18, 1975.

–*Marthe*, 1876.

– *Les sœurs Vatard*, 1879, 10/18, 1975.

MURGER (Henri) : *Scènes de la vie de bohème*, 1851, Jul- liard littérature, 1964.

MUSSET (Alfred de) : *La confession d'un enfant du siècle*, 1836, Folio, 1980.

PRÉVOST (Marcel) : *L'automne d'une femme*, Paris, Lemerre, 1893.

PONSON du TERRAIL (Pierre Alexis, vicomte de) : *Rocam- bole, l'héritage mystérieux*, 1859. Classiques populaires Gar- nier, 1977.

RICHEBOUG (Émile) : *La petite Mionne*, Dentu, 1884. SAINTE BEUVE (Charles Augustin de) : *Volupté*, 1835, Gar-nier-Flammarion, 1969.

SAND (George) : *Lélia*, 1833, Classiques Garnier, 1960.

–*Le dernier amour*, 1866, « Coll. Ressources », Paris, Genève, 1980.

–*Consuelo ou la comtesse de Rudolstadt*, 1843, Éd. de la Sphère, 1979.

–*Le marquis de Villemer*, 1861, Casterman, 1976. SCHOLL (Aurélien) : *Les fruits défendus*, Victor Havard, 1885.

SENANCOUR (Étienne Pivert de) : *Oberman*, 1804. UGE- 10/18, 1965.

STAËL (Germaine de) : *Corinne ou l'Italie*, 1807, Garnier Frères.

STENDHAL (Henri Beyle dit) : Le rouge et le noir, 1831, Le Livre de Poche classique, 1831.

–*Armance* 1827, Garnier frères, 1950.

–*Lucien Leuwen*, inachevé 1re éd. 1855, Folio 2 t., 1973. SUE (Eugène) : *Arthur*, publié en feuilleton dans la Presse 1837-1839 ;

en volume en 1840 avec préface de Sainte- Beuve, Régine Desforges, Paris, 1977.

–*Les Mystères de Paris*, 1840, J.-J. Pauvert, 1963.

VALLÈS (Jules) : *L'enfant*, publié dans *Le siècle* en 1878, en volume en 1879, Le Livre de Poche, 1972.

–Le Bachelier, 1881, Le Livre de Poche, 1972.

–*L'insurgé*, 1882, Le Livre de Poche, 1972.

ZOLA (Émile) : *Le rêve*, 1888, Garnier-Flammarion, 1975.

–*Nana*, publié dans la presse, 1879-1880, en volume, 1880, Le Livre de Poche, 1978.

–*L'Œuvre* publié dans Gil Blas 1885-1886, en volume 1886, Le Livre de Poche, 1971.

–*La faute de l'abbé Mouret*, 1875, Harpon et Flammarion, 1890.

B　回憶錄，日記，個人著作及信件

BALZAC (Honoré de) : *Lettres* à *une* étrangère *(1846-1847)*, Calmann Lévy, 1950.

BASHKIRTSEFF (Marie) : Journal, 1873-1884, Mazarine, 1980.

CHATEAUBRIAND (F. R. vicomte de) : *Mémoires d'Outre- Tombe*, Éd. Biré Garnier.

CONSTANT (Benjamin) : Œuvres, écrits *autobiographiques et journal intime*, La Pléiade, Gallimard, 1975.

COURIER (Paul-Louis) : *Correspondances*, in Œuvres *complètes*, La Pléiade, Gallimard, 1951.

DELACROIX (Eugène) : *Journal et correspondance*, textes choisis par P. Carthion. Égloff, 1944.

FLAUBERT (Gustave) : *Correspondance*, La Pléiade, t. I et II, 1980.

FLAUBERT/SAND : Correspondance 1863-1876, Flamma- rion, 1981.

GONCOURT (Edmond et Jules de) : *Journal Mémoires de la vie littéraire*, 1851-1896, 4 volumes, Fasquelle et Flammarion, 1959.

–*Le journal intime de Caroline B*. Enquête de Michelle Perrot et de Georges Ribeill, Arthaud, Montalba, 1985.

MAINE de BIRAN (François Pierre Gonthier dit) : *Journal*, Éd. H. Gouhier, Neuchâtel-la-Baconnière, 1955, 2 volumes.

MICHELET (Jules) : *Journal*, 1828-1874, NRF Gallimard, 4 volumes, 1959-1976.

–*Ma jeunesse*, textes présentés et ordonnés par Mme J. Michelet, Paris, Calmann-Lévy, 1884.

NADAUD (Martin) : *Léonard, maçon de la Creuse*, Mas- péro, 1977.

PERDIGUIER (Agricol) : *Mémoires d'un compagnon*, Mas- péro, 1977.

SAND/MUSSET : *Correspondances 1833-1840. Journal intime de George Sand*, 1834, Éd. du Rocher, 1956.

STENDHAL (Henri Beyle dit) : *Journal in* Œuvres *intimes*, La Pléiade, 1955.

–*Souvenirs d'Égotisme*, écrit en 1832, Folio, 1983.

–*De l'Amour*, 1822, Folio, 1980.

TRUQUIN (Norbert) : *Mémoires et aventures d'un prolétaire* à *travers la Révolution*, achevé à Valparaison en 1897, Mas- péro, 1977.

VIGNY (Alfred de) : *Mémoires inédits. Fragments et proies*, Gallimard, NRF, 1958.

–*Journal d'un poète*, Recueilli et publié par Louis de Ratisbonne, 1885, Éd. d'Aujourd'hui, 1891.

C 各類文獻及文學評論

BALLANCHE (Pierre, Simon) : Fragments, 1808. Renouard, 1819, Slatkine reprints.

BAUDELAIRE (Charles) : Œuvres *Complètes*, L'intégrale, Le Seuil, 1968.

–*Civilité non puérile mais honnête de Mme Emmeline Raymond*, Firmin Didot, 1865.

–*Dictionnaire des gens du monde* (Anonyme) : À l'usage de la Cour et de la Ville par un jeune ermite, 3e édition aug- mentée et diminuée, 1821.

GAUTIER (Théophile) : *Histoire du romantisme*, 1877, Éd. d'Aujourd'hui, 1978.

LAUTRÉAMONT (Isidore Ducasse, dit comte de) : *Poésies I*, 1870, in *Les Chants de Maldoror,* Œuvres *complètes d'Isi- dore Ducasse*, Les Éd. de la Renaissance, 1967.

MARYAN (M.) et BEAL (G.) : Le fond et la forme, Le savoir- vivre pour les jeunes filles, Paris, 1896.

SENANCOUR (Étienne Pivert de) : *Rêveries sur la nature pri- mitive de l'homme*, 1799, Éd. Merlant, 1910.

STENDHAL (Henri Beyle dit) : Racine et Shakespeare, 1823 et 1825, Garnier-Flammarion, 1970.

D 醫學和科學著作

BERGER (Professeur Émile) : *Du larmoiement hystérique*. Extrait du Progrès médical du 5 octobre 1896, Paris, 1896.

CABANIS (Pierre Jean Georges) : *Rapports du physique et du moral de l'homme*, Paris Crepert an X, 2 vol., in 8°. Avec table analytique de Destutt de Tracy 1844 in 8°.

CHARCOT (Jean-Martin) : Œuvres *complètes* éditées *par le Dr P.M. Bourneville*, Paris A. Delahy et E. Le Crosnier, 3 tomes, 1885-1890.

ESQUIROL (E.) : *Des passions considérées comme causes, symptômes et moyens curatifs de l'aliénation mentale*, 1805, Paris, Librairie des deux mondes, 1980.

FERE (Charles) Médecin de Bicêtre : *La pathologie des* émotions. Études *physiologiques et cliniques*, Paris, 1892.

MANTEGAZZA (P.) Professeur au Muséum d'Histoire natu- relle de Florence : *La physionomie et l'expression des senti- ments*, Paris, 1885.

國家圖書館出版品預行編目 (CIP) 資料

眼淚的歷史：情緒、空間與性別，近代法國的感性與濫情／安・文森布佛（Anne Vincent-Buffault）著；許淳涵譯
——初版——新北市：臺灣商務印書館股份有限公司，2022.07
面；　公分（歷史・世界史）
譯自：Histoire des larmes, XVIIIe-XIXe siècles
ISBN　978-957-05-3421-4（平裝）
1. CST：哭泣　2. CST：法國史　3. CST：文學史

742.2　　　111007508

歷史・世界史

眼淚的歷史

情緒、空間與性別，近代法國的感性與濫情

原著書名　Histoire des larmes, XVIIIe-XIXe siècles
作　　者　安・文森布佛（Anne Vincent-Buffault）
譯　　者　許淳涵
發 行 人　王春申
選書顧問　林桶法、陳建守
總 編 輯　張曉蕊
特約編輯　劉毓玫
責任編輯　洪偉傑
封面設計　盧卡斯工作室
內文排版　菩薩蠻電腦科技有限公司
營 業 部　蘇魯屏、王建棠、張家舜、謝宜華
出版發行　臺灣商務印書館股份有限公司
23141 新北市新店區民權路 108-3 號 5 樓（同門市地址）
電話：（02）8667-3712　　傳真：（02）8667-3709
讀者服務專線：0800-056193　　郵撥：0000165-1
E-mail：ecptw@cptw.com.tw　　網路書店網址：www.cptw.com.tw
Facebook：facebook.com.tw/ecptw

局版北市業字第 993 號
2022 年 7 月初版 1 刷
印刷　鴻霖印刷傳媒股份有限公司
定價　新台幣 570 元

法律顧問　何一芃律師事務所